CRENÇA

Matthew Kneale

CRENÇA

NOSSA

INVENÇÃO

MAIS

EXTRAORDINÁRIA

Tradução
Fernando Santos

SÃO PAULO 2016

Esta obra foi publicada originalmente em inglês com o título
AN ATHEIST'S HISTORY OF BELIEF – UNDERSTANDING OUR
MOST EXTRAORDINARY INVENTION
por Bodley Head.
Copyright © 2013, Matthew Kneale
Copyright © 2015, Editora WMF Martins Fontes Ltda.,
São Paulo, para a presente edição.

Todos os direitos reservados. Este livro não pode ser reproduzido, no todo ou em parte,
armazenado em sistemas eletrônicos recuperáveis nem transmitido por nenhuma forma ou
meio eletrônico, mecânico ou outros, sem a prévia autorização por escrito do editor.

1ª edição 2016

Tradução
FERNANDO SANTOS

Preparação de texto
Maria Luiza Favret
Acompanhamento editorial
Cecília Bassarani
Revisões gráficas
Solange Martins
Ana Maria de O. M. Barbosa
Produção gráfica
Geraldo Alves
Paginação
Studio 3 Desenvolvimento Editorial
Montagem de capa
Erik Plácido

Dados Internacionais de Catalogação na Publicação (CIP)
(Câmara Brasileira do Livro, SP, Brasil)

Kneale, Matthew
    Crença : nossa invenção mais extraordinária / Matthew
Kneale ; tradução Fernando Santos. – São Paulo : Editora
WMF Martins Fontes, 2016.

    Título original: An atheist's history of belief – understanding
our most extraordinary invention
    ISBN 978-85-469-0017-6

    1. Crença – Aspectos religiosos 2. Fé 3. Religião – História
I. Título.

16-00010   CDD-200.9

Índices para catálogo sistemático:
1. Religião : História   200.9

Todos os direitos desta edição reservados à
Editora WMF Martins Fontes Ltda.
Rua Prof. Laerte Ramos de Carvalho, 133 01325-030 São Paulo SP Brasil
Tel. (11) 3293.8150 Fax (11) 3101.1042
e-mail: info@wmfmartinsfontes.com.br http://www.wmfmartinsfontes.com.br

Para Robert Orme e Graham Bearman, da Latymer Upper School, de Londres: dois excelentes professores de História, a quem devo muito.

Sumário

Introdução   1

1. A invenção dos deuses 3

Alguém que encontrou um pedaço de presa de mamute 3

Um novo passatempo numa montanha deserta 9

Vestido para o café da manhã 15

2. A invenção do Paraíso 25

O Cabo Canaveral dos reis mortos 25

Zoroastro e seus amigos 32

A vingança do sobrenatural 36

3. A invenção das negociações com Deus 41

4. A invenção do fim do mundo 53

Cuidado com o que você profetiza 53

O falso fim do mundo 69

As consequências do Sonho de Daniel 75

5. A invenção do Céu humilde 89

Corrida de obstáculos 89

Jesus para os gentios 98

6. A invenção de uma religião e a invenção de uma nação 117

7. A invenção em outros lugares 131

Êxtase na sóbria China 131

Sangue, calendários e o jogo de bola 140

8. Invenções oriundas da clandestinidade 149

O caminhar sorridente até a pira 149

Abre-se a Caixa de Pandora 159

9. A invenção das bruxas 169

10. A invenção de novos consolos 179

Alívio para novos traumas 179

À espera da revolução 181

Avanço para o passado 186

O preenchimento do grande vazio 192

Agradecimentos   215
Bibliografia e leitura complementar   217
Índice remissivo   223

Vamos imaginar que somos todos meio loucos. Isto permitirá que as pessoas compreendam umas às outras, desvendará muitos enigmas e esclarecerá muitos assuntos hoje envoltos em dilemas e obscurantismos obsessivos e perturbadores.

Mark Twain, *Ciência cristã*

A imaginação governa o mundo.

Napoleão Bonaparte

Introdução

Como filho de um ateu metodista da ilha de Man e de uma refugiada judia alemã ateia, nunca fui muito religioso. No entanto, assim como todo mundo, encontro-me rodeado pela fé religiosa. Ela estava presente no Pai-Nosso que eu murmurava sem jeito na reunião da escola, perguntando-me se era completamente *aceitável* que alguém como eu repetisse aquelas palavras. Estava presente nas igrejas e, mais tarde, nas mesquitas, nas sinagogas e nos templos que visitei durante minhas viagens. A propósito, uma forma de crença foi responsável, entre outras coisas, por minha própria existência, quando obrigou minha mãe a fugir da Alemanha para a Inglaterra, onde conheceu meu pai.

O fato de ter crescido na Inglaterra deu-me uma vaga noção da versão oficial, ao menos do cristianismo. Às vezes eu me perguntava o que realmente tinha acontecido. O que tinha levado as pessoas a inventar conceitos aparentemente estranhos como paraíso ou pecado? Ou deuses?

Este livro é uma tentativa de satisfazer, por fim, minha curiosidade. Embora seja difícil responder com segurança a perguntas genéricas como *Por que as pessoas inventaram deuses?*, o que não surpreende, procurei oferecer algumas ideias. Quando possível, busquei respostas junto aos especialistas acadêmicos. Quando as perguntas eram tão amplas que eles – prudentemente, sem dúvida – as evitavam, fiz o que pude.

Um tema que *não* faz parte das preocupações deste livro é a história das instituições religiosas. As lutas pelo poder dentro das organizações não me atraem muito. O que me interessa é no que as pessoas comuns *acreditam*. Outra coisa que queria evitar a todo custo era o jargão religioso. Procurei narrar, de modo tão claro quanto possível, como as crenças evoluíram, sem recorrer a termos que exigiriam a consulta a um

2 | CRENÇA

dicionário de teologia. Nestas páginas você não encontrará nenhuma menção a dualismo, monismo ou transubstanciação.

Embora apresente uma descrição geral das crenças das pessoas, não tenho a pretensão de que ela seja completa, nem mesmo equilibrada. Concentrei-me naquelas crenças que despertavam mais minha curiosidade, o que aparentemente acabou resultando em algo semelhante a uma história. Embora tenha examinado crenças da China, da Índia e do Oriente Médio – bem como as religiões dos maias, astecas e incas –, dediquei atenção especial ao cristianismo e a seu ancestral, o judaísmo.

Este livro não examina exclusivamente a crença religiosa. Repassei também alguns credos que, supõe-se, são puramente políticos, como o marxismo. Agi assim porque é incrível como, de certa forma, essas ideologias se parecem com as religiões. Além disso, muitas de suas ideias têm origem em conceitos religiosos mais antigos que não costumam ser associados à política do século XX.

Não se pretende neste livro menosprezar a religião. Pelo contrário, quanto mais examinei as crenças profundas, mais as achei fascinantes, pelo tanto que elas revelam sobre nós. Como autor de ficção que tenta ganhar a vida com a imaginação, tenho um enorme respeito profissional por aquilo que é, eu diria, o maior projeto imaginativo da humanidade.

Trata-se de um projeto que teve enorme importância na configuração do nosso passado. É por sua conta e risco que os não crentes o ignoram. Nossas crenças representaram um canal de expressão para grande parte da nossa criatividade mais refinada em literatura, arte, música e arquitetura, além de inspirarem um número surpreendente das mais importantes conquistas tecnológicas. As crenças assumiram, com frequência, papel fundamental na configuração do rumo dos grandes acontecimentos. Diria até mesmo que a história humana pode ser mais bem compreendida não por meio da postura transparente da lógica e da descoberta científica, mas das águas turvas das crenças profundas, emotivas e, às vezes, francamente bizarras.

Onde e quando podemos começar a perceber essas crenças? A resposta é: muito antes do que se possa imaginar.

1.

A INVENÇÃO DOS DEUSES

Alguém que encontrou um pedaço de presa de mamute

Há cerca de 33 mil anos, onde hoje é Baden-Württemberg, no Sudoeste da Alemanha – na época uma área deserta congelada situada entre grandes lâminas de gelo –, alguém encontrou um pedaço de presa de mamute e, provavelmente agachando-se próximo ao fogo para se aquecer, começou a esculpi-lo.

Quando terminou, a figura esculpida tinha apenas 2,5 centímetros de altura, ou menos que uma polegada. Por minúscula que seja, ela provoca um impacto imediato, além de certa perplexidade. Embora se sustente sobre duas pernas, numa postura facilmente identificável como humana, tem uma cabeça de leão. Exatamente o que foi feito com ela permanece um mistério, embora não haja dúvida de que fosse um objeto de muita atenção. Com o passar do tempo, ficou lisa em razão do manuseio. Por fim, de modo deliberado ou acidental, ela se fez em pedaços e foi deixada no fundo de uma caverna, a Hohle Fels. Permaneceu ali até 2002, quando foi descoberta e cuidadosamente remontada pelo paleontólogo Nicolas Conard e sua equipe.

Por que deveríamos nos interessar por esse minúsculo homem-leão? Trata-se de um dos mais antigos exemplos de arte figurativa já encontrados. Ele também ostenta outra primazia, que, a meu ver, o torna muito mais intrigante: é o primeiro exemplo de arte religiosa. Fornece a mais antiga evidência de que as pessoas acreditavam em criaturas sobrenaturais. Será que é possível ter uma ideia das crenças existentes há 33 mil anos? A resposta, talvez um pouco surpreendente, é *sim*.

Poderíamos nos perguntar por que deveríamos nos interessar por aquilo que as pessoas acreditavam há tanto tempo. Dito de modo sim-

4 | CRENÇA

ples, as crenças de certa forma encontram uma maneira de perdurar. Apesar das alegações feitas pelos visionários religiosos através dos tempos, eu diria que essa história de religião nova não existe. Religiões são como núcleos de gelo. Em cada uma delas podemos encontrar camada sobre camada da crença anterior. Mesmo as crenças de 33 mil anos atrás ainda estão presentes no nosso mundo. Este livro examina alguns desses núcleos de gelo para descobrir como suas inúmeras camadas tomaram forma e para compreender como elas continuam a influenciar nosso mundo, às vezes das maneiras mais inesperadas.

Antes de examinar as possíveis crenças do criador do nosso homem-leão, gostaria de fazer uma pequena pausa e pensar sobre o que se pode *esperar* que elas sejam. O que as pessoas hoje, independentemente de acreditarem ou não em um deus, consideram pré-requisitos essenciais de qualquer religião?

O Paraíso provavelmente ocuparia o topo da lista. Uma das principais funções de qualquer religião, sem dúvida, é oferecer uma alternativa à horrível perspectiva da nossa existência passageira. Quase todas as religiões modernas acenam com a esperança de uma vida feliz após a morte, a qual pode ser alcançada se o fiel seguir as regras, ao menos na maior parte do tempo. No entanto, como veremos, o Céu aparece pela primeira vez há 4 mil anos, o que o torna, comparado à pessoa-leão, uma invenção decididamente recente.

O que dizer, então, da moralidade? Muitos diriam que ela se encontra no núcleo de toda crença. De acordo com a maioria das religiões modernas, nossos comportamentos são supervisionados com atenção pelos deuses, e nossas ações receberão a devida recompensa ou punição. No entanto, a moralidade também é uma inovação relativamente nova que, na verdade, parece ter surgido junto com a ideia de Céu.

Se o Céu e a moralidade não são os elementos fundamentais de todas as religiões, então quais são? A resposta, eu diria, é a *confiança*. Desde os tempos mais antigos, toda religião tem oferecido conforto às pessoas, proporcionando-lhes maneiras — assim os fiéis acreditam — de manter distantes seus piores pesadelos. Inevitavelmente, o que são esses pesadelos mudou um bocado ao longo do tempo. Com as transformações do modo de vida das pessoas, também mudaram as coisas que elas mais temem. Eu diria que são as mudanças dos nossos *medos* que provocaram a mudança das nossas *ideias* religiosas. Com efeito, a necessidade de controlar nossos pesadelos inspirou o projeto mais imaginativo da humanidade: um trabalho épico de invenção que deixa os livros de ficção no chinelo.

Quais eram os piores pesadelos das pessoas há 33 mil anos? Como podemos esperar ter ao menos a mais vaga ideia das crenças que existiam há exatos 28 mil anos antes do início do desenvolvimento da escrita e do registro da história humana? A resposta é simples: fazendo comparações. Investigando povos cujo modo de vida foi registrado em períodos recentes, mas cuja existência era semelhante à do escultor do homem-leão. Como veremos, os seres humanos não são criaturas originais. Ponha-os em lugares similares, dê a eles formas similares de passar o tempo, necessidades e temores similares, e, de um modo geral, eles produzirão ideias similares a respeito do seu mundo.

Pesquisas recentes sobre caçadores-coletores revelaram algo bastante surpreendente. Em todo o mundo, do Ártico à Austrália, da Patagônia ao Sul da África, esses povos, apesar de não terem tido nenhum contato direto uns com os outros durante dezenas de milhares de anos, tinham muito em comum. Todos viviam em tribos do mesmo tamanho, com cerca de 150 pessoas. Todos se deslocavam de um lugar para o outro de acordo com as estações, em busca de caça. Além disso, todos demonstravam grande interesse pela estranha atividade de entrar em transe. Na verdade, entrar em transe estava no centro de todas as suas crenças.

As formas como as diferentes tribos entravam em transe variavam bastante. Iam da ingestão de substâncias psicotrópicas à privação dos sentidos na escuridão silenciosa. Também variava quem o fazia: em algumas tribos, muitas pessoas entravam em transe, embora fosse mais comum que apenas um ou dois especialistas o fizessem. Esses especialistas podem ser mais bem definidos como xamãs. As experiências que essas pessoas tinham, ao entrar em transe, eram bastante semelhantes no mundo inteiro. Elas ouviam barulhos como o zumbido de abelhas, viam formas geométricas e tinham a sensação de estar sendo arrastadas para um grande túnel. Sentiam que podiam se ver transformadas em algo diferente, em geral um animal. Tinham a sensação de que estavam voando, e muitas vezes afirmavam que eram guiadas por uma ave-espírito. Entravam na terra dos espíritos, que também costumavam ser animais. Esses animais-espíritos tinham o poder de ajudar os seres humanos, em especial em três áreas precisas, recorrentes nas crenças do caçador-coletor em todo o mundo. Em primeiro lugar, os espíritos podiam ajudar a curar os enfermos. Em segundo lugar, podiam controlar os movimentos dos animais de caça. Por fim, podiam melhorar o tempo.

Portanto, parece que é possível ter uma ideia das primeiras angústias do ser humano. Esses temores não parecem particularmente surpreendentes. A doença teria sido um perigo constante e incompreensível. Para pessoas que não tinham escolha senão passar grande parte do tempo fora de seus abrigos, o mau tempo não era apenas algo assustador, mas uma ameaça à vida. Por fim, se os caçadores-coletores não conseguissem encontrar animais para caçar, morreriam lentamente de fome. Nada mais natural, portanto, que o trio doença, disponibilidade animal e condições meteorológicas ocupasse as primeiras posições na lista de preocupações das pessoas.

Será que é possível ter certeza de que as crenças desses caçadores-coletores recentes eram as mesmas do escultor do homem-leão que habitava o deserto congelado de Baden-Württenberg há 33 mil anos? É amplamente aceito hoje que a estatueta encontrada na caverna de Hohle Fels representa um xamã – ou uma xamã – que entrou numa espécie de transe e acreditou ter sido transformado num leão. É evidente que a estatueta de Hohle Fels não era uma amostra acidental de criatividade, já que foi encontrado, numa caverna próxima, outro homem-leão, maior e datado do mesmo período. Parece que essas figuras representavam algo que estava bastante enraizado na mente das pessoas. Aparentemente, portanto, 33 mil anos atrás as pessoas já haviam inventado uma forma simples de religião. Se alguém entrasse em transe e contatasse os espíritos dos animais, poderia ajudar os outros a enfrentar a doença e o mau tempo, além de tornar a eterna busca pela caça um pouco mais fácil. Haviam descoberto uma forma de minimizar as terríveis incertezas da vida.

Pistas de como teria sido praticada e percebida essa religião primitiva podem ser encontradas nas admiráveis pinturas rupestres do Sudoeste da França e do Norte da Espanha, algumas das quais datam de apenas cerca de mil anos após nosso homem-leão ter sido esculpido. Quase todas as pinturas são de animais, e pensava-se que elas representavam cenas de caça. No entanto, o que é bastante desconcertante

A INVENÇÃO DOS DEUSES | 7

é que, como as criaturas em geral não têm patas, parecem suspensas no ar. Também faltam detalhes de rochas e vegetação. O que isso significa? David Lewis-Williams, um arqueólogo cognitivo, apresentou uma teoria. Ele estudou uma das últimas tribos de caçadores-coletores a ter conservado seus antigos costumes até o presente – o povo San, do Sudoeste da África –, depois examinou antigas pinturas rupestres europeias e concluiu que essas pinturas representavam, na verdade, espíritos de animais.

Como teriam sido adorados esses primeiros seres sobrenaturais? Com o que se pareciam os primeiros serviços religiosos? As descobertas arqueológicas oferecem algumas teorias. As pessoas teriam rastejado até as profundezas das cavernas, muito além do alcance de qualquer luz natural, usando lamparinas simples feitas de gordura animal sobre pedaços lisos de pedra, com fibras de zimbro como pavio. A luz teria bruxuleado debilmente, iluminando apenas porções minúsculas das pinturas. Lá no fundo das cavernas, talvez com uma pequena congregação reunida em torno deles, os xamãs teriam entrado em transe e tentado fazer contato com os espíritos. É bem possível que tenha havido música. Foram encontradas muitas flautas de osso nas cavernas primitivas. As pessoas também podem ter cantado ou salmodiado, e usado estalagmites como sinos naturais, batendo neles para produzir sons ribombantes profundos. Faltava oxigênio nas cavernas, o que teria contribuído para a sensação de irrealidade dos participantes. O efeito total da música, da fumaça, da semiescuridão e da falta de ar, combinado com os gritos do xamã em transe, teria sido profundo.

Portanto, mesmo há trinta milênios, a religião já era a principal patrocinadora das artes. Ao buscar tornar o mundo menos assustador e, em consequência, se sentir menos desamparadas, as pessoas empregaram seu tempo compondo música, entalhando esculturas e criando pinturas que continuam sendo, até hoje, de uma beleza inesquecível. Começava ali uma parceria extremamente produtiva. Até os dias de hoje, a religião tem estimulado manifestações artísticas, arquitetônicas, musicais e literárias de tirar o fôlego. Sejam quais forem as restrições que possamos ter com relação à religião, é difícil não admirar a grande quantidade de belas obras de arte inspiradas por ela.

Antes de deixar essa era distante, gostaria de fazer mais uma pergunta, que nos transporta a um passado ainda mais remoto, a um perío-

8 | CRENÇA

do em que as evidências são desprezíveis e a respeito do qual só podemos especular de maneira vaga: por que as pessoas inventaram algo tão estranho como a religião? Por que acreditavam que seu destino se encontrava nas mãos de seres que não podiam ver nem ouvir, exceto quando entravam em transe? A impossibilidade de alcançar uma resposta clara não surpreende. É possível, no entanto, levantar algumas hipóteses.

Nas últimas décadas, tem havido um interesse crescente por uma admirável capacidade humana: a que se encontra no mesmo nível de nossa habilidade de utilizar a linguagem complexa ou as ferramentas. Esse talento talvez tenha passado despercebido até agora por ser algo tão intrínseco à nossa natureza que era praticamente invisível. Trata-se de nossa habilidade de imaginar os pontos de vista dos outros, conhecida como "teoria da mente".

A teoria da mente é algo que, em qualquer grau, só os seres humanos possuem. Mesmo chimpanzés têm dificuldade de compreender um ponto de vista diferente do deles. Ela está no âmago de todos os gêneros de ficção, e é razoável dizer que o costume de contar histórias surgiu para que pudéssemos praticar essa habilidade. A ficção oferece seguramente a forma mais adequada de definir o que é a teoria da mente. *Otelo*, de Shakespeare, é às vezes citado como exemplo, embora qualquer comédia de costumes picante sirva. Em *Otelo*, o público precisa ter em mente, ao mesmo tempo, o ponto de vista de Desdêmona (inocente e alheio), a visão de Otelo sobre Desdêmona (cheia de suspeitas ciumentas, a respeito das quais ela não se dá muito conta) e a visão de Iago sobre Otelo (levando-o maldosamente ao desvario ao plantar suas suspeitas), além, possivelmente, da visão de Shakespeare sobre todos os personagens e, por fim, a visão do próprio público a respeito do efeito total. Em geral as pessoas são capazes de comparar quatro ou cinco níveis diferentes de pontos de vista.

Por que os seres humanos desenvolveram essa capacidade em níveis tão extraordinários? Quase certamente porque isso era fundamental para a sobrevivência dos nossos ancestrais. Numa tribo de caçadores-coletores, em que a violência costumava ser algo comum, sobretudo quando os estômagos estavam vazios, compreender com clareza a teoria da mente teria ajudado as pessoas a reconhecer o perigo que outros seres humanos representavam e evitá-lo. Isso teria permitido que elas fizessem alianças e amizades para conseguir que os outros as ajudassem a se proteger e a se alimentar e, importantíssimo, a proteger e alimentar seus filhos. Teria sido o caso da *sobrevivência do mais intuitivo*.

Esse talento admirável da teoria da mente nos leva a *imaginar o que os outros estão pensando*, todas as horas do dia, quer queiramos ou não. Sempre levamos em conta o que os outros sentem com relação a nós e tentamos adivinhar os motivos de seu comportamento. Não parece exagerado supor que, em algum momento, há muito tempo, nossa especialização nos tenha levado a começar a detectar características antropomórficas mesmo fora do universo dos seres humanos. Começamos a detectá-las *por toda parte*. Começamos a descobrir pontos de vista humanos em tudo o que fosse importante para nossa sobrevivência. Víamos comportamentos humanos no céu, no tempo, nos riachos onde bebíamos, nas árvores que poderiam esconder a caça ou nos dar sombra. Acima de tudo, atribuíamos características humanas aos animais cuja lógica precisávamos entender para poder encontrá-los e caçá-los. Praticamente qualquer coisa podia receber uma personalidade ou um espírito. Naturalmente, buscávamos a ajuda desses seres do mesmo modo que buscávamos a ajuda uns dos outros. Para fazer contato com esses espíritos, as pessoas entravam naquele misterioso estado de transe, para o que, conforme descobriram, também tinham habilidade. Pode ter sido assim, portanto, que inventamos nossos primeiros deuses.

É desnecessário dizer que haveria muitos e muitos outros.

Um novo passatempo numa montanha deserta

Certo dia, por volta de 9500 a.C., no alto de uma montanha com uma visão panorâmica – atualmente Göbekli Tepe, no Sudeste da Turquia contemporânea –, um grupo de pessoas ocupava-se de algo inteiramente novo, mas também muito extenuante. Utilizando pequeninas lâminas resistentes, perfuraram uma camada de rocha calcária até conseguir separar um gigantesco bloco de pedra. Estreito e na forma de T, o bloco parecia um bastão de pedra enorme e delgado. Tinha cinco metros de altura e pesava quase dez toneladas. O grupo então arrastou a pedra por várias centenas de metros, até o topo da montanha, onde a depositou com cuidado, de pé, em frente a outra pedra exatamente

10 | CRENÇA

igual. As duas tornaram-se o elemento principal de um círculo de pedras, cavado no chão como uma espécie de banheira submersa e circundado por um muro que continha nada menos que outras oito pedras gigantescas com o formato de bastão.

A certa altura, o círculo foi coberto de terra, e durante um período de aproximadamente 1.500 anos cerca de dezenove círculos foram criados, um em cima do outro, formando um grande morro no topo da montanha. Algumas pedras traziam esculpidas figuras de escorpiões, raposas, serpentes, leões e outras criaturas. Uma era decorada com a imagem perturbadora de um braço humano. Algumas apresentavam padrões que, do ponto de vista contemporâneo, se parecem de maneira encantadora – e enganosa – com a escrita. Finalmente, por volta de 8000 a.C., após cerca de quinze séculos de trabalho, o sítio foi abandonado. Permaneceu esquecido por mais 10 mil anos, até que, em 1994, foi visitado pelo arqueólogo Klaus Schmidt, que logo percebeu estar diante de algo extraordinário.

As pessoas que ergueram Göbekli Tepe não moravam ali. Não foram encontrados indícios de casas ou de resíduos que indicassem a presença de uma aldeia. Supõe-se que escalavam a montanha vindas de povoados situados em outros lugares. Elas *iam e vinham*. Por que, perguntaria alguém, optaram por tornar sua vida tão difícil? Por que, em vez de subir penosamente a montanha, não ficaram confortavelmente lá embaixo, como seus ancestrais haviam se limitado a fazer? Por que não empregaram seu tempo em tarefas mais fáceis e mais úteis, como a colheita de nozes ou a caça? Uma vez construído o círculo de pedras, o que faziam lá em cima?

Como acontece com frequência quando examinamos os tempos pré-históricos, as respostas não são conclusivas. Na verdade, de certo modo, é mais difícil adivinhar o que aconteceu em Göbekli Tepe do que o que ocorrera 20 mil anos antes nas cavernas pintadas da Europa, cujos ocupantes tinham uma religião facilmente comparável às de períodos recentes. Essa situação pode mudar. Como apenas uma pequena parte do sítio de Göbekli Tepe foi escavada até agora, o prosseguimento dos trabalhos pode oferecer novas pistas. Enquanto isso, podemos ao menos mencionar uma ideia que quase com certeza estava bastante presente na mente dos construtores do círculo de pedras. Refiro-me a um conceito que não tinha muito espaço entre os caçadores-coletores,

A INVENÇÃO DOS DEUSES | 11

mas estava muito em voga entre as sociedades que pouco a pouco ocupavam o seu lugar: o *sacrifício*.

Não é difícil imaginar a origem dessa ideia. Os seres humanos costumam interagir uns com os outros de forma *recíproca*. Fazemos favores uns aos outros e mantemos uma contabilidade básica das nossas dívidas e dos nossos créditos. Às vezes as pessoas podem ignorar o sistema de reciprocidade, dando sem esperar nada em troca, mas eu diria que isso é um pouco raro, e em geral é visto como tal, conferindo ao doador um prestígio especial. Se isto parece uma descrição insensível do comportamento humano, pergunte a si mesmo como se sentiria se um amigo que possuísse os mesmos recursos de subsistência que você vivesse lhe pedindo favores, mas se recusasse a dar qualquer coisa em troca ou mesmo a reconhecer a sua dívida crescente. Você provavelmente se sentiria usado. As colunas de "deve" e "em haver" ficariam tão díspares que a amizade entre vocês sofreria um abalo.

Faz sentido que um sistema tão profundamente arraigado em nossa mente se estendesse também à esfera dos nossos ajudantes inventados: os deuses. Se os seres sobrenaturais iriam nos proteger dos nossos pesadelos, assim como os seres humanos, eles com certeza esperariam algo em troca. Como na mente das pessoas a ajuda dos deuses tinha grande valor, também o pagamento ou o sacrifício que elas lhes ofereciam deveria ter. Tinha de ser algo difícil. E haveria algo mais difícil do que escalar inúmeras vezes a montanha de Göpekli Tepe, escavar a rocha com pequeninas lâminas resistentes e arrastar placas de pedra calcária de dez toneladas?

Os caçadores-coletores, como o escultor do nosso homem-leão, não parecem ter mostrado especial interesse no sacrifício. Por que a ideia se tornou tão popular? É quase certo que a resposta esteja relacionada ao que, possivelmente, foi a maior mudança no estilo de vida da humanidade. Por volta de 9600 a.C. – mais ou menos na mesma época em que as pessoas começaram a escalar as encostas de Göbekli Tepe –, o clima melhorou de maneira súbita e radical. Após uma mini-idade do gelo que durou mil anos, o Oriente Médio tornou-se verde e de clima temperado. Essa mudança permitiu que as pessoas conquistassem algo que até então estivera fora do seu alcance: abandonar a vida nômade e se estabelecer em aldeias permanentes. Era o início da vida rural. Ainda não eram agricultores, mas faltava pouco. Eram *caçadores-jardineiros*

12 | CRENÇA

que cultivavam espécies selvagens, as quais colhiam usando foices de osso guarnecidas de pedras afiadas.

Esse novo estilo de vida teria sido acompanhado de novos temores. A vida dos caçadores-coletores podia ter sido perigosa, mas pelo menos não era complicada. Eles vagavam de um lugar para o outro, na expectativa de encontrar e matar a caça sem serem eles próprios feridos ou mortos. Viviam um dia de cada vez. Embora os habitantes das aldeias se alimentassem de maneira mais regular, sua vida também pode ter parecido mais precária. Precisavam pensar no futuro, limpar a terra para que as espécies selvagens crescessem, embora essas espécies, das quais logo passaram a depender, pudessem ser de modo súbito e inesperado destruídas pelas pragas ou pelo mau tempo.

A vida na aldeia teria ajudado as pessoas a pensar em projetos como o de Göbekli Tepe. Para começar, agora havia muito mais gente para trabalhar em um projeto sacrificial extenuante. Como Massimo Livi-Bacci demonstrou em seu estudo sobre as populações, quando as pessoas deixaram de se deslocar constantemente, de carregar os filhos pequenos de um lugar para outro, elas passaram a ter filhos com mais frequência. Graças à impressionante melhora do clima, a comida tornou-se mais abundante. Como consequência, esse período assistiu a um rápido crescimento populacional. Uma vez realizada a colheita, as pessoas disporiam de algo que jamais tinham desfrutado: tempo de sobra. Possuíam os recursos e o tempo livre para embarcar em grandes aventuras que mantivessem seus deuses dóceis.

Os resultados foram espetaculares. Em Göbekli Tepe, as pessoas construíram aquele que, com muita probabilidade, foi o primeiríssimo *templo erguido especialmente com esse propósito*. Elas criaram os primeiros círculos de monólitos de pedra, com o dobro da idade de Stonehenge, projetando o que foi, na verdade, o primeiro edifício. Também podem ter inspirado, sem querer, outro admirável começo, ao menos no Oriente Médio: o da agricultura. Estudos genéticos revelam que muitos dos cereais consumidos na época atual em todo o mundo ocidental descendem diretamente das plantas selvagens que ainda crescem numa única e diminuta região: os montes Karadag, no Sul da Turquia, os quais, por acaso, estão a apenas vinte quilômetros de Göbekli Tepe. Parece uma grande coincidência que inúmeros cereais cultiváveis im-

A INVENÇÃO DOS DEUSES | 13

portantes tenham se originado de uma região tão próxima desse admirável local. É quase certo que não existe nenhuma coincidência.

O arqueólogo Jacques Cauvin sugeriu que Göbekli Tepe ajudou a *induzir* à descoberta da agricultura no Oriente Médio. Como um conjunto de círculos de pedras poderia levar a uma das mais importantes descobertas da humanidade? Para responder, primeiro é preciso explicar, de maneira muito breve, no que consistiu a agricultura e como ela foi completamente diferente da ação de procurar e cultivar cereais selvagens que as pessoas praticavam antes. Na verdade, a agricultura foi a primeira incursão da humanidade no universo da *manipulação genética*. As pessoas cultivavam tipos raros de cereais mutantes que deixavam de liberar sementes. Com isso era possível debulhá-los e recolher cada grão. Para que essas variedades suicidas prevalecessem sobre as antigas variedades selvagens não suicidas – elas, *sim*, liberavam as sementes –, era preciso plantá-las em outros locais, para diminuir a competição com as variedades selvagens. Na verdade, elas tinham de ser transportadas pelos seres humanos. Ao escalar o Göbekli Tepe, os peregrinos entalhadores de pedra teriam feito exatamente isso. Como ninguém tinha residência fixa na montanha, foi preciso levar as sementes para lá, para comer e, talvez, para semear. Análises de restos de comida de Göbekli Tepe mostram que a agricultura não existia quando o sítio foi construído, pois as sementes são de variedades selvagens, não de variedades cultivadas. Até épocas recentes, havia a suposição generalizada que a religião organizada surgira da agricultura. Hoje em dia, ao menos no Oriente Médio, acredita-se que foi exatamente o contrário que aconteceu: a agricultura foi um subproduto da religião organizada. Como veremos, esse foi o primeiro de muitos avanços tecnológicos que a religião iria inspirar.

Porém, erguer blocos de dez toneladas de pedra não foi o único tipo de sacrifício que as pessoas inventaram na tentativa de impressionar os seres sobrenaturais. Em Çayönü, a meros doze quilômetros de Göbekli Tepe, entre 8000 e 7000 a.C. – ou logo após Göbekli Tepe ter sido abandonado –, algo muito terrível parece ter ocorrido.

Escavações arqueológicas descobriram os vestígios de um pequeno edifício retangular com um oratório semicircular em uma das suas paredes. Naquela época, ele teria a aparência de uma minúscula igreja cristã. Em um cômodo ao lado, foi encontrada uma enorme pedra po-

14 | CRENÇA

lida, pesando quase uma tonelada, junto com uma lâmina resistente e comprida. Ambas estavam manchadas com uma quantidade enorme de sangue de ovelhas, de gado selvagem e de seres humanos. Em outras antecâmeras havia quase trezentos crânios humanos, misturados com inúmeros outros despojos humanos, a maioria pertencente a adultos jovens. Não parece haver dúvida de que os habitantes de Çayönü costumavam fazer sacrifícios humanos em grande escala.

Mas é quase certo que não eram os únicos. Em uma das cidades mais antigas do mundo, o povoado de Jericó, localizado onde hoje fica a Cisjordânia palestina, a arqueóloga Kathleen Kenyon descobriu, em uma pequena porção do sítio, os despojos de quase trezentas pessoas. Eles estavam espalhados por toda a estrutura do povoado: debaixo do chão, entre as paredes e na torre de pedra da cidade. Especialmente perturbadora foi a grande quantidade de despojos infantis que Kenyon encontrou. Eles estavam enterrados nas paredes das casas ou debaixo da porta da frente, indicando que tinham sido colocados ali por um motivo específico. Alguns cadáveres foram enterrados e depois desenterrados; em seguida, seus crânios foram novamente enterrados e empilhados com cuidado, um de frente para o outro. Alguns foram retirados para receber um tratamento honorífico: seus rostos foram reconstituídos com reboco e no lugar dos olhos foram colocadas conchas de caurim.

Depois temos Çatalhöyük, no Oeste da Turquia, seguramente um dos povoados mais estranhos que já existiram. A cidade, cujo apogeu ocorreu por volta de 7000 a.C., não tinha ruas. As casas formavam um bloco compacto, e os seus habitantes só conseguiam chegar a elas andando por cima das casas dos vizinhos e descendo por escadas que passavam através de um buraco no teto. Embora ninguém tenha a menor ideia de quais eram as crenças religiosas dos habitantes de Çatalhöyük, os despojos exumados da cidade sugerem um estado psicológico extremado, até mesmo obsessivo. As casas eram todas praticamente idênticas: cômodos minúsculos e escuros, lareiras e terraços de dormir dispostos exatamente do mesmo modo. Algumas tinham estranhas pinturas na parede, pintadas e repintadas dezenas de vezes, de crânios e touros, de abutres se alimentando de seres humanos decapitados. Outras tinham as paredes decoradas com relevos representando gigantescos seios femininos com os mamilos perfurados por crânios de

A INVENÇÃO DOS DEUSES | 15

animais de verdade. Como em Jericó, os despojos humanos foram encontrados em todas as construções da cidade, entre as paredes, debaixo do chão e dos terraços de dormir. Nos despojos masculinos há uma incidência estranhamente alta de ferimentos nos braços e no crânio. O arqueólogo Klaus Schmidt acredita que é bem possível que também sejam encontrados despojos humanos debaixo dos círculos de pedras de Göbekli Tepe.

Começa a emergir, portanto, o retrato sombrio de uma cultura do sacrifício. Parece que as pessoas tentavam subornar os deuses para que eles as ajudassem – ou ao menos não as punissem – por meio do sacrifício do seu tempo, do seu trabalho, dos seus animais e delas próprias. À luz das práticas das religiões posteriores, é provável que também fizessem oferendas diárias menos lúgubres, de pequenas porções de comida que eram queimadas ou deixadas para apodrecer.

No entanto, deixemos para trás as suposições vagas. Uma nova conquista tecnológica estava a caminho, uma conquista que nos permitiria, pela primeira vez, compreender claramente as crenças religiosas das pessoas: a escrita.

Vestido para o café da manhã

Por volta de 2100 a.C., em um templo da cidade de Nippur, ao sul da moderna Bagdá – um centro religioso que era a Meca ou a Roma da antiga Mesopotâmia –, Enlil, chefe de todos os deuses e controlador do tempo, era vestido para o café da manhã. Não estava acontecendo nenhum festival que atraísse uma multidão de visitantes. Nenhum deus ou deusa de alguma cidade vizinha fora prestar reverência, com sua estátua sendo conduzida pelo Eufrates numa enorme barcaça cerimonial. Milhares de dias iguais a esse já tinham transcorrido, e muitos outros milhares transcorreriam ao longo dos dois milênios seguintes.

Teriam vestido Enlil – ou melhor, sua estátua – em seus aposentos privados, localizados provavelmente no alto de uma espécie de pirâmide mesopotâmica de topo achatado, ou zigurate. Seu guarda-roupa era amplo, incluindo tangas, capas de linho, contas de lápis-lazúli, brincos de prata e anéis de ouro. No entanto, mais impressionantes do que as roupas usadas por Enlil eram suas refeições. Enlil faria quatro refeições ao

16 | CRENÇA

dia: duas leves e dois banquetes completos. Os funcionários do templo levariam sua comida em grandes bandejas, colocadas diante dele ao som de tambores e cânticos. A alimentação de Enlil exigia uma organização muito grande. As cidades ao redor de Nippur revezavam-se enviando-lhe enormes quantidades de manteiga, queijo, cereais, frutas, cerveja e praticamente tudo o que se pudesse comer ou beber. Perto do templo de Enlil tinham sido construídos armazéns especiais e cercados para animais, como parte de um imenso aparato estatal para mantê-lo receptivo.

Temos essa descrição da rotina diária de Enlil e do vasto sistema econômico que ela gerou graças à invenção da escrita. No entanto, é quase certo que a própria escrita fosse um subproduto dessa máquina religiosa. O avanço que a tornou possível – o surgimento da estranha ideia de representar os sons por meio de símbolos escritos – ocorreu inicialmente na Mesopotâmia. Steven Roger Fischer, um historiador da escrita, chega até a sugerir que ele talvez não tenha ocorrido em mais nenhum outro lugar, e que é provável que todos os sistemas de escrita que apareceram posteriormente no mundo inteiro tenham tido origem numa única fonte mesopotâmica.

Esse avanço teve lugar provavelmente por volta de 3500 a.C., e é bem possível que tenha ocorrido na primeira grande cidade do mundo, Uruk, próxima da atual Basra, no Sul do Iraque. Como ele aconteceu? Podemos achar uma pista nos mais antigos documentos escritos encontrados, de cerca de 3100 a.C. Não são documentos históricos, poéticos nem literários. Usando algumas palavras mágicas, constituem, em grande medida, *documentos contábeis*. Neles aparecem registradas transações do templo e recibos de produtos recebidos. É provável que o avanço por trás da escrita tenha ocorrido casualmente em um movimentado armazém cheio de cereais, azeite e animais para os deuses de Uruk.

Graças à escrita, temos, pela primeira vez, uma ideia relativamente precisa daquilo em que as pessoas acreditavam e dos rituais que seguiam. Como era, então, a religião mesopotâmica? Um de seus aspectos mais surpreendentes é que ela *não tinha Céu*. Os mesopotâmicos acreditavam em uma vida após a morte, mas tratava-se de uma existência miserável em um submundo sombrio e triste. Mesmo os monarcas estavam destinados a passar seus dias ali, e o primeiro exemplo mundial de literatura de qualidade, a *Epopeia de Gilgamesh*, conta a história de um rei mesopotâmico que tenta escapar do seu destino e fracassa.

Não eram só os mesopotâmicos que acreditavam em uma vida funesta após a morte. A mesma noção pode ser encontrada nas sociedades primitivas de todo o mundo, da China ao México, da Ásia Central à Grécia e ao Egito. É bem possível que essa crença fosse universal. O arqueólogo cognitivo David Lewis-William sugeriu que a ideia teve origem na religião das cavernas dos caçadores-coletores e foi inspirada nas próprias cavernas, que pareciam penetrar até as profundezas da Terra. Como se acreditava que os espíritos dos animais vivessem logo atrás das paredes das cavernas, faria sentido que os seres humanos mortos também morassem ali. Essa vida funesta após a morte pode muito bem ter perturbado os sonhos do escultor do homem-leão, 33 mil anos atrás.

Outra peculiaridade da antiga religião mesopotâmica é que ela não estava baseada em uma moralidade, ou, ao menos, em qualquer moralidade que pudéssemos identificar atualmente. A pessoa podia agir de forma correta ou errada, e suas escolhas determinariam se os deuses a tratariam com benevolência ou não. No entanto, agir de forma correta ou errada não tinha muito a ver com o comportamento geral da pessoa nem com seu modo de agir com relação aos outros. Isso estava mais relacionado à demonstração de respeito pelos deuses, por meio da execução cuidadosa de rituais complexos, sem cometer erros.

Quem eram esses deuses? Eram exatamente o tipo de divindades que se esperaria que fossem concebidas por pessoas que batalhavam para cultivar produtos agrícolas em seus campos irrigados. Eram deuses da agricultura, dos cereais, da água fresca, do gado e das ovelhas, mas também dos ratos e dos camundongos (a quem se orava para manter afastadas as criaturas famintas). Havia deuses das catástrofes, das tempestades, da doença e do fogo. Deuses das condições climáticas, do céu e da criação. Existiam milhares de deuses da casa e da vida em família, e ainda deuses dos relacionamentos, do sexo, da fertilidade e da maternidade. É possível encontrar quase a mesma mistura em outras sociedades agrícolas primitivas, naturalmente com alguns ajustes locais, como deuses do arroz na China e do milho nas Américas.

O primeiro vislumbre da religião revela que ela já representava um papel de extrema importância na vida das pessoas. Na verdade, é possível afirmar que a antiga Mesopotâmia foi uma das sociedades mais profundamente religiosas que o mundo já conheceu. A religião estava *por toda parte*. Estava no centro da política mesopotâmica. Os primei-

18 | CRENÇA

ros Estados mesopotâmicos eram governados por reis-sacerdotes, um arranjo que parece ter existido em diversas sociedades agrícolas primitivas, de Yucatán a Roma e à China, o qual, segundo Lewis-Williams, também pode ter sido uma herança direta dos tempos primitivos. Os novos reis-sacerdotes não passavam de xamãs com mais responsabilidades e poder.

A religião também estava no centro da economia mesopotâmica. Não é exagero dizer que, nos antigos Estados mesopotâmicos, a produção econômica se estruturava em torno da ideia de *suborno dos deuses*. Já examinamos os arranjos que compunham as refeições de Enlil: as regiões ofertavam grande parte dos seus produtos e transportavam-nos para a capital, Nippur, onde eram guardados em armazéns e currais para posteriormente serem preparados e levados a Enlil.

O que não está muito claro é o que acontecia depois com a comida. Os artigos de qualidade certamente ficavam com os funcionários do templo, e grande parte deles talvez fosse armazenada para os períodos de escassez. Quanto ao restante, talvez alguns artigos fossem destinados às viúvas e aos órfãos que se encontravam sob os cuidados do templo, e outros possivelmente fossem distribuídos entre a população de Nippur ou mesmo devolvidos – agora menos frescos – para as áreas rurais de onde tinham vindo. Grande quantidade deles podia ser vendida. Como os grandes templos da Mesopotâmia eram células nervosas econômicas, atuando como bancos e emprestadores de dinheiro, suas despesas deviam ser consideráveis. O que parece bastante claro é que o transporte de víveres teria sido decidido por sacerdotes e reis-sacerdotes. Assim, por meio da religião, a Mesopotâmia desenvolveu uma espécie de *economia controlada*.

A religião tinha percorrido um longo caminho desde a época ingênua do escultor do homem-leão na gelada Baden-Württemberg. E, no entanto, poderíamos perguntar: *Funcionou?* Esse vasto mecanismo de apaziguamento dos deuses deu aos mesopotâmios uma sensação de tranquilidade? Infelizmente, talvez a resposta seja não. A ideia geral que se tem é que a Mesopotâmia era um lugar em que predominava alto grau de ansiedade, como relata o historiador Jean Bottéro:

> Era como se, na cabeça das pessoas, tudo fosse extremamente frágil e perecível, dependendo constantemente das ações independentes dos deu-

A INVENÇÃO DOS DEUSES | 19

ses [...] só sua intervenção, constantemente renovada, podia impedir que as coisas perecessem e desaparecessem.[1]

Por que os mesopotâmios eram tão ansiosos? Sugeri anteriormente que as crenças religiosas de uma cultura refletem seus piores pesadelos, e os mesopotâmios sem dúvida tinham bons motivos para perder o sono. A agricultura irrigada era muito arriscada. Podia-se fazer a semeadura tarde demais ou calcular mal a hora da colheita. A produção podia ser comida pelos ratos ou pelos gafanhotos, ser destruída pelas pragas ou apodrecer nos armazéns. Epidemias assolavam regularmente a região. À medida que a população aumentou e as pessoas se tornaram cada vez mais dependentes de pequeno número de plantas, o que restringia sua dieta, elas teriam passado a sofrer cada vez mais de desnutrição, de falta de ferro e de osteoporose.

Na verdade, os mesopotâmios tinham mais com o que se preocupar, mais ainda do que os outros agricultores que utilizavam métodos de irrigação. Os rios Tigre e Eufrates mudavam de curso de maneira inesperada, deixando populações inteiras desamparadas numa terra improdutiva e desértica (isso aconteceu com a cidade de Nippur não uma, mas *duas* vezes). Era comum as cheias dos rios ocorrerem "na hora errada" – quando as plantas estavam quase no ponto de serem colhidas, podendo ser facilmente alagadas pelo excesso de água –, obrigando os mesopotâmios a manter um sistema de canais e de tanques de armazenagem extremamente complexo. As cheias também podiam ser insatisfatórias ou simplesmente não acontecer. A fome teria sido uma ameaça indefinida e constante.

A ansiedade dos mesopotâmios também pode ter brotado das próprias crenças que deveriam ter diminuído seus temores. A religião mesopotâmica – talvez como reflexo da vida das pessoas – era diabolicamente complexa. Os deuses contavam-se às centenas, ou mesmo aos milhares. Os rituais para apaziguá-los também eram complicados, embora bastasse um único erro para invalidá-los e deixar os deuses furiosos – e com sede de vingança – por terem sido desonrados. Os antigos mesopotâmios viviam procurando indícios de que um deus estava zan-

---

1 BOTTÉRO, Jean. *Religion in Ancient Mesopotamia*, Chicago, University of Chicago Press, 2001.

20 | CRENÇA

gado e de que a desgraça era iminente. Eles acreditavam que tais sinais podiam ser percebidos em quase tudo: uma configuração "estranha" das estrelas, um animal sacrificado com o tipo "errado" de fígado ou simplesmente o fato de encontrar um estranho na rua com o tipo "errado" de rosto. Eles podiam se revelar por meio do encontro inesperado de um cântaro quebrado ou de uma prostituta menstruada, ou por avistar um gato abandonado da cor "errada" em sua casa.

No entanto, os mesopotâmios não desistiam. Diante de um sinal desfavorável, corajosamente procuravam realizar, sem cometer nenhum erro, o ritual adequado para apaziguar o deus em questão. Como exemplo do que isso poderia implicar, segue-se o procedimento a ser seguido se um feto deformado – animal ou humano – nascesse na casa de uma pessoa (um sinal extremamente negativo para esse povo). Em primeiro lugar, o chefe da casa tinha de levar o feto até o barranco do rio. Ele então erguia ali uma pequena cabana de junco, complementada com um pequeno altar de junco, onde deixava uma oferenda de cerveja, comida e também um pouco de prata e ouro. Em seguida, depositava o feto no chão e elogiava bastante a criaturinha morta, induzindo-a a pensar que estava prestes a ser reverenciada. Para isso, colocava um broche de ouro em sua cabeça e, possivelmente, também um pequeno peitoral de ouro. Quando estava seguro de que o feto havia sido conduzido a uma falsa sensação de segurança, o chefe da casa recitava uma oração pedindo que Samas, a deusa da justiça, o ajudasse. Só então ele podia soltar o feto no rio e esperar que ele encontrasse a paz. Mas era grande a possibilidade de que o processo desse errado. E se a cabana de junco tivesse sido construída de maneira errada, ou se a oferenda ao deus fosse pequena demais? E se o feto não tivesse sido suficientemente elogiado ou se tivesse sido cometido um erro na oração? Todo aquele esforço teria sido em vão.

Dessa ansiedade originou-se uma nova ideia. De acordo com Jean Bottéro, por volta de 2500 a.C., os mesopotâmios criaram um conceito novo: o de *pecado*. Essa concepção era muito diferente da concepção de pecado atual, pois não era um conceito moral. Para os mesopotâmios, o pecado não estava relacionado ao comportamento da pessoa. Tinha a ver com algum erro cometido em um ritual ou sacrifício que faria com que o deus, sentindo-se desonrado, aplicasse uma punição por meio de seus agentes, uma espécie de *força policial sobrenatural* conhecida como demônios. Pode ser que a pessoa nem percebesse que havia cometido um erro. Do medo de que *pudesse ter agido assim* é que surgiu a lógica terrível do pecado. O pecado pressupunha que, se alguém tivesse sido atingido pela desgraça, isso só poderia ter acontecido porque havia cometido uma transgressão contra um deus. Se uma vaca morria ou a casa vinha abaixo durante uma tempestade de areia, *a culpa era só da pessoa*. A punição era a prova da culpa.

Os mesopotâmios ficaram obcecados por essa terrível ideia, chegando até a dar aos filhos nomes como *Qual é o meu pecado?* e *Que pecado eu cometi contra um deus?* Se alguém era atingido pela má sorte, sua única esperança era passar por cima dos demônios e conquistar o apoio de seus controladores, os deuses, por meio de rituais e sacrifícios *corretos*. Era mais ou menos como subornar um prefeito maleável para impedir que a polícia investigasse seus crimes.

De vez em quando havia manifestos de sinais de protesto contra essa crença opressiva. O *Poema do justo sofredor*, escrito por volta de 1550 a.C., faz um retrato doloroso de um homem que tem consciência de haver honrado adequadamente o deus Marduk, de todas as formas, e no entanto descobre que sua vida desmoronou.

> Eu, que andava com altivez, aprendi a andar furtivamente
> Eu, tão poderoso, tornei-me servil
> Meu irmão tornou-se meu inimigo
> Meu amigo tornou-se um demônio maligno
> Meu escravo amaldiçoou-me abertamente na assembleia das pessoas de bem
> Minha escrava difamou-me diante da ralé
> A plateia esperou que alguém falasse bem de mim
> Enquanto aquele que me difamava seguia em frente
> Permitiram que outros assumissem minhas responsabilidades
> Minhas prerrogativas transferiram a um estranho.
> As fontes dos meus cursos de água cobriram de lixo
> Afugentaram o canto da colheita dos meus campos.[2]

---

2 I, who walked proudly, learned slinking, / I, so grand, became servile, / My brother became my foe, / My friend became a malignant demon, / My slave cursed me openly in the assembly of gentlefolk, / My slave girl defamed me before the rabble, / A pit awaited anyone speaking well of me, / While he who was uttering defamation of me forged ahead, / They let another assume my duties, / They appointed an outsider to my prerogatives. / The

22 | CRENÇA

Entretanto, apesar da incerteza permanente que inspirava, a antiga religião mesopotâmica durou bastante. Os mesmos deuses foram adorados mais ou menos da mesma forma durante cerca de 3 mil anos. Ao longo desse extenso período de tempo, será que os mesopotâmios ficaram menos ansiosos? Aparentemente, não. Na verdade, o que vigorou em momento posterior na Mesopotâmia foi a angústia, justamente entre um povo que se esperaria que fosse imune a ela: o povo mais poderoso do Oriente Médio. Pois, por volta do século VII a.C., os mesopotâmios do Norte haviam criado uma das primeiras e mais cruéis superpotências da história: o Império Assírio. No entanto, seus governantes todo-poderosos tinham tanto medo dos sinais de mau agouro como qualquer pequeno agricultor.

O rei, naturalmente, diante de seus temores, podia reagir de maneira muito diferente da de um pobre agricultor. Nos anos 670 a.C., o rei Assaradão, preocupado que os sinais enviados pelos deuses pudessem lhe passar despercebidos, criou um enorme sistema estatal para identificá-los. Agentes espalhados por todo o império ficavam atentos a qualquer acontecimento esquisito que, embora aparentemente banal, pudesse indicar a ira de um deus – de uma estrela "estranha" no céu à queda de uma raposa em um poço. Todas essas informações eram enviadas para Nínive, capital da Assíria, e registradas em tabuletas de argila, em uma das primeiras grandes bibliotecas do mundo. Assaradão criou, assim, uma espécie de *CIA do sobrenatural*, para a qual sua biblioteca de Nínive funcionava como banco de dados.

E se surgisse um sinal de mau agouro? Como os mesopotâmios faziam 2 mil anos antes, Assaradão tentaria aplacar os deuses por meio de rituais, cantos e orações conduzidos por adivinhos profissionais, que gozavam de grande prestígio na corte. Quanto mais velho o encantamento, mais poderoso se imaginava que seria. Por esse motivo, a biblioteca de Nínive continha grande quantidade de textos escritos numa língua mesopotâmica que estava morta há mil anos: o sumério. Os escribas assírios continuaram a aprendê-la para que suas fórmulas mágicas pudessem ser recitadas. E se as palavras mágicas não fossem sufi-

---

sources of my watercourse the blocked with muck, / They chased the harvest song from my fields. Extraído de: FOSTER, Benjamin R. (trad. e org.). *Before the Muses:* Myths, Tales and Poetry of Ancient Mesopotamia. Bethesda, CDL Press, 1995.

A INVENÇÃO DOS DEUSES | 23

cientes, o rei assírio poderia substituir a si próprio, durante certo tempo, por um sósia, que absorviria a ira do deus e provavelmente seria secretamente descartado quando sua tarefa estivesse realizada.

Por que os dirigentes do maior império do mundo tinham tanto medo? Os reis assírios tinham de ficar sempre vigilantes por causa dos complôs que eram tramados contra eles por seus generais e, muitas vezes, também por seus parentes mais próximos. Apesar de sua implacável brutalidade – ou talvez por causa dela –, no Império havia constantes rebeliões dos povos que estavam sujeitos a ele. O próprio sucesso do Império pode ter alimentado a insegurança. Para quem tinha alcançado tamanha altura, o único caminho a seguir era a queda. E, como os acontecimentos comprovaram, Assaradão tinha motivos para sentir-se ansioso. O Império Assírio desintegrou-se duas gerações após sua morte, e sua biblioteca do sobrenatural foi destruída pelo fogo (uma bênção para os historiadores, pois as tabuletas de argila ficaram cozidas e resistentes como tijolos). Em breve a Mesopotâmia teria de assumir o papel humilhante de uma terra governada por outros povos: persas, gregos, partos e romanos.

A religião mesopotâmica também entrou em um lento declínio com a chegada das novas religiões rivais, que lhe roubavam os crentes. Isso porque, já muito antes da época de Assaradão, uma importante transformação havia se iniciado. Tanto a leste como a oeste da Mesopotâmia, uma nova crença estava surgindo – uma crença cuja atração se mostraria duradoura porque oferecia um tipo completamente novo de conforto.

2.

A INVENÇÃO DO PARAÍSO

O Cabo Canaveral dos reis mortos

Certo dia, por volta de 2570 a.C., em Gizé, no Egito, um grupo de trabalhadores pôs-se a executar uma tarefa que teria sido extremamente familiar aos *workaholics* que encontramos no monte Göbekli Tepe 7 mil anos antes: estavam arrastando um enorme pedaço de pedra pelo chão.

Como a vida de um arrastador de pedra teria mudado ao longo desses sete milênios? Em certos aspectos, o grupo de Gizé tinha algumas facilidades, em comparação com seus antepassados de Göbekli Tepe. Embora os métodos que empregava sejam pouco conhecidos, imagina-se que utilizasse trenós ou cilindros para facilitar o trabalho. Já os trabalhadores de Göbekli Tepe provavelmente só deviam dispor, se tanto, das versões mais rudimentares desses dispositivos. A pedra de Gizé tinha formato mais quadrado e era muito menos frágil do que as peças delgadas em forma de bastão de 9500 a.C. Também era muito mais leve. Com duas toneladas e meia, pesava apenas um quarto das pedras arrastadas até o topo do monte Göbekli Tepe.

Contudo, em termos gerais, os trabalhadores de Gizé poderiam ter encarado seus antepassados de Göbekli Tepe com certa inveja, já que o trabalho destes últimos, embora extenuante, ao menos era extremamente ocasional. Acredita-se que os vinte círculos de pedras de Göbekli Tepe foram construídos ao longo de um período de cerca de quinze séculos, ou durante sessenta gerações, embora cada um contivesse apenas um punhado de pedras gigantes. Em média, mais ou menos uma dúzia de pedras teriam sido cortadas e transportadas a cada 75 anos. Em comparação, o projeto de Gizé, que provavelmente levou cerca de 23 anos para ficar pronto, continha mais de 2 milhões de pedaços enormes de pedra. Em outras palavras, durante 23 anos, uma pedra enorme teria sido cortada, arrastada e posta no lugar, dia e noite, a cada *cinco minutos*.

Esses egípcios estavam construindo, naturalmente, a grande pirâmide do faraó Khufu, também conhecido como Quéops, uma das primeiras estruturas feitas com pedras grandes e, até hoje, a maior do mundo. Eles estavam construindo uma sepultura para o seu soberano. Mas esses arrastadores de pedra também estavam fazendo outra coisa da qual não teriam tido a menor consciência: do seu jeito simples, estavam contribuindo para o desenvolvimento de uma nova invenção, que começaria a capturar a imaginação da maior parte da humanidade, o Céu.

Como assim? O antigo ritual egípcio conhecido como cerimônia da abertura da boca nos dá uma pista. Esse ritual era utilizado originalmente para ativar estátuas de deuses recém-construídas. Um sacerdote tocava nos lábios da estátua, provavelmente com os dedos, e, na imaginação dos egípcios, trazia-a à vida, mais ou menos como a parteira que limpa a boca de um recém-nascido. Na época do faraó Khufu, em meados do século XX a.C., não eram apenas as estátuas que estavam passando por uma animação frankensteiniana: os cadáveres dos faraós recém-falecidos eram simbolicamente trazidos à vida por meio do mesmo ritual. Os soberanos egípcios tinham conquistado uma promoção extraordinária: caso único entre seus concidadãos, possuíam uma força espiritual conhecida como *ba*, tornando-se seres sobrenaturais vivos. Mil e seiscentos quilômetros para o leste, os reis mesopotâmicos não podiam sonhar com tal *status*.

Não que se considerasse que os faraós possuíssem todos os poderes de um deus importante. Afinal, tal pretensão teria provocado expectativas irrealistas entre seus súditos. Eles eram vistos, mais exatamente, como uma espécie de seres sobrenaturais inferiores que pairavam a meio caminho entre os humanos e os deuses. Aos olhos dos egípcios, eram muito valiosos. Uma vez morto, o faraó era considerado uma espécie de *lobista junto ao divino*. Toda manhã, ao alvorecer, ele deixava sua sepultura e acompanhava a mais importante de todas as divindades, Rá, o deus do Sol, em sua jornada diária pelo céu. Como os faraós mortos tinham acesso a Rá, podiam induzi-lo a manter o ritmo certo

A INVENÇÃO DO PARAÍSO | 27

das estações, a garantir que as cheias do Nilo ocorressem na hora certa e a não destruir a humanidade.

Considerava-se, naturalmente, que essa causa merecia ser apoiada. Um olhar moderno e crítico poderia considerar as pirâmides como monumentos ao poder e à vaidade dos faraós – o que, sem dúvida, elas eram em parte –, mas é bastante improvável que os egípcios pensassem nelas dessa maneira. Não existe prova de que foram construídas por meio de coerção. As sepulturas dos trabalhadores que construíram a grande pirâmide de Khufu estão próximas demais do túmulo real para pertencerem a escravos. Isso indica que eles eram homens livres. Essa teoria é confirmada pelos desenhos das sepulturas dos trabalhadores, nos quais eles se descrevem como os "amigos de Khufu". Parece, portanto, que a construção das pirâmides reuniu um enorme esforço nacional voluntário. Alguns egípcios cortavam e erguiam pedras, outros cultivavam seus campos, no lugar deles, e lhes mandavam comida. Agiam assim porque acreditavam que isso era de seu próprio interesse. Ao reverenciar os faraós mortos e ajudá-los em seu trabalho de lobistas, os egípcios imaginavam que estavam tornando suas vidas mais seguras.

Como resultado dessa crença, Gizé tornou-se uma espécie de *Cabo Canaveral sobrenatural* de sua época, do qual os faraós subiam para o Céu. Tomavam-se todas as precauções para ajudar os soberanos mortos a desempenhar sua missão vital. Realizavam-se pesquisas para aperfeiçoar as técnicas de embalsamento – que nunca davam muito certo – para que os corpos dos faraós se mantivessem o mais intactos possível para cumprir sua tarefa sobrenatural. Foram construídas réplicas dos palácios para eles morarem. Embarcações fluviais, algumas cuidadosamente desmontadas, foram enterradas em volta das pirâmides para que os faraós pudessem viajar pelo céu em grande estilo. Pequenas cidades foram construídas perto de cada pirâmide para os sacerdotes e seus assistentes, que conduziam rituais regulares para exaltar cada soberano morto e lhes fornecer refeições regulares.

Esse vasto projeto transformou o Egito. Um novo e complexo aparato estatal foi criado para administrar a logística. O país tornou-se agressivamente expansionista. Seus exércitos invadiram o atual Sudão do Norte em busca de ouro para enfeitar as sepulturas dos faraós. Mas o projeto também *arruinou* o Egito. Apesar do ouro sudanês, o custo de manutenção dos faraós mortos teria sido proibitivamente elevado para

28 | CRENÇA

o Estado. Pior, ele teria ficado ainda mais elevado com o passar do tempo, já que cada novo cadáver real exigia uma nova pirâmide e uma nova cidade sacerdotal para exaltá-lo. Acredita-se que a pressão financeira dessas medidas tenha sido um elemento fundamental para o colapso do antigo Estado egípcio, conhecido como Antigo Império. Quatro séculos após o término da pirâmide de Khufu, a fome, o banditismo e os Estados despóticos em conflito levaram o país à desagregação.

Mas o que isso tudo tem a ver com a invenção do Céu? – poderíamos perguntar. Em poucas palavras, os faraós foram as primeiríssimas pessoas que podiam ter a expectativa de uma espécie de *paraíso*. Não existe nenhuma indicação de que antes deles alguém esperasse uma vida feliz após a morte. Os reis mesopotâmios resignavam-se a levar uma vida miserável debaixo da terra após a morte. Já os faraós do Antigo Império, como Khufu, podiam ter a expectativa de uma eternidade feliz, cruzando os céus na companhia dos deuses.

Essa ideia atraente logo se propagou. Quinhentos anos após o falecimento de Khufu, a expectativa favorável da morte já não estava restrita aos faraós. Quando o Egito se recuperou da ruína no século XXI a.C., os privilégios dos faraós haviam sido usurpados. No Reino do Meio, aristocratas egípcios declararam possuir uma força espiritual, *ba*, que pertencera exclusivamente aos faraós. Providenciaram para que seus corpos fossem embalsamados e colocados em sepulturas luxuosas, que os caixões fossem decorados com textos reproduzidos dos caixões dos faraós. Chegaram até a construir pequenas capelas onde os parentes podiam homenageá-los, uma imitação dos enormes complexos de culto erguidos em homenagem aos faraós.

Como os faraós puderam permitir a quebra do seu monopólio? Eles próprios provocaram isso, ao permitir que o poder lhes escapasse das mãos. Os magnatas locais morriam como faraós porque governavam como minifaraós. O Paraíso tornou-se a nova moda, a tal ponto que no Médio Império o antigo deus Rá perdeu para Osíris – o rei do mundo subterrâneo – o lugar de divindade mais popular do país. Osíris oferecia um exemplo *pessoal* inspirador de como se poderia vencer a morte, numa história que teria sido do conhecimento de todos os egípcios. Ele foi assassinado por seu perverso irmão Seth, o qual, para certificar-se de que o assunto estava encerrado, picou em pedacinhos os restos mortais de Osíris e espalhou-os pela Terra. Essa precaução, contudo, não foi

A INVENÇÃO DO PARAÍSO | 29

suficiente. Sua irmã Ísis recolheu com todo o cuidado as partes do corpo de Osíris, juntou-as novamente e ressuscitou o irmão, que, em seguida, gerou um filho nela: Hórus, o rei do mundo dos vivos.

Os rituais de Osíris, que tinham sido uma exclusividade dos reis, tornaram-se gradualmente acessíveis a todos. Embora aqueles que não eram faraós não pudessem ter a expectativa de cruzar os céus na companhia dos deuses, esperavam ir para o mundo subterrâneo de Osíris, que havia se tornado então um destino feliz e desejável. Após outro colapso nacional por volta de 1650 a.C., quando o Médio Império sucumbiu diante de uma revolta da qual aparentemente participaram mercenários ou escravos da Ásia – os hicsos –, mesmo os pobres do Egito passaram a ficar obcecados pelo Paraíso. Durante a terceira era gloriosa do país, o Novo Império, multidões de peregrinos iam homenagear Osíris em seu centro de culto, em Abydos. No fim do período de férias, quando a cheia do Nilo impossibilitava o trabalho agrícola, os egípcios promoviam um festival de dezoito dias em homenagem ao deus Khoiak, no qual os sacerdotes produziam apresentações teatrais amadoras que reencenavam a terrível vida de Osíris.

Nessa época, o Egito não dispunha apenas de uma vida feliz após a morte, mas de *três*, cada uma cuidadosamente adaptada à ideia que o cliente fazia de uma vida ideal. Os faraós continuavam a ter a expectativa de cruzar os céus com os deuses. Os agricultores egípcios, por outro lado, esperavam, após a morte, passar os dias cultivando pequenos pedaços de terra além do horizonte ocidental, nos campos de junco, onde era sempre primavera e não havia o risco de tempo ruim nem de pragas de gafanhoto. Não é preciso dizer que esse tipo de vida após a morte tinha pouco apelo entre os aristocratas, pois o que eles esperavam era passar a eternidade sem fazer nada. Para certificar-se disso, enchiam suas sepulturas com reproduções em miniatura, conhecidas como *ushabits*, as quais acreditavam que ganhariam vida e se tornariam seus vassalos fiéis quando os seus próprios corpos fossem ressuscitados na cerimônia da abertura da boca. As sepulturas dos egípcios abastados tinham *ushabits* de barcos do Nilo cheias de remadores, e algumas possuíam frotas inteiras. Havia *ushabits* de anões e de músicos para entretenimento, de animais de estimação e até mesmo de concubinas, para os prazeres após a morte. Acima de tudo, no entanto, as sepulturas dos nobres estavam repletas de *ushabits* de agricultores,

30 | CRENÇA

muitas vezes centenas deles, para que o dono da sepultura pudesse ter absoluta certeza de que não precisaria sujar as mãos lavrando a terra.

O Novo Império do Egito oferece-nos o primeiro vislumbre claro de uma sociedade totalmente eficiente, obcecada pelo além. Os egípcios se preparavam para a vida após a morte de modo muito semelhante àquele como os ocidentais se preparam para a aposentadoria. Para os ricos, preparar-se para a própria morte não era muito diferente de mudar de casa. Certamente foi o que fez Kha, um homem metódico que construiu sua sepultura onde os ladrões não esperariam encontrá-la, de modo que – um caso quase único – ela permaneceu intacta até ser descoberta pelo arqueólogo Ernesto Schiaparelli, em 1906. Do lado de dentro, primorosamente conservadas, estavam a cama de madeira e os lençóis, de Kha, suas roupas e joias mais refinadas, suas ferramentas de trabalho e até mesmo seu jogo favorito, o *sene*, uma versão de serpentes e escadas na qual, bem a propósito, podia-se cair em casas de bom ou de mau augúrio. Kha havia preparado pães e jarras de vinho e de azeite para suas refeições após a morte, além de legumes cuidadosamente amassados, pois perdera quase todos os dentes. Havia um exemplar do Livro dos Mortos – uma espécie de manual de instruções do antigo Egito para a vida após a morte – que continha até uma imagem de Osíris acolhendo Kha com cordialidade no mundo subterrâneo, ao lado de sua esposa Meryt, que morrera havia alguns anos. Ela jazia em um aposento contíguo, dentro de um sarcófago de qualidade visivelmente inferior ao de Kha.

Não que Kha pudesse considerar que seu acolhimento no mundo do além de Osíris fossem favas contadas. Os egípcios do Novo Império achavam que, com exceção dos faraós, havia a possibilidade de não conseguirem entrar nele. O êxito dependia do comportamento da pessoa em vida. Chegamos, então, à outra grande inovação desse período, que parece ter se desenvolvido em paralelo à ideia de Céu: o avanço da *moralidade* na religião. A moralidade, não é preciso dizer, estava longe de ser uma nova invenção em si mesma. É provável que tenha surgido muito antes de qualquer forma de religião. Teria surgido a partir das regras de comportamento que regiam as primeiras sociedades caçadoras-coletoras e que, de forma mais simples, existem até mesmo em grupos de chimpanzés.

A INVENÇÃO DO PARAÍSO | 31

Como o comportamento de alguém era julgado? Em um julgamento sobrenatural, naturalmente. Os egípcios mortos do Novo Império esperavam enfrentar um tribunal com pelo menos 42 deuses, em um processo ao qual, acreditava-se, o próprio Osíris teria sido submetido. Eles tinham de jurar, a cada um dos deuses em separado, que não haviam cometido transgressões durante a vida. Feito isso, o coração deles era posto em uma série de pratos de balança e contrabalançado com a pena da verdade. Então, a deusa do destino, Shai, emitia o julgamento sobre o caráter do falecido. Se ele fosse inocente, os dois pratos da balança ficariam precisamente alinhados, e ele poderia passar diretamente para uma vida feliz após a morte. No entanto, se o coração fosse mais pesado do que a pena, o indivíduo seria considerado culpado, e o coração dele seria lançado a um faminto animal mítico que estava à espera. Em vez de gozar uma vida feliz após a morte, o pobre coitado teria uma terrível morte.

Se o pecado ritual foi o que deixou os mesopotâmios obsecados, a moralidade foi o que capturou a imaginação dos antigos egípcios. Durante o Médio e o Novo Império, surgiram textos conhecidos como literatura da sabedoria, em que uma figura mais velha e sábia aconselha um filho mais novo, ou um aluno, sobre como se conduzir na vida. Os valores que despontam parecem, aos olhos de hoje, absolutamente antiquados. Devia-se tratar as pessoas com justiça, ser sempre honesto e cortês e comportar-se de modo correto com as pessoas situadas socialmente acima e abaixo de cada um. Devia-se caminhar, de maneira respeitosa, atrás dos altos funcionários, falar bem dos próprios pais, não ser ganancioso na vida nem se tornar muito amigo das mulheres das outras famílias.

Durante o Novo Império, ou talvez antes, na imaginação egípcia criou-se uma relação clara entre o comportamento da pessoa em vida e sua esperança de uma vida eterna feliz. Poderíamos perguntar: será que isso era inevitável? Por que, em vez disso, as pessoas não optaram por uma vida feliz após a morte para *todos*, como era o caso anterior da vida miserável após a morte? Por que fazer dos deuses bisbilhoteiros sobrenaturais, a julgar eternamente o comportamento moral dos seres humanos? Falando nisso, por que a ideia de uma vida feliz após a morte – que hoje parece tão fundamental para a religião – surgiu apenas nesse momento, e não muito antes? Para responder a essas perguntas, é

32 | CRENÇA

conveniente examinar outros Céus felizes, porque – como muitas outras descobertas –, o Paraíso não foi inventado apenas uma vez, mas muitas vezes, de forma bastante independente, em diferentes partes do mundo.

Zoroastro e seus amigos

Certo dia, talvez por volta de 1200 a.C., ou mesmo vários séculos antes ou depois, um viajante e exilado que estivera perambulando por muitos anos chegou a um reino desconhecido. Assim como a data, a localização aproximada desse reino é incerta, embora possa muito bem ter sido no atual Afeganistão. Quanto ao homem, tratava-se de Zoroastro, o fundador do zoroastrismo, uma religião com enorme influência até hoje.

Como Zoroastro é o mais antigo criador de uma religião sobre quem se conhecem detalhes da sua vida, podemos ter os primeiros vislumbres da carreira melancólica de um profeta. Ele foi educado para tornar-se sacerdote da religião tradicional de seu povo, os iranianos nômades da Ásia Central – um sistema politeísta bastante próximo das religiões da Grécia clássica e de Roma e também do Norte da Índia. Certo dia, porém, enquanto pegava água em um rio, teve uma visão que o fez voltar-se radicalmente contra as crenças que lhe haviam ensinado. Começou a pregar sua nova religião, fez inimigos e foi obrigado a deixar sua terra natal. Vagou durante anos, tendo conquistado apenas um único prosélito para o seu movimento, seu primo Maidhyoimanha.

Foi só quando chegou às terras do rei Vishtaspa que a sorte de Zoroastro finalmente mudou. A reviravolta aconteceu quando a esposa do rei, Hutaosa, se converteu, caminho bastante comum para o êxito de um profeta. Ao longo do tempo, as mulheres se mostraram muitas vezes mais abertas às ideias religiosas radicalmente novas do que os homens. Contando com a ajuda de Hutaosa, Zoroastro conquistou então o apoio do rei Vishtaspa, o que, uma vez mais, se mostraria o roteiro-padrão de uma religião bem-sucedida. Como veremos, a conversão de um governante seria a causa do sucesso da maioria das religiões importantes, do cristianismo ao maniqueísmo, do budismo ao jainismo. Mesmo o zoroastrismo só seria plenamente bem-sucedido quando, séculos após a época de Zoroastro, foi adotado pelos reis do Império Persa.

A INVENÇÃO DO PARAÍSO | 33

Que ideias eram essas e por que eram consideradas tão perigosas a ponto de provocar o exílio de Zoroastro e, depois, seu assassinato? Muitas delas podem parecer um tanto familiares, e com razão, uma vez que foram repetidamente plagiadas por religiões mais recentes. O zoroastrismo possuía regras rígidas e de atraente simplicidade, como a que dizia que os seguidores deveriam orar ao seu deus Ahura Mazda cinco vezes por dia (como os muçulmanos fariam). Entretanto, também oferecia uma visão nova e estimulante. Para Zoroastro, o *mundo* era *duplo*, dividido entre o bem e o mal. Os líderes dessas forças rivais – Ahura Mazda e Angra Mainyu – viviam em pé de guerra. Para ele, também, o mundo tinha *três eras*. Na primeira, breve, o mundo, criado por Ahura Mazda, era verde, viçoso e perfeito. Após um ataque maldoso de Angra Mainyu – que tentou transformá-lo em um deserto seco, mas foi impedido –, o mundo passou a existir em seu estado imperfeito atual. Porém Zoroastro insistia que, se as pessoas seguissem Ahura Mazda, conseguiriam conduzir a Terra a um terceiro e definitivo estado de perfeição renovada. Judeus, cristãos, maniqueístas e muçulmanos teriam uma visão bastante parecida. Zoroastro, assim como seus seguidores que o sucederam, até chegaram a pensar na ideia de um messias: nascido de uma virgem que, ao banhar-se em um lago, seria fecundada pelo esperma imortal e sobrenatural de Zoroastro, ele conduziria a humanidade ao advento da era da perfeição.

Zoroastro *não* inventou o Paraíso, mas *reinventou* a ideia de Paraíso. Muito antes da época em que ele viveu, os iranianos da Ásia Central já tinham a expectativa de uma vida feliz após a morte, ou pelo menos alguns deles tinham. Como os povos primitivos do mundo inteiro, de início eles parecem ter se resignado a uma vida infeliz após a morte, em um mundo subterrâneo ao qual se chegava após cruzar um rio tenebroso. Porém, a certa altura, muito antes da época em que Zoroastro viveu, essa interpretação mudou. Passou-se a acreditar que uma ponte cruzava o rio tenebroso, e, embora a maioria dos iranianos caísse dentro do mundo subterrâneo, alguns felizardos – a elite aristocrática – seguiam em frente e alcançavam uma eternidade luminosa e feliz no monte Hara. Como no Egito, em um primeiro momento o Paraíso existiu apenas para os membros do grupo "certo".

Zoroastro ofereceu uma visão muito diferente do Paraíso. Embora nascido em berço de ouro, voltou-se radicalmente contra suas raízes, e

34 | CRENÇA

ainda é possível detectar em suas ideias ecos de uma antiga luta de classes, como na oração: "O reino é de Ahura Mazda, a quem eles instituíram como pastor dos pobres." Ele lançou um ataque contra a aristocracia guerreira iraniana, denunciando o fato de que seus deuses belicosos preferidos estavam a serviço das forças do mal. Ainda mais radical, declarou que a entrada no Céu não dependia de riqueza nem de origem, mas do comportamento da pessoa durante a vida. Os iranianos mortos iriam enfrentar um tribunal de deuses e uma série de balanças, nas quais seus atos passados seriam meticulosamente pesados. Se suas boas ações se mostrassem mais pesadas, uma bela virgem conduziria os mortos por uma ponte até o monte Paraíso. No entanto, se o mal fosse mais pesado do que o bem, então, como em uma cena de filme com efeitos especiais, a ponte se estreitaria até virar uma lâmina, e, enquanto o infeliz morto tentava desesperadamente rastejar sobre ela até o outro lado, seria agarrado por uma bruxa horrenda e lançado para dentro de um mundo subterrâneo de trevas, miséria e comida insossa.

Um tribunal de deuses e uma série de balanças para avaliar a conduta moral da pessoa ao longo da vida? Isso tudo lembra bastante o processo de seleção após a morte imaginado no Egito, e é bem possível que alguns conceitos egípcios tenham se difundido para o leste, na direção da Ásia Central iraniana. No entanto, também se percebe um padrão mais abrangente. Tanto no Egito como no Irã, o Paraíso surgiu inicialmente – partindo de uma antiga ideia de um mundo subterrâneo miserável para todos – como um privilégio apenas para os ricos. É interessante que tenha sido encontrado, em épocas posteriores, um sistema semelhante entre os maias, os astecas e os vikings. Estas culturas também imaginaram um paraíso para determinados grupos – em especial os guerreiros de elite –, enquanto o resto tinha de se virar com um subterrâneo miserável após a morte.

Examinando esse padrão, talvez se possa conjecturar por que, à medida que as religiões adotaram a noção de Céu, elas também incluíram a noção de moralidade. Ao longo do tempo, a resposta mais eficaz às reivindicações aristocráticas de superioridade pelo *nascimento* tem sido a reivindicação de superioridade pelo *mérito*. Os antigos egípcios e iranianos aceitaram inicialmente que apenas um segmento afortunado da população podia entrar no Paraíso, enquanto o restante seria excluído. Quando os aristocratas perderam o monopólio do Paraíso, esse sistema seletivo continuou existindo, mas o processo de seleção mudou. Em lugar da posição social e da riqueza, o comportamento das pessoas umas com as outras é que passou a ser o elemento decisivo. O motivo exato por que, em uma religião voltada para *todos* os membros da sociedade, a seleção continuou existindo é um tanto difícil dizer. Ela pode ter refletido o desejo de uma pequena vingança social. Nas revoluções populares que ocorreram posteriormente, a virtude muitas vezes se tornaria um artifício por meio do qual se podia atacar a antiga elite. Os novos fiéis podem ter gostado da ideia de excluir do Céu alguns daqueles que tinham procurado excluí-los. Seja como for, a partir do instante em que foi inventado, o Paraíso zoroastriano, assim como o de Osíris, foi um lugar que se temia não alcançar.

Porém, e quanto às questões mais importantes? Afinal, por que o Paraíso foi inventado? E por que um conceito que hoje parece fundamental para a religião não foi inventado muito antes? Uma possível resposta para essas duas questões é que *a vida estava melhorando*. Como vimos, nas primeiras sociedades agrícolas, a vida das pessoas geralmente era difícil, breve e cheia de preocupações. A principal delas teria sido evitar a desgraça. Como se pensava que a desgraça era causada pela ira dos deuses, fazia sentido que as pessoas se concentrassem em agradar constantemente suas divindades por meio de oferendas. No entanto, a partir do segundo milênio a.C., essa visão de mundo começou a mudar. As pessoas começaram a olhar além de sua sobrevivência diária e ficaram preocupadas com algo muito diferente: o que aconteceria com elas após a morte. Por quê?

Uma pista é o fato de que os primeiros a se preocupar com o Paraíso foram os membros da elite privilegiada. Imagina-se que essas pessoas teriam sido as primeiras, em suas sociedades, a ter um pouco de paz de espírito e de tempo livre. Desconfia-se que, primeiramente, a elite e depois o restante da sociedade passaram a se preocupar com *a vida após a morte* porque podiam se dar ao luxo de se ocupar um pouco menos com sua *vida real*. Faz sentido que essa mudança tenha ocorrido pela primeira vez próximo ao Nilo, onde a cheia anual era mais confiável do que na Mesopotâmia e onde as invasões e o colapso social eram comparativamente raros, o que permitia que as pessoas tivessem uma vida estável. Se, como sugeri anteriormente, a religião é sobretudo um instrumento para alcançar a tranquilidade, refletindo, portanto, os

36 | CRENÇA

principais temores das pessoas, então podemos enxergar na invenção do Paraíso a prova de que a qualidade de vida delas aos poucos estava melhorando.

Uma vez instituído, o Paraíso tornou-se uma ideia extremamente atraente, que acabaria cativando a maior parte do mundo. Como tal, essa ideia conseguiria penetrar de modo sorrateiro nos espaços mais inimagináveis, chegando mesmo a assumir o controle de um movimento que, em sua origem, nem era uma religião. É aí que entra a estranha história do budismo mahayana.

A vingança do sobrenatural

No século IV a.C., na cidade de Vaishali, no atual estado indiano de Bihar, um grupo de monges budistas foi severamente repreendido. Eles haviam sido flagrados agindo de uma forma que seus pares consideravam inaceitável: não haviam esperado o pôr do sol para jantar, tendo ingerido a refeição logo antes; haviam manuseado dinheiro, em vez de sobreviver com a comida que recebiam de esmola; também tinham ido esmolar em lugares atribuídos a outros monges. Parecia que estava em curso uma simples disputa de território. Embora a assembleia de Vaishali tenha condenado com veemência a perversidade cometida contra os monges, o problema não foi solucionado. Algumas décadas mais tarde, outro encontro, realizado em Pataliputra (atual Patna), terminou não com uma condenação, mas com um cisma entre uma minoria de anciãos puritanos e a maioria dos monges, que consideravam as normas rígidas demais. Essa divisão permanece até hoje.

Todo movimento tem suas linhas divisórias, e na Índia, naquela época, a mais importante delas era o *ascetismo*. A divisão do jainismo, movimento rival do budismo, deu-se em torno da questão de seus monges poderem usar roupas ou, para evitar qualquer tipo de posse, se deveriam mendigar nus. Romper por causa de questões como essas pode parecer, aos olhos de hoje, francamente sem sentido, mas, de certo modo, os envolvidos tinham razão para se preocupar, pois o que estava em jogo era algo muito mais importante: esses concílios budistas assinalaram as primeiras escaramuças de uma longa batalha pela alma de sua ordem, e pronto para entrar em cena estava o Paraíso.

A INVENÇÃO DO PARAÍSO | 37

Não que o Paraíso fosse uma novidade no Norte da Índia. Ele teria sido introduzido pela primeira vez pelos ancestrais de Zoroastro, quando essa região indiana foi invadida pelos parentes próximos dos iranianos, os arianos, que introduziram a ideia de um Céu aristocrático, a qual tanto desagradava a Zoroastro. Entretanto, com o passar do tempo, conforme a antiga religião ariana foi se transformando no hinduísmo, o Paraíso para os privilegiados foi substituído por um conceito mais original: o de reencarnação, a ideia de que as almas retornam em outra vida, em outra forma de vida. A reencarnação foi acompanhada de um novo sistema moral igualmente original: o carma, a noção de que as ações da pessoa, boas e más, seriam punidas. Sob muitos aspectos, a reencarnação era muito mais lógica do que as versões zoroastrista, egípcia ou, mais tarde, cristã e islâmica da vida após a morte. Todas elas pressupunham uma espécie de *Céu inflacionário* que abrigava um número sempre crescente de almas. O antigo hinduísmo, por sua vez, imaginava um mundo mais estável, de almas constantemente recicladas. A alma da pessoa era, de fato, eterna, tendo existido muito antes do seu nascimento. O hinduísmo também era menos implacavelmente definitivo do que as religiões com Paraíso que se desenvolveram mais para o Ocidente. A vida após a morte hindu não era uma questão de tudo ou nada, com uma única possibilidade de sucesso, e sim um processo contínuo no qual, em cada vida, as ações passadas da pessoa determinariam o tipo de criatura que ela se tornaria após a morte.

Embora possa parecer admirável, o sistema tinha seus críticos, entre eles, Sidarta Gautama, mais conhecido como Buda, ou Aquele que Despertou. Sidarta não se opunha às ideias do hinduísmo, e sim ao hinduísmo como instituição. Já nesses tempos antigos, o Norte da Índia tinha um sistema de castas no qual a casta mais elevada era a dos sacerdotes, ou brâmanes. Um antigo manual sacerdotal, os *Brâmanas*, o qual se supõe que tenha sido escrito entre 1000 e 800 a.C., mostrava um mundo rigidamente fechado, no qual qualquer movimento entre as castas era proibido e os brâmanes possuíam o monopólio de todos os rituais religiosos. No entanto, dentro de um ou dois séculos esse poder sacerdotal seria contestado com ferocidade quando uma série de movimentos dissidentes atacaram o *establishment* religioso, em algo parecido com uma versão indiana precoce da Reforma Protestante. Um desses movimentos começou, provavelmente, no final do século VI a.C., com Sidarta Gautama.

Sidarta tinha algumas coisas em comum com Zoroastro. Também nasceu em uma família privilegiada, mas repudiou com firmeza suas origens. Partiu para o exílio, embora, no seu caso, diferente de Zoroastro, a decisão tenha sido voluntária. Desgostoso com suas próprias regalias, Sidarta passou a viver como um mendigo errante. Após jejuar por várias semanas, acreditou que havia realmente compreendido a existência. A essência de sua visão é que a vida é sofrimento, que este vem do desejo e que, se conseguisse se libertar do desejo, a pessoa poderia encontrar a verdadeira paz. Sidarta começou a pregar suas ideias para os outros.

Exílio, um momento de revelação, a pregação, a fundação de um movimento: a vida de Sidarta contém todos os elementos da vida de um profeta. Entretanto, é bastante improvável que ele fosse um profeta *religioso*. Embora seus ensinamentos aceitassem as ideias de carma e reencarnação, não faziam nenhuma menção a deuses. Atualmente, algumas pessoas o consideram um ateu. Ele provavelmente se via como alguém que aconselhava as pessoas para que pudessem conduzir suas vidas de uma forma melhor, ao defender a libertação do desejo por meio da vida errante de um monge mendicante. Se tivesse previsto no que suas ideias se transformariam, é possível que se sentisse desagradavelmente surpreso.

Sob vários aspectos, seu movimento foi vítima do próprio sucesso. Ele ganhou adeptos, que seguiram o conselho de Sidarta e passaram a viver como monges errantes. Porém, à medida que um movimento puritano cresce, é inevitável que alguns de seus membros esperem que sua vida se torne um pouco mais confortável. E foi isso que aconteceu com o budismo. Por volta do final do século IV a.C., várias gerações após a morte de Sidarta, alguns monges budistas estavam, como vimos, jantando antes do pôr do sol e pedindo dinheiro de esmola, em vez de comida. Eles também estavam *mudando Sidarta*. Nessa mesma época, os budistas decidiram que Sidarta tinha sido uma criatura sobre-humana, acima dos mortais. Como os faraós do antigo Egito e, bem mais tarde, Jesus de Nazaré, ele gozara de uma promoção divina. No entanto, isso era apenas o começo. Uma geração mais tarde, o budismo tirou a sorte grande quando ganhou o apoio, e talvez a adesão, de um

A INVENÇÃO DO PARAÍSO | 39

dos soberanos mais poderosos da Índia, Asoka. Com isso, granjearia uma grande quantidade de novos membros, os quais, por sua vez, pressionariam mais o movimento para que ele se tornasse menos rígido.

Em seguida veio o Céu. Sidarta mencionara o fato de ter sido despertado e ter alcançado, por meio da libertação do desejo, o estado de nirvana, que quer dizer êxtase ou serena satisfação. Agora o nirvana estava se transformando aos poucos em algo muito diferente: uma forma de salvação que passou a se parecer cada vez mais com o Paraíso. Portanto, um movimento que fora inspirado pela ideia de *se libertar* do desejo acabou sendo *capturado* pelo desejo de encontrar a felicidade depois da morte. A filosofia de Sidarta fora infiltrada pelo Céu. Embora só se possa especular como isso aconteceu, é provável que o movimento tenha simplesmente se adaptado aos desejos do crescente número de seguidores, que queriam algo mais satisfatório do que uma filosofia ascética.

No entanto, o Paraíso não foi a única transformação importante sofrida pelo budismo. Como vimos, o movimento se dividira em duas correntes distintas. Os seguidores dos monges anciãos mais ascetas – que tinham sustentado que só se podia comer após o pôr do sol – criaram o budismo teravada, que permaneceu bem mais próximo do pensamento de Buda. A grande maioria, porém, formada pelos descontraídos comensais que jantavam antes do pôr do sol, criaram o budismo mahayana. Os budistas mahayanas fizeram uma descoberta notável: observaram que Sidarta não se entregara ao êxtase do nirvana. Em vez disso, ele continuara a vagar pelo mundo de forma abnegada, para ajudar as pessoas a encontrar o verdadeiro caminho. Se o Buda tinha feito isso, argumentavam, por que os outros não o fariam? Nascia, então, a concepção ambígua do futuro Buda ou bodisatva, alguém que estava pronto para atingir o nirvana, mas que, como Buda, preferia, de forma abnegada, postergar sua ascensão ao estado de êxtase para poder ajudar o próximo. Tal pessoa, naturalmente, merecia respeito, e mesmo veneração, ainda em vida.

Como os textos indianos antigos são evasivos, é difícil dizer com precisão quando o budismo mudou, mas que a mudança ocorreu, disso não há dúvida. Por volta do século I d.C., apareceram estátuas de Buda, o sobre-humano, nas quais ele era representado flutuando acima de um grupo de bodisatvas principais, que agora se parecia muito com um panteão de deuses budistas. Por volta do mesmo período, os budistas

40 | CRENÇA

mahayanas decidiram que *qualquer um* podia alcançar o nirvana, não apenas os monges ascéticos por profissão. A adoração dos bodisatvas vivos tornou-se uma boa ação, que ajudaria o adorador a alcançar a própria salvação. Para a conveniência de todos, os bodisatvas vivos fundaram seus próprios templos, onde podiam ser adorados. Não é difícil perceber que esse sistema teria agradado aos ricos e poderosos da Índia. Realizando boas obras – que, com o passar do tempo, se tornaram cada vez menos difíceis, até o momento em que exigiam um esforço muito pequeno –, indianos ricos podiam se tornar futuros budas, ser adorados em seus próprios templos e contar com a garantia da salvação pelo nirvana.

Portanto, no espaço de cinco a seis séculos, o budismo mahayana transformou-se exatamente naquilo contra o que se insurgira de início: uma religião firmemente estabelecida e ritualizada, constituída para satisfazer as necessidades espirituais de uma elite rica. Além disso, deixou de ser uma filosofia de vida e se transformou numa religião em que o Paraíso ocupava papel central, que tinha um panteão variado de deuses e prometia que, se os fiéis obedecessem às regras, alcançariam o nirvana celestial. Nos primeiros séculos da era cristã, não havia muita diferença entre os templos budistas ornamentados e os templos do hinduísmo, o qual, para aumentar a confusão, havia se apropriado de algumas das melhores ideias budistas. Assim, seguindo certa lógica em andamento, por volta do século VII ou VIII d.C. o budismo mahayana indiano fundiu-se com o hinduísmo, e, no lugar de seu nascimento, completamente extinto, foi reabsorvido como um corpúsculo rebelde.

No entanto, como veremos, ele teria uma surpreendente segunda vida em outra parte do mundo.

3.

A INVENÇÃO DAS NEGOCIAÇÕES COM DEUS

Certo dia, provavelmente entre 750 e 722 a.C., na Samaria, a capital do reino judaico de Israel do Norte (nessa época havia dois reinos judaicos), um homem chamado Oseias começou a fazer algumas profecias assustadoras. Além dessas terríveis profecias, nada mais se sabe sobre a vida dele. Porém, baseando-nos na vida de outros profetas ilustres, ela provavelmente estava cheia de discussões rancorosas, de esforços para conquistar o apoio de pessoas influentes, de períodos de exílio, de amizades perdidas e inimizades conquistadas.

No entanto, pelo menos Oseias não estava completamente só. Previsões semelhantes foram feitas por outros dois profetas, Miqueias e Amós, os quais se acredita tenham pregado em Israel na mesma época. Ainda assim, é difícil acreditar que a vida de Oseias fosse tranquila. Ele sem dúvida não facilitava as coisas para si mesmo. Suas ideias eram tão radicais que correspondiam praticamente a uma nova religião, um jeito certo de arranjar encrenca. Além disso, Oseias tinha o hábito infeliz de ameaçar aquelas mesmas pessoas que procurava convencer, como nesta passagem, em que ele faz o principal deus judaico, Iavé, repreender o povo de Israel com suas exigências (as quais, com certeza, eram as mesmas de Oseias):

[...] vem como a águia contra a Casa do Senhor, porque transgrediram a minha aliança e se rebelaram contra a minha lei. A mim, me invocam: Nosso Deus! Nós, Israel, te conhecemos. Israel rejeitou o bem, o inimigo o perseguirá. Eles estabeleceram reis, mas não da minha parte; constituíram príncipes, mas eu não o soube; da sua prata e do seu ouro fizeram ídolos para si, para serem destruídos. O teu bezerro, ó Samaria, é rejeitado. A minha ira se acende contra eles. Até quando serão eles incapazes da inocência? Porque vem de Israel, é obra de artífice, não é Deus, mas em

42 | CRENÇA

pedaços será desfeito o bezerro de Samaria. Porque semeiam ventos e segarão tormentas [...] (Oseias, 8: 1-7)

Oseias estava pedindo muito do povo de Israel, embora lhe oferecesse pouco em troca. Em primeiro lugar, exigia que os israelitas obedecessem às leis de Deus. O que eram exatamente essas leis é algo que não se sabe, uma vez que nenhuma delas sobreviveu. Porém, a julgar pelo tom ameaçador de Oseias, com certeza eram rigorosas. Em segundo lugar, ele disse aos israelitas – que até então tinham adorado com liberdade todo um panteão de deuses, dos quais Iavé era o principal – que agora tinham de rejeitar todos os deuses, exceto Iavé, tornando-se monoteístas.

Essa perspectiva pode não parecer radical na época atual, porque esperamos que os judeus sejam monoteístas, mas teria sido naquele tempo. Os deuses da época eram considerados especialistas que podiam ajudar em uma questão específica, da cura de um boi doente à proteção em uma viagem marítima. Quem garantiria que o Iavé *tamanho único* de Oseias seria tão eficaz como o antigo conjunto de especialistas? O abandono da fé politeísta também traria inúmeros problemas para o dia a dia das pessoas. Os templos dos deuses parceiros de Iavé, onde os israelitas estavam habituados a se reunir e que representavam um elemento importante do seu calendário social, deveriam ser fechados.

Se os judeus de Israel fizessem tudo o que Oseias exigia, o que poderiam esperar em troca? Basicamente, ele oferecia-lhes uma espécie de *política de proteção sobrenatural nacional*. Há muito os judeus acreditavam que Iavé cuidava deles, mas não apenas deles. Os estrangeiros também tinham o direito de buscar a ajuda de Iavé, caso se dessem ao trabalho de adorá-lo, do mesmo modo que os judeus podiam adorar outros deuses. Ora, de acordo com as novas propostas de Oseias, Iavé se tornaria um *deus exclusivamente judeu*. Se, como prova de respeito, os judeus não adorassem nenhum outro deus, ele em troca dedicaria toda a sua atenção à proteção deles. Essa proteção, contudo, estava sujeita a uma série de *condições*. Se o povo de Israel não obedecesse às novas leis de Iavé e não parasse de adorar outros deuses, não teria proteção alguma, mas "colheria tempestades". O povo seria destruído.

Por que Oseias propôs ideias tão assustadoras? Antes de tentar responder a essa pergunta, primeiramente eu gostaria de fazer outra per-

A INVENÇÃO DAS NEGOCIAÇÕES COM DEUS | 43

gunta: *quem eram os judeus?* Embora possa parecer inadequado falar de história nacional em um livro sobre crenças, no caso dos judeus é difícil evitar isso. Graças a Oseias e outros, a percepção que os judeus têm de si como nação e como seguidores de uma religião tornou-se algo tão interligado que é impossível examinar uma de maneira independente da outra.

Será que os judeus realmente surgiram como nação, como afirma o livro do Êxodo, ao escapar da escravidão no Egito? Não surpreende que a autenticidade desse acontecimento – a crença nele parece ter representado a essência do judaísmo desde seus primórdios – seja difícil de constatar. No entanto, é possível arriscar uma resposta. A primeira referência histórica aos judeus encontra-se em uma gravação egípcia realizada entre 1213 e 1203 a.C., que traz uma lista dos diversos povos que o faraó Merneptá afirmava ter derrotado, sendo um deles uma tribo chamada Israel. Nossa outra fonte de informação vem dos próprios judeus. Acredita-se que seus primeiros relatos, reunidos no Antigo Testamento, tenham sido feitos por volta de 950-850 a.C., não antes, embora tenham sido bastante modificados – falsificados, digamos – ao longo do tempo. Esses relatos contêm a célebre narrativa do êxodo, que conta como os judeus foram levados de sua terra natal para o Egito e fugiram com a ajuda de uma espetacular intervenção sobrenatural do seu deus, Iavé. Ela conta como, após vagar durante anos pelo deserto do Sinai, seu líder Moisés chegou a um acordo com Iavé pelo qual os judeus prometiam adorar somente a ele em troca de uma proteção especial. Se isso parece familiar, existe, como veremos no devido momento, uma ótima razão para tal. Por fim, a narrativa conta como, assim preparados, os judeus reconquistaram sua antiga terra natal, em uma sequência de vitórias espetaculares e sangrentas.

Será que alguma dessas coisas realmente aconteceu? Tanto as descobertas arqueológicas como os primeiros textos judaicos concordam que, quando os judeus entraram propriamente na história, por volta de 950 a.C., era praticamente impossível diferenciá-los de seus vizinhos. Judeus, fenícios e filisteus falavam todos versões de uma mesma língua, escreviam de forma muito parecida, moravam no mesmo tipo de casa e, como já mencionei, adoravam os mesmos deuses. Embora os judeus tivessem um deus de sua preferência, Iavé, seus vizinhos também tinham seus deuses favoritos. Isso comprova que os judeus não chegaram de

44 | CRENÇA

repente de outro lugar, mas viviam na região há muito tempo. Além disso, pesquisas arqueológicas referentes aos séculos anteriores a 1200 a.C. não descobriram nenhum indício de que a área tenha sofrido uma invasão violenta na qual cidades como Jericó tenham sido arrasadas.

No entanto, desde o início, os judeus parecem ter tido a clara sensação de ser um povo diferente. Ao contrário de seus vizinhos, eles se recusavam com firmeza a praticar o sacrifício humano. Sustentavam que seu deus especial, Iavé, nunca deveria ser reproduzido artisticamente, enquanto os outros deuses eram com frequência representados por meio de estátuas ou pinturas. Acima de tudo, os judeus tinham uma grande preocupação com sua origem como povo. A história da libertação da escravidão no Egito estava tão arraigada, na época de Oseias, que já deveria estar presente no imaginário judaico desde muito antes. À primeira vista, nada disso parece fazer muito sentido. Como os judeus poderiam ter sido escravos fugidos do Egito se em termos culturais eram praticamente idênticos a seus vizinhos e viviam no mesmo lugar desde tempos imemoriais?

A menos, é claro, que os judeus descendessem de *dois* povos distintos que tinham se fundido. Embora isso não passe de uma hipótese, trata-se de um padrão que pode ser encontrado com bastante frequência em outros contextos históricos. Uma população preexistente é dominada durante certo tempo por um pequeno número de recém-chegados que, pouco a pouco, absorvem a língua e a cultura da maioria, deixando, no entanto, alguns vestígios de seu passado. Um exemplo são os búlgaros, na Bulgária, que deixaram pouco mais do que o nome e as histórias de suas peripécias. O mesmo aconteceu, em níveis diferentes, com os francos na França, os manchus na China e os vikings na Rússia, entre muitos outros povos. Portanto, será que uma grande quantidade de pessoas de origem levantina fugiu do Egito e fez o caminho de volta para o Levante? Supõe-se que um acontecimento tão impressionante teria sido mencionado nos documentos egípcios. Por incrível que pareça, isso aconteceu.

No capítulo anterior, mencionei de passagem um povo misterioso, os hicsos, que dominaram o Norte do Egito entre cerca de 1650 e 1550 a.C., até serem derrotados por um exército do Sul. No século I d.C., o historiador judeu Josefo acreditava que os judeus eram descendentes dos hicsos, e sua afirmação era bastante lógica. Pesquisas arqueológicas

A INVENÇÃO DAS NEGOCIAÇÕES COM DEUS | 45

feitas na capital, Avaris, revelam que os hicsos tinham sido subjugados pelos egípcios – usados como escravos, como trabalhadores temporários ou como guardas de fronteira que depois se rebelaram contra seus senhores.

É claro que o Livro do Êxodo não faz nenhuma referência ao período de um século durante o qual o povo de Moisés governou metade do Egito com seus próprios faraós, pois esses detalhes atrapalhariam o romantismo da história. Quanto à divisão do Mar Vermelho, parece que os hicsos alcançaram a liberdade simplesmente cruzando terra firme. Mas que eles partiram, disso não há dúvida. Relatos egípcios, que foram ratificados por pesquisas arqueológicas recentes, revelam o que foi, para os egípcios, um final um pouco melancólico de uma gloriosa campanha de libertação nacional. A capital dos hicsos era uma fortaleza sólida demais para que o avanço do exército egípcio do Sul conseguisse tomá-la de assalto. Em vez disso, foi feito um acordo que permitia que os hicsos partissem incólumes do Egito. Talvez – veja-se bem, estou dizendo talvez – os refugiados hicsos tenham acabado por dominar os habitantes da região interior rochosa situada entre o Mar Mediterrâneo e o Mar Morto e então, gradualmente, tenham desaparecido, até que restasse deles apenas uma lenda e a lembrança de terem realizado algo de extrema importância.

Embora seja possível que essa parte da narrativa do Êxodo faça referência a acontecimentos reais, o que dizer do resto? Os hicsos vagaram durante anos pelo deserto do Sinai, adorando de forma dissoluta um panteão de deuses levantinos? Seu líder fez um acordo com Iavé mediante o qual concordavam em adorar apenas a ele? Simplesmente *não*. Durante o longo período passado no Egito, os hicsos há muito tempo tinham perdido o interesse pelos seus antigos deuses levantinos, quanto mais o que atendia pelo nome de Iavé. Agora eles adoravam deuses egípcios.

Se o Moisés da história do Sinai era totalmente fictício, então quem poderia tê-lo inventado? E por quê? Essa pergunta nos leva de volta ao nosso profeta pessimista, Oseias. Como vimos, ele foi o homem que primeiro exigiu que os judeus de Israel adorassem um único deus. Será que essa ideia partiu do próprio Oseias? É provável que sim. A ideia de monoteísmo não era, em si mesma, inteiramente nova. No século XIV a.C., um faraó egípcio rebelde, Aquenáton, tentou impor um deus único, Aton,

46 | CRENÇA

a todos os seus súditos, mas é de duvidar que Oseias estivesse muito a par dessa tentativa. Aquenáton governara seis séculos antes da época de Oseias e sua revolução monoteísta fora um retumbante fracasso. Parece provável que o conceito tenha sido criação do próprio Oseias.

O que o levou a criar tal ideia? Uma resposta possível é que tinha pouco a ver com religião e muito a ver com política internacional. Os antigos judeus enfrentavam dificuldade para se manter unidos. Embora tenham surgido na cena histórica como um reino único e forte no século X a.C., este logo se dividiu em dois Estados: Judá, ao sul, e Israel, ao norte. Entre a década de 740 e o ano de 722 a.C., quando se acredita que Oseias tenha feito suas terríveis profecias, ambos os reinos – principalmente o do Norte – corriam grande perigo. Eles defrontavam-se com a rápida expansão de uma das potências militares mais brutais e agressivas não apenas desse período antigo, mas de *qualquer* período: o Império Assírio. Os reis assírios, a quem fomos apresentados de maneira breve no Capítulo 1, adoravam utilizar táticas terroristas que fizeram que fossem comparados a Adolf Hitler e Gêngis Khan. Os assírios ficaram conhecidos por matar até o último habitante das cidades conquistadas, por deportar povos inteiros para os confins do seu império e por amarrar pela bochecha os reis cativos para que fizessem o papel de cães de guarda da capital assíria. A partir da década de 740 a.C., os assírios começaram a se deslocar na direção dos reinos judeus, esmagando com brutalidade qualquer resistência que encontravam pela frente.

Se o núcleo de qualquer religião é a confiança, não é difícil perceber que tipo de confiança Oseias procurava. Quando advertia que o reino de Israel poderia ser destruído, ele sabia muito bem como isso aconteceria: o reino seria arrasado pelo terror assírio. Como era profundamente patriota, Oseias temia pela sobrevivência da nação, e é possível que esse temor tenha inspirado sua visão religiosa. Mesmo nesse momento de perigo, os judeus do reino de Israel estavam divididos e sua reação à ameaça assíria foi desgraçadamente hesitante. Embora um dirigente de Israel, Menachem, tenha tentado aplacar os assírios por meio do pagamento de tributos, ele foi derrubado por outro dirigente, Peca, que estimulou a resistência e, pior, *parou de pagar*.

Oseias pode ter pensado que um deus único ajudaria a unir os judeus de Israel como povo. Ele também pode ter acreditado que uma mudança radical de culto poderia lhes trazer um pouco da sorte de que

A INVENÇÃO DAS NEGOCIAÇÕES COM DEUS | 47

tanto precisavam. Os israelitas já consideravam Iavé seu deus especial. Se o reverenciassem *ainda mais* e ignorassem todos os outros deuses, ele os protegeria de forma mais vigorosa. Pensando nisso, Oseias propôs o novo conceito de um contrato nacional entre os judeus e um ser sobrenatural único, conceito que viria a ter uma popularidade duradoura. Mas ainda era cedo.

Os judeus de Israel acataram as ideias de Oseias? A resposta, talvez um pouco surpreendente, é *não*. O curioso, na história do judaísmo primitivo, é o quão determinada estava a maioria dos judeus em resistir à adoração de um único deus. Como veremos, durante vários séculos os judeus se apegaram de forma obstinada ao seu politeísmo, ao mesmo tempo que resistiam às novas leis religiosas rigorosas. As propostas de Oseias só tiveram êxito graças a uma série de guinadas e reviravoltas históricas dramáticas que funcionaram a seu favor.

A primeira delas ocorreu na década de 720 a.C. Por volta de 725, os assírios, completamente fartos da falta de consideração dos israelenses, invadiram o reino e, três anos depois, o rei Sargão II deportou a maior parte da sua população. Alguns acabaram integrando o exército assírio como condutores de biga, uma função que os israelitas desempenhavam com uma habilidade que os tornara famosos. A maioria acabou se estabelecendo no Sul da Mesopotâmia. Embora a sorte dos israelitas fosse bastante clara, a lembrança deles logo se tornou nebulosa, e eles ficaram imortalizados como as dez tribos perdidas de Israel, cujo paradeiro tornou-se, 2 mil anos mais tarde, objeto de uma curiosidade sem fim: exploradores espanhóis identificaram essas tribos como sendo os povos indígenas das Américas e, no final do século XIX, uma seita britânica esquisita, os israelitas britânicos, insistia que essas tribos eram os próprios britânicos.

As terríveis advertências de Oseias haviam se cumprido. Ele tinha profetizado que, se os israelitas não adorassem apenas Iavé e obedecessem às suas leis, o reino deles seria destruído. Ora, o que se imaginaria é que os judeus do reino de Judá, ao sul, que sobrevivera, dariam ouvidos aos clamores de Oseias, mas isso não aconteceu, de jeito nenhum. Os habitantes de Judá continuaram inabalavelmente politeístas.

A guinada seguinte aconteceu exatamente um século após a queda do reino de Israel. Algo estranho ocorreu em 622 a.C., deixando claro que alguém por fim havia se rendido às ideias de Oseias. Josias, rei de

48 | CRENÇA

Judá, enviou seu escrivão, Safã, ao templo de Jerusalém para tratar de alguns pagamentos e reformas sem importância. Ao chegar lá, Safã teve uma grande surpresa.

> Então, disse o sumo sacerdote Hilquias ao escrivão Safã: "Achei o Livro da Lei na Casa do Senhor." Hilquias entregou o livro a Safã, e este o leu. Então, o escrivão Safã foi ter com o rei e lhe deu o relatório, dizendo [...]: "O sacerdote Hilquias me entregou um livro. E Safã o leu diante do rei. Tendo o rei ouvido as palavras do Livro da Lei, rasgou as suas vestes" (2 Reis, 22: 8-11).

O livro não continha simplesmente as leis de Iavé. Afirmava-se que se tratava das leis de Iavé *tal como haviam sido transmitidas diretamente a Moisés*. E foi assim que a antiga narrativa do Êxodo se fundiu com algo bastante novo: a exigência de que os judeus aceitassem um único deus e suas leis. De maneira diferente das antigas leis de Deus transmitidas por Oseias, que haviam se extraviado, essas leis sobreviveram, com alterações, em um texto que se tornaria fundamental para o judaísmo: o Deuteronômio. Como seria de esperar, elas tinham um caráter rigoroso. Os judeus deveriam deixar de adorar todos os deuses, exceto Iavé, sob pena de morte. Deveriam fazer sacrifícios a Iavé somente em seu templo de Jerusalém. Deveriam ajudar aos pobres e aos necessitados. Não deveriam manter relações sexuais antes do casamento, cometer adultério nem ter uma vida desregrada. Também deveriam destruir os vizinhos infiéis, em uma espécie de *jihad* primitiva.

Se o povo judeu obedecesse a essas leis – prometia o texto descoberto no templo –, então seria abençoado com importantes vitórias. Se transgredisse as regras, Iavé lhe aplicaria uma severa punição. Esse acordo aparentemente simples ocultava uma sinistra inovação: se *um* judeu transgredisse as novas leis, então Iavé puniria *todos* os judeus. O texto previa um sistema de responsabilização coletiva por meio do qual o pecado de um punha em perigo toda a nação. Os judeus não tinham apenas o dever de controlar o próprio comportamento, mas também o de espionar os vizinhos e comandar uma multidão contra eles caso transgredissem as regras.

Qual a origem desse horripilante conjunto de leis? Parece muito duvidoso que elas tenham sido subitamente "descobertas" no templo de Jerusalém. Alguns especialistas sugeriram que foram inventadas na cor-

A INVENÇÃO DAS NEGOCIAÇÕES COM DEUS | 49

te real de Judá, em uma espécie de *golpe de Estado* religioso dado pelo rei Josias. O historiador Robin Lane acredita que constituíam uma versão das leis de Oseias, levadas para o Sul por refugiados que escaparam do colapso do reino de Israel, e acabaram ficando esquecidas durante um século na biblioteca do templo. Independentemente de sua origem, as leis ajustavam-se de maneira perfeita às terríveis profecias de Oseias, ampliando suas exigências. O povo de Judá deu ouvidos a elas? A resposta, mais uma vez, é *não*. Dentro de poucos anos, até mesmo os reis de Judá haviam voltado de modo gradual ao conforto de suas velhas práticas politeístas. Eles só mudariam de opinião com uma nova desgraça.

Embora nessa época o Império Assírio já tivesse implodido, com rapidez ele foi substituído por uma potência mesopotâmica do Sul, a Babilônia, que, em termos de crueldade militar, mal se diferenciava de seu antecessor. Em 598 a.C., Judá foi invadido por um exército babilônio comandado pelo rei Nabucodonosor. O soberano de Judá foi deportado para a Babilônia com milhares de membros de sua elite, onde estes com certeza se encontraram com os descendentes dos israelitas deportados havia mais de um século. Onze anos mais tarde, em 587 a.C., após mais uma resistência judaica, os babilônios invadiram Judá pela segunda vez, deportaram ainda mais gente e, por via das dúvidas, destruíram o templo de Iavé em Jerusalém. Do mesmo modo que acontecera com o reino de Israel, agora era o reino de Judá o atingido, embora em escala menos drástica. Dessa vez, só a elite foi removida, a maioria desprotegida foi deixada para trás.

Como os exilados de Judá reagiram a essa catástrofe? Eles se voltaram furiosos contra seu deus especial, Iavé, por não tê-los protegido? Como veremos, ao longo da história, os povos muitas vezes reagiram a um tratamento insatisfatório por parte dos seus deuses não com ressentimento, como seria de esperar, mas com uma *lealdade redobrada*. Eles se culpavam por não terem agradado a seus deuses e procuravam melhorar. Foi o que aconteceu com os exilados judeus. Prisioneiros em uma terra estranha, eles finalmente adotaram as ideias radicais de Oseias, que nunca haviam sido populares em sua própria pátria. As leis de Moisés encontradas no templo afirmavam que Iavé protegeria os judeus se eles adorassem apenas a ele e não transgredissem suas regras. Os exilados chegaram à conclusão de que eles certamente *haviam* transgredido as regras de Iavé. Tal como as mesopotâmios que tinham medo

50 | CRENÇA

de pecar, os judeus concluíram que o infortúnio que se abatera sobre eles devia ser inteiramente por culpa própria.

Foi assim que, por fim, teve início uma revolução religiosa. Textos antigos que os exilados haviam levado consigo foram modificados com cuidado. A história antiga judaica foi reescrita, em estilo propagandístico, para se ajustar ao modelo de deus único de Oseias. O núcleo das escrituras judaicas começou a tomar forma. Foi por volta dessa época que a narrativa do Êxodo foi ampliada para incluir o episódio do Sinai, quando Iavé fez seu acordo com Moisés. As leis que haviam sido misteriosamente encontradas no templo de Iavé em Jerusalém, meio século antes, e que, dizia-se, teriam sido transmitidas a Moisés, ganhavam agora um contexto dramático e estimulante. No entanto, a ideia fundamental continuava igual à que fora pregada por Oseias 150 anos antes: Iavé protegeria os judeus se estes adorassem unicamente a ele e obedecessem às suas leis.

A visão de Oseias por fim saía vencedora. Entretanto, é improvável que ela teria triunfado se não fosse um ato final no drama. Os judeus exilados eram em número relativamente pequeno e estavam espalhados por toda a Mesopotâmia. Os que haviam permanecido em Judá continuavam adorando com tranquilidade grande número de deuses. A história precisaria intervir mais uma vez.

Por volta de 559 a.C., um novo poder surgira no Oriente Médio, na forma de uma tribo iraniana até então obscura, os persas, cujo rei, Ciro, certamente um convertido ao zoroastrismo, derrotou todos os que se opuseram a ele. É provável que a ascensão de Ciro tenha influenciado as profecias de Ezequiel, um exilado judeu. Banido para o antigo centro religioso de Nippur – a mesma cidade em que, 1.600 anos antes, acompanhamos o deus Enlil se vestindo para o café da manhã –, Ezequiel declarou que, por meio dos sofrimentos na Babilônia, os judeus haviam pagado por todos os pecados que tinham cometido. Ele predisse que eles voltariam em breve para sua terra natal e reconstruiriam o templo destruído.

Por uma incrível coincidência, aconteceu exatamente isso. Em 559 a.C., Ciro tomou a Babilônia e destruiu o poder mesopotâmio de uma vez por todas. O rei persa, que tinha uma política inteligente de tolerância religiosa com relação aos povos subjugados, permitiu que os alegres exilados voltassem para casa. As previsões dos profetas – das

A INVENÇÃO DAS NEGOCIAÇÕES COM DEUS | 51

advertências de Oseias a respeito da destruição à visão otimista de Ezequiel – agora pareciam incontestáveis. No passado, os judeus haviam adorado outros deuses e sido punidos. Agora, no exílio, haviam respeitado as leis de Moisés e triunfado.

Os retornados puseram-se a trabalhar, completando sua revolução religiosa. Reconstruíram o templo destruído de Iavé e converteram os politeístas que haviam permanecido ali. Uma nova rigidez religiosa entrou em vigor, para garantir que Iavé não se aborrecesse novamente e impusesse novos flagelos a seu povo. Foi nessa época que restrições alimentares, proibindo o consumo de carne de porco, de moluscos e outros alimentos, provavelmente aplicadas apenas aos sacerdotes do templo, foram estendidas a todos os judeus, sendo registradas em minúcias no texto que se tornou o Capítulo 2 do Levítico. No mesmo texto aparece a primeira referência à proibição do homossexualismo e ao casamento de mulheres judias com estrangeiros. Tendo se sentido estrangeiros numa terra estranha, parece que os retornados do exílio estavam decididos a envolver todos os judeus com a percepção de sua nova identidade nacional religiosa.

No entanto, parece que os retornados trouxeram de volta muito mais do que uma religião judaica radicalizada. Apesar de seu profundo caráter judaico, parece que também adotaram ideias bastante exóticas, algumas originárias da religião do rei Ciro, o zoroastrismo. Desse modo, o judaísmo adotou a ideia de Zoroastro de uma eterna luta entre o bem e o mal liderada por Iavé e Satã. O judaísmo absorveu ainda a concepção de Zoroastro de que a história estava dividida em três períodos, que o povo podia esperar derrotar o mal e trazer uma terceira e última era de perfeição. Também foi emprestada do zoroastrismo a ideia do Messias, que conduziria a humanidade na vitória final contra a maldade. Por fim, mas não menos importante, parece que os exilados sabiam identificar uma boa história: como é do conhecimento de todos, a história de Noé e do dilúvio foi plagiada da já antiga obra-prima mesopotâmica *A epopeia de Gilgamesh*.

Com dois séculos de atraso, Oseias por fim foi bem-sucedido: uma transformação profunda nas crenças das pessoas iniciou-se. Até essa época, as pessoas se identificavam como cidadãos de uma cidade, habitantes de uma região, falantes de um idioma ou uma mistura dos três. Consideravam que os deuses da sua cidade ou da sua nação eram eficazes, em especial durante a guerra, mas que os deuses dos outros povos também podiam ser eficazes. Quando o monoteísmo de Oseias espalhou-se pelo mundo, do judaísmo ao cristianismo e ao islã, seu principal elemento de identificação passou a ser, como os judeus, a religião. As crenças das pessoas lhes davam a sensação de terem sido separadas e de serem mais afortunadas do que aqueles que adoravam outros deuses e até mesmo superiores a eles. Portanto, o outro lado dessa profunda identidade religiosa foi uma nova *intolerância* religiosa. A mudança foi enorme. Se foi boa, isto é outra história.

A religião nacional monoteísta não foi a única criação desse povo extraordinariamente inovador, os judeus. Outra invenção surpreendente estava a caminho, uma invenção cujas consequências se mostrariam extremamente destrutivas, em particular para seus infelizes criadores.

4.

A INVENÇÃO DO FIM DO MUNDO

Cuidado com o que você profetiza

Certo dia, em 167 a.C., muito provavelmente em Jerusalém, alguém a respeito de quem nada se sabe, nem mesmo o nome, começou a criar uma farsa. Ele – é quase certo que fosse um homem – teria considerado sua fraude plenamente justificada. Essa farsa era uma propaganda destinada a incitar os judeus a lutar contra os soberanos gregos e contra alguns de seus próprios concidadãos, uma luta em que estava em jogo o futuro do judaísmo.

A farsa dizia respeito a um personagem fictício chamado Daniel, que até então existira apenas como o herói das lendas patrióticas judaicas. O astuto Daniel, que vivia exilado na Babilônia, enganava com frequência o estúpido rei babilônio, salvando a própria vida e mantendo-se fiel à sua religião, a judaica. Além de registrar várias aventuras de Daniel, entre elas a célebre história da cova dos leões, o desconhecido falsário acrescentou uma parte inteiramente nova a ela, que não combinava muito com as lendas. Em vez de malandro, na versão dele Daniel tornou-se um visionário que teve um sonho no qual previu acontecimentos que teriam lugar nos quatro séculos seguintes, até e logo após a época do próprio falsário.

No sonho Daniel não apenas previu – aparentemente, com uma precisão fantástica – a ascensão e queda dos antigos impérios. Olhou para o futuro e previu a morte de Antíoco IV, o governador grego dos judeus, que, no momento em que o falsário escrevia, vendia saúde. Finalmente, olhou para um futuro ainda mais distante e contou como, após um período de resistência judaica não violenta, os anjos intervinham e davam cabo dos gregos de uma vez por todas. Após esse episó-

54 | CRENÇA

dio, começava uma nova era de ouro, em que o mundo era governado por um emissário de Iavé. Nas supostas palavras do próprio Daniel:

> Eu estava olhando nas minhas visões da noite, e eis que vinha com as nuvens do céu um como o Filho do Homem, e dirigiu-se ao Ancião de dias, e o fizeram chegar até ele. Foi-lhe dado domínio, e glória, e o reino, para que os povos, nações e homens de todas as línguas o servissem. O seu domínio é domínio eterno, que não passará, e o seu reino jamais será destruído. (Daniel, 7: 13-14)

O que o escriba anônimo não podia ter desconfiado é que sua obra se tornaria uma das mais duradouras – e perniciosamente influentes – peças literárias jamais escritas. Ela viria a constituir o texto seminal de um novo elemento de crença: a crença no *fim do mundo* iminente. Se o autor tivesse ideia do que sua farsa causaria, no futuro, ao próprio povo que tentava ajudar – as catástrofes que atrairia para ele, os séculos de crueldade que estimularia em seus inimigos –, pode ser que a tivesse lançado, silenciosamente, na fogueira mais próxima.

Continuemos com os judeus. Alguém poderia perguntar: será que sua história chegou ao fim? Como vimos no capítulo anterior, eles haviam por fim concordado em adorar apenas Iavé e obedecer às leis de Moisés e sido recompensados. As profecias de Ezequiel, o exilado otimista, tinham se cumprido: os deportados para a Babilônia voltaram para casa, e o templo de Iavé foi reconstruído.

A história, no entanto, não é pródiga em finais felizes. Basta deixar o tempo passar, e é comum aparecer um problema novo. Foi o que aconteceu com os judeus. Graças às conquistas de Alexandre, o Grande, nas décadas de 330 e 320 a.C., as autoridades persas que governavam a Palestina foram substituídas por uma dinastia macedônia, os selêucidas, sob cujo governo algo bastante inesperado aconteceu. Uma parte dos membros da elite judaica que fora tão fiel a Iavé começou a demonstrar uma impressionante falta de lealdade: caíram de amores pela cultura grega que os macedônios haviam introduzido. Em 175 a.C., uma poderosa família judia, os Tobíadas, assumiu o poder em Jerusalém e deu início ao processo de helenização da cidade. Perto do templo de Iavé foi instalado um ginásio grego, onde os judeus, incluindo os sacerdotes do templo, adotaram o costume bastante antijudaico de praticar exercícios nus. Conta-se até que alguns judeus fizeram uma operação para reverter a circuncisão.

A helenização, no entanto, logo se mostraria um enorme equívoco. Quando os helenizantes se dividiram em duas facções antagônicas, o rei selêucida Antíoco IV interveio e tomou uma atitude tão radical que só os mais extremados deles teriam suportado. Antíoco tornou ilegais as leis de Moisés, que, como vimos, passaram a constituir o núcleo do judaísmo. A circuncisão e a guarda do *sabbath* foram proibidas, e santuários de deuses gregos foram instalados no templo de Iavé. Todas as conquistas judaicas dos últimos quatro séculos passaram a correr risco e, o que não foi muito surpreendente, alguns judeus se rebelaram. Começou assim um conflito longo e extremamente confuso.

A guerra acabou resultando em cerca de um século de total independência política dos judeus. Também produziu um efeito secundário teológico que seria muito mais duradouro: o conceito de fim do mundo. Nosso falsário desconhecido escreveu o que seria, na verdade, a primeira literatura de resistência de que se tem notícia: um texto que prometia aos patriotas judeus que sua causa seria vencedora e que os opressores seriam destruídos. Também prometia que os judeus que se mantivessem fiéis a sua antiga religião seriam salvos, enquanto aqueles que a renegassem não se salvariam. Dessa forma, o Livro de Daniel introduziu mais uma novidade que se mostraria bastante duradoura: a ressurreição. Nas palavras do falsário:

> Muitos dos que dormem no pó da terra ressuscitarão, uns para a vida eterna, outros para a vergonha e o horror eterno. Os que forem sábios, pois, resplandecerão como o fulgor do firmamento, e os que a muitos conduzirem à justiça, como as estrelas, sempre e eternamente. (Daniel, 12: 2-3)

O Livro de Daniel não foi o único texto judaico da época que combateu o helenismo. Dois outros textos do mesmo teor, o *Apocalipse das semanas* e o *Livro dos sonhos*, também foram escritos na década de 160 a.C., mas caíram no esquecimento. Foram finalmente redescobertos apenas na versão etíope da Bíblia, quando foi traduzida para o inglês, na década de 1820. Quem escreveu esses textos? Daniel menciona que a resistência aos selêucidas seria liderada por mestres sábios, os *maskilim*, o que levou os especialistas a desconfiar de que o autor seria uma dessas pessoas: um escriba culto de Jerusalém que resolveu usar o fim do mundo como uma peça de propaganda.

Não que o conceito fosse inteiramente novo. Como vimos, uma versão bastante simples dele fora imaginada por Zoroastro – mil anos ou mais antes da época do nosso falsário –, com a ideia de uma futura terceira era em que as forças do bem triunfariam sobre o mal e o mundo retomaria a perfeição perdida. O profeta judeu Oseias havia ameaçado os israelitas com o fim do mundo se eles não seguissem suas recomendações, embora provavelmente estivesse pensando menos em anjos destruidores do que numa invasão assíria. Depois, o profeta Ezequiel – que se encontrava exilado na Babilônia e tinha uma visão mais otimista – imaginou uma espécie de transformação favorável na qual os judeus viveriam para sempre em um mundo melhor.

Além do mais, a falsificação de textos sagrados não era nenhuma novidade no mundo judaico. Como vimos, havia algo nitidamente suspeito na "descoberta" acidental das leis de Moisés no templo de Iavé em 622 a.C. Depois disso, tornou-se comum a prática de acrescentar páginas novas a textos antigos para dar razão a um dos lados em uma disputa religiosa. Era fácil falsificar. Nessa época, não existia um cânone judaico estabelecido, mas grande número de pergaminhos heterogêneos cujos textos, muitas vezes, apresentavam ligeira variação de um exemplar para outro. Portanto, era impossível comprovar a falsificação. Isso também não teria sido visto como uma transgressão; afinal, podia-se considerar que o autor daquelas palavras havia sido inspirado pelo próprio Deus. Assim, falsificações foram acrescentadas a outras falsificações, mais antigas, de modo que até hoje é difícil dizer onde termina uma e começa a outra. Contudo, as falsificações da década de 160 a.C. criaram algo inteiramente novo. Se, nessa parte do planeta, a ideia de fim do mundo existia havia muito tempo, em segundo plano, agora assumia o centro das atenções. No espaço de poucas gerações, surgiu uma série de movimentos cujos membros estavam convencidos de que o mundo estava prestes a passar por uma violenta transformação provocada por forças sobrenaturais.

O renomado sociólogo da religião Max Weber observou que tais movimentos costumavam seguir um padrão: seus seguidores em geral eram pobres e ignorantes. Isso não é surpreendente. Aqueles que leva-

A INVENÇÃO DO FIM DO MUNDO | 57

vam uma vida difícil, insegura e conviviam com outros muito mais afortunados podiam ser perdoados por esperar que o mundo sofresse uma transformação radical. Já os líderes desses movimentos em geral eram indivíduos carismáticos, oriundos da elite culta. Havia uma espécie de troca entre eles: o líder oferecia aos seus seguidores uma transformação do mundo e uma nova sociedade, na qual não somente seriam salvos, mas seus inimigos pereceriam e eles se tornariam senhores poderosos – era o equivalente sobrenatural a ganhar na loteria; em troca, os seguidores se dedicariam fielmente ao líder, acreditariam em suas promessas e o ajudariam a fundar o que consistia, em alguns casos, em uma religião inteiramente nova.

Ao longo dos dois milênios seguintes, embora outros textos apocalípticos viessem engrossar a lista, o primeiro lugar continuaria sendo ocupado pelo Livro de Daniel. Esse documento relativamente curto serviria de inspiração para grande número de movimentos – com frequência desastrosos para os envolvidos –, fascinando as pessoas até hoje. O que tornou esse texto tão duradouro?

Seu sucesso, sob vários aspectos, parecia bastante improvável. A falsificação era grosseira. Tendo "previsto" acontecimentos passados com uma precisão impecável, Daniel logo se viu em apuros quando tentou fazer uma previsão de verdade. Isso aconteceu em parte porque, de forma imprudente, o falsário decidiu não apenas dizer o *que* aconteceria, mas *quando*. Profetizou que o rei Antíoco IV seria morto por Deus após os judeus terem "sofrido três anos e meio" combatendo os gregos. Isso queria dizer que ele estaria morto em 164 a.C. Como o rei continuasse vendendo saúde no final desse ano, um novo capítulo (8) foi acrescentado às pressas ao livro, no qual Daniel previa que Antíoco viveria *mais* três anos e meio. Infelizmente, dessa vez a previsão errou para mais: Antíoco morreu de repente por causa de uma doença apenas um ano depois. Por essa razão, foi acrescentado mais um capítulo (9), no qual o anjo Gabriel introduziu, de modo conveniente, uma forma complexa de recalcular a morte do rei. Essas revisões grosseiras foram com facilidade desmascaradas vários séculos depois por Porfírio, um crítico romano pagão; no entanto, ele foi uma exceção. Os leitores de Daniel, em sua maioria, primeiro os judeus, depois os cristãos, não questionaram o texto. Afinal, ele dizia aos seus contemporâneos o que

58 | CRENÇA

queriam ouvir – que os gregos e sua cultura logo seriam derrotados –, enquanto aos olhos das gerações futuras o texto mantinha a fama de estar *certo na maioria das vezes*. Embora o falsário tenha cometido erros de menor importância, em termos gerais a sorte estava do seu lado: os selêucidas *foram* derrotados.

A linguagem do livro também ajudou para que sua influência fosse duradoura. Embora durante muito tempo os profetas judeus tivessem utilizado um conjunto de imagens e metáforas estranhas em seu texto, nesse aspecto o Livro de Daniel era um primor. Ele empregou um simbolismo que até hoje possui um caráter estranhamente hipnótico. Desse modo, os impérios cuja ascensão e queda Daniel previu eram representados por animais, sendo o império dos selêucidas

> [...] o quarto animal, terrível, espantoso e sobremodo forte, o qual tinha grandes dentes de ferro. Ele devorava, e fazia em pedaços, e pisava aos pés o que sobejava. Era diferente de todos os animais que apareceram antes dele e tinha dez chifres. (Daniel, 7: 7)

O animal tinha um chifre a mais, que possuía olhos e falava, e que representava o próprio rei Antíoco IV. Assim, Daniel apresentava uma série de enigmas simbólicos que deviam ser solucionados, o que, certamente, aumentava o poder de persuasão do texto. Quando os leitores conseguissem decifrá-lo e se sentissem satisfeitos com a própria inteligência, a probabilidade de que viessem a questionar as profecias do livro seria muitíssimo menor.

O simbolismo também tornava o livro *à prova do futuro*. Se tivesse sido escrito com absoluta clareza, informando os nomes verdadeiros dos impérios e os acontecimentos, certamente o Livro de Daniel teria caído no esquecimento à medida que as pessoas deixassem de se interessar por um conflito distante entre judeus e seus governantes selêucidas. No entanto, graças ao estranho simbolismo do livro, os leitores podiam continuar a testar e desvendar seus enigmas muito após o contexto real ter sido esquecido. Ao longo dos séculos, as pessoas continuaram a aplicar o sonho ao seu próprio momento, encantadas com a ideia de que um texto tão antigo pudesse ter previsto acontecimentos próximos a elas, incluindo – o que era notável – a queda daqueles que lhes eram particularmente antipáticos. Assim, na Inglaterra do final da década de 1640, o *digger** Gerrard Winstanley concluiu que os quatro animais citados por Daniel eram os proprietários de terras, os advogados, o clero anglicano e as leis favoráveis aos ricos.

Outro elemento que favorecia o Livro de Daniel era o fato de contar com um excelente apoio. Quando surgiu, ele parece ter sido ativamente promovido por uma espécie de *equipe publicitária* judaica. A biblioteca é praticamente tudo o que restou dessa organização. Permaneceu escondida em várias cavernas próximas ao Mar Morto – supõe-se que no século I d.C., na expectativa de um ataque iminente das forças romanas –, até ser redescoberta no final da década de 1940. Essa coleção é conhecida como os Manuscritos do Mar Morto. A biblioteca pertencia a uma comunidade estranha – exclusivamente masculina, comunista, monástica e francamente militar –, cuja sede ficava na vizinha Qumran e que – acredita-se – pertencia a um movimento mais amplo, conhecido como movimento dos essênios.

O que os manuscritos nos contam a respeito do povo que os escreveu e os leu? O objetivo do movimento era instar os judeus a se preparar para uma iminente e violenta transformação sobrenatural do mundo. Em vários aspectos, os essênios representavam o Livro de Daniel transformado numa única organização. Entre os textos encontrados em Qumran estão não apenas os dois rivais apocalípticos de Daniel – o *Apocalipse das semanas* e o *Livro dos sonhos* –, mas também nada menos que oito cópias do próprio Livro de Daniel. A mais antiga delas foi registrada somente quarenta anos após ele ter sido escrito.

Especialistas observaram que praticamente todos os textos dos manuscritos – se não cada um deles –preocupou-se, de alguma forma, com o fim do mundo. Além de transcrever textos antigos, a comunidade de Qumran escreveu algumas novas profecias apocalípticas de sua própria autoria. O Manuscrito da Guerra antevê uma guerra final de quarenta anos entre os judeus e seus antigos vizinhos, que seria conduzida por Belial, o espírito das trevas. O texto detalha mesmo com precisão o tipo de equipamento e de organização que os judeus deviam

---

* Os *diggers* (escavadores) foram um movimento de trabalhadores rurais pobres que existiu na Inglaterra em 1649 e 1650. Pretendiam substituir a ordem feudal por uma sociedade socialista, agrária e cristã anticlerical. (N. do T.)

60 | CRENÇA

usar, chegando a ponto de proibir a participação de soldados desfigurados, pois eles poderiam deixar os anjos incomodados.

No entanto, manter a afeição dos anjos estava deixando de ser um problema. Embora Daniel tivesse previsto que eles fariam o verdadeiro trabalho pesado do apocalipse, os comunistas de Qumran esperavam que eram eles que desempenhariam um papel efetivo. Embora previssem um período difícil de guerras e perseguições, no fim tudo valeria a pena. Quando a guerra de quarenta anos finalmente chegasse ao fim, e os Filhos da Luz triunfassem sobre os Filhos das Trevas, a figura do Messias reinaria na era da perfeição: o tempo da libertação.

Apesar dos hábitos ascéticos, os essênios não viviam o tempo todo fechados em sua comunidade, também procuravam conquistar novos adeptos na sociedade. Um texto conhecido como Documento de Damasco faz referência a membros do movimento que tinham família e emprego que lhes garantia o sustento e que formavam pequenos grupos comunitários nas cidades e nas aldeias: eram os propagandistas do fim do mundo. Pode ser que haja um registro histórico dessa gente. No início do século I d.C., quando a seita ainda estava bastante ativa e os judeus haviam sido subjugados por um novo opressor externo, os romanos, uma série de pregadores apocalípticos surgiram na Palestina. Na década de 40, um homem chamado Teudas prometeu a seus seguidores que, assim como Moisés fizera com as águas do Mar Vermelho, ele dividiria as águas do rio Jordão e, provavelmente, também os libertaria dos romanos. (Ele não cumpriu nenhuma das promessas, e os romanos cortaram-lhe a cabeça.) Outro homem, lembrado apenas como "o egípcio", prometeu a seus milhares de seguidores que seria capaz de reduzir a pó as muralhas de Jerusalém, embora não tivesse mais êxito que Teudas. Líderes carismáticos se plantaram no deserto, advertindo a quem lhes desse ouvidos que Iavé estava prestes a destruir a Terra e ninguém estaria seguro sem a proteção deles. Os romanos também deram um jeito nesses pregadores.

Porém, um movimento apocalíptico com outro líder carismático à sua frente mostrou ter uma influência muito mais duradoura: era o movimento de Jesus de Nazaré.

Jesus, o homem do fim do mundo? Alguns podem alegar que esse não é o Jesus que conhecem. O que foi feito do Jesus sereno e com-

A INVENÇÃO DO FIM DO MUNDO | 61

preensivo que pregava que Deus era amor e que devíamos perdoar os nossos semelhantes? No entanto, não resta muita dúvida de que Jesus pregou, *sim*, o fim do mundo. Seu surgimento na história se dá, de maneira muito clara, na corrente apocalíptica do judaísmo. No início Jesus seguiu João Batista, outro pregador do fim do mundo, e é muito provável que ele estivesse ligado à seita apocalíptica dos essênios, se é que não seria um de seus membros. Assim como os autores dos *Manuscritos do Mar Morto*, Jesus conhecia profundamente os textos religiosos judaicos e sempre tinha à mão uma citação adequada para cada ocasião. Sua interpretação dos textos judaicos também era semelhante à dos essênios. Na verdade, grande parte dos seus ensinamentos, que outrora se acreditou serem de sua autoria, foi encontrada nos *Manuscritos do Mar Morto*, incluindo a noção de um Deus amoroso e clemente – o que não deixou de causar certa surpresa. Eis aqui esse Deus, tal como aparece em um manuscrito de Qumran que, acredita-se, foi escrito um século ou mais antes do nascimento de Jesus:

> Embora a angústia tome conta de mim, Ele livrará minh'alma do abismo e firmará meus passos pelo caminho. Ele me trouxe para junto de Si por meio do Seu amor. Por meio de Sua amorosa benignidade Ele conseguirá minha absolvição. Por meio de Sua justa fidelidade ele me absolveu. E por meio de Sua infinita bondade Ele expiará todos os meus pecados. Por meio de Sua justiça Ele me purificará de toda poluição humana e do pecado da humanidade – para que eu louve a Deus por Sua justiça, o Altíssimo por Sua glória. (Regra da Comunidade, MMM1 11: 10-15)[1]

Além disso, existem as evidências do que Jesus falou. Nos Evangelhos, ele alude repetidamente à proximidade do Reino dos Céus. Em-

---

1 Though my affliction break out, He shall draw my soul back from the pit, and firm my steps on the way. Through His love He has brought me near; by His loving kindness shall He provide my justification. By His righteous truth has He justified me; and through His exceeding goodness shall He atone for all my sins. By His righteousness shall He cleanse me of human defilement and the sin of mankind – to the end that I praise God for His righteousness, the most High for His glory. (Rule of the Community, 1QS 11.10-15). Extraído de: VANDERKAM, James & FLINT, Peter. *The Meaning of the Dead Sea Scrolls*: Their Significance in Understanding the Bible, Judaism and Christianity. Londres, HarperCollins, 2002, p. 352.

bora o modo de utilizar essa expressão varie um pouco, seu significado parece ter sido, em geral – como define o historiador E. P. Sanders –, "um milagre divino e restaurador" por meio do qual Deus "criaria um mundo ideal"[2]. Durante esse reino, os judeus reconquistariam sua grandeza perdida. As dez tribos perdidas de Israel seriam de forma milagrosa encontradas e retornariam para sua antiga terra. Tudo isso parece muito próximo da parte final do Sonho de Daniel.

Quando chegaria o Reino dos Céus? Após a morte de Jesus, essa pergunta tornou-se cada vez mais embaraçosa, pois o tempo passava e nada acontecia. No entanto, tudo indica que, quando ele estava vivo, seus seguidores esperavam que o fim do mundo aconteceria em época muito próxima, com certeza enquanto eles ainda estivessem vivos. O próprio Jesus lhes dissera isso, em uma passagem praticamente idêntica que se encontra em Marcos, Mateus e Lucas:

> Dizia-lhes ainda: Em verdade vos afirmo que, dos que aqui se encontram, alguns há que, de maneira nenhuma, passarão pela morte até que vejam ter chegado com poder o reino de Deus. (Marcos, 9:1)

E, na Última Ceia, Jesus também disse a seus seguidores que lugares eles teriam na nova ordem:

> Assim como meu Pai me confiou um reino, eu vo-lo confio, para que comais e bebais à minha mesa no meu reino, e vos assentareis em tronos para julgar as doze tribos de Israel. (Lucas, 22:29-30)

Os principais discípulos de Jesus seriam juízes soberanos das doze tribos de Israel (incluindo as dez tribos que supostamente teriam se perdido sete séculos atrás). Pobres pescadores e odiados cobradores de impostos da distante Galileia que haviam se tornado seus seguidores seriam príncipes no novo Estado judeu de Jesus. Era, de fato, um futuro promissor. Se não bastasse isso, ainda havia o prazer de ver outros – incluindo aqueles que se consideravam importantes e virtuosos – serem rejeitados. Jesus deixou claro que todos que não o seguissem seriam excluídos do novo reino.

---

2 SANDERS, E. P. *The Historical Figure of Jesus*. Harmondsworth, Penguin Books, 1993, pp. 283-4.

A INVENÇÃO DO FIM DO MUNDO | 63

E como Jesus se via nesse futuro? Nos Evangelhos, em inúmeras ocasiões ele se refere a si mesmo como "o Filho do Homem". Uma vez mais, essa era uma referência clara ao Livro de Daniel, que, como vimos, profetizou que "um como o Filho do Homem" desceria com as nuvens e assumiria o domínio eterno. Será que Jesus se via como o Messias? Sanders acredita que ele se considerava mais como uma espécie de "vice-rei de Deus" que, com a ajuda d'Ele, governaria um reino judeu renovado e livre de Roma. Seus seguidores aceitaram essa pretensão com entusiasmo. Quando Jesus entrou em Jerusalém, dias antes de sua morte, ele o fez montado em um burro, numa clara referência à profecia feita por Zacarias havia centenas de anos de que um rei chegaria a Sião, triunfante e vitorioso, montando humildemente um jumento. Os seguidores de Jesus perceberam com clareza a referência e o aclamaram como rei e "o Filho de Davi".

Uma pessoa carismática e culta liderando um bando de seguidores pobres e incultos? Promessas de um fim do mundo iminente? Um movimento no qual os seguidores demonstravam uma fidelidade inquestionável ao líder em troca de promessas de que seus inimigos seriam destruídos e eles próprios se tornariam figuras importantes na nova ordem? Caso isso tudo pareça familiar, realmente é: ele segue precisamente a análise que Max Weber faz dos movimentos apocalípticos.

Alguns podem objetar que, mesmo que Jesus *fosse* um arauto do fim do mundo, seu principal interesse continuava sendo o amor e o perdão. No entanto, embora não se possa negar que o amor e o perdão fossem caros ao seu coração, é praticamente certo que esses interesses ocupavam uma posição secundária. Sua preocupação principal era o apocalipse que se aproximava. Isso fica bastante evidente se observarmos a sua trajetória como pregador. O que assistimos, uma vez mais, é o espetáculo de um profeta que tenta definir seu caminho. Primeiro Jesus tentou a sorte em sua cidade natal, Nazaré, mas não se saiu bem ali e foi desestimulado, aparentemente, até pela própria família (Marcos diz que seus familiares tentaram prendê-lo, alegando que ele estava "fora de si", ou enlouquecido). É provável que o conhecessem bem demais. Por lhes faltar certo mistério, era raro os profetas se saírem bem em sua própria terra, e tanto Zoroastro como Maomé precisaram vagar pelo mundo antes de serem de fato bem-sucedidos.

Como eles, Jesus saiu-se muito melhor quando foi pregar em outros lugares. Seu êxito parece ter surgido não tanto do que *disse*, mas do que *fez*. Jesus tornou-se famoso como curandeiro e exorcista de espíritos endemoniados, duas habilidades que, nessa época, teriam sido consideradas, em grande medida, a mesma coisa. Sabemos que Jesus curava e expulsava demônios usando as mãos e a voz, embora Marcos relate que ele também utilizava métodos mais estranhos que eram comuns na época, como a saliva e a imitação das convulsões das pessoas possuídas.

É possível afirmar que o *modo* como Jesus conquistava seus adeptos era tão revelador como *os lugares* em que isso acontecia. Os quatro Evangelhos contam que ele pregava nas tranquilas aldeias de pescadores que ficavam ao redor do Mar da Galileia. Não mencionam nenhuma pregação em cidades maiores, onde teria encontrado pessoas cultas como ele, embora houvesse várias delas nas redondezas. Só nos resta imaginar que achava que os pobres e incultos seriam mais receptivos à sua pregação. É muito provável também que eles tenham ajudado a *adaptar sua pregação*. O pregador que se dirige a uma multidão tem muito em comum com o ator que se apresenta em um teatro: ambos estão envolvidos em uma espécie de dança com o público na qual, embora a iniciativa seja deles, a palavra final é do público. Acredita-se que um profeta bem-sucedido precisa estar atento a que partes da mensagem o público reage. Ele também deve ser um pouco flexível e estar pronto a ajustar sua doutrina. O processo seria uma espécie de *teologia interativa*.

Como é do conhecimento de todos, Jesus acolheu em seu movimento os pobres e os marginais da sociedade: pecadores que haviam transgredido as leis religiosas judaicas, uma ex-prostituta e até mesmo membros da mais odiada das profissões, os cobradores de impostos. Ele ofereceu-lhes o perdão por suas faltas. Essa postura aberta parece ter sido planejada por Jesus e é algo que, surpreendentemente, não pode ser encontrado nos *Manuscritos do Mar Morto* nem nos ensinamentos do mentor dele, João Batista. O que o levou a ter essa ideia? Embora o perdão fosse provavelmente um conceito próximo do seu coração, ele também vinha a calhar do *ponto de vista tático*. Pescadores galileus pobres, transgressores da lei religiosa judaica, ex-prostitutas e cobradores de impostos eram justamente o tipo de gente que se encaixava na análise que Max Weber fez dos movimentos apocalípticos. Eles eram os únicos que não tinham muito a perder e que achariam muito atraente uma transformação violenta do mundo, sobretudo se, como consequência disso, fossem alçados do nível social mais baixo para o mais elevado. Pode-se dizer que foi muito inteligente da parte de Jesus condenar a atitude de julgar o próximo.

No entanto, para aceitar tais pessoas ele impunha uma condição. Em inúmeras oportunidades no Novo Testamento, diz a seus adeptos que deviam fazer algo imprescindível: teriam de *segui-lo*. Essa exigência é mais radical do que pode parecer. Jesus deixa claro que isso poderia significar deixar tudo de lado, inclusive o próprio cônjuge, os próprios filhos ou um parente morto à espera de ser enterrado. Deveriam abrir mão até mesmo do sexo. Ele esperava uma entrega total à sua missão.

Como tantas outras coisas na pregação de Jesus, essa expectativa pode ter sofrido a influência dos essênios, cujos líderes punham em prática um rígido controle. Quem fosse considerado culpado de transgressões menores devia fazer penitências durante dias ou semanas, mas qualquer um que desafiasse a autoridade era expulso da seita para sempre. Mesmo que Jesus recebesse influência dos métodos dos essênios, é difícil não perceber que ele também seguia os ditames de sua própria personalidade. Quando nos lembramos da exigência, sempre presente nos Evangelhos, de que seus adeptos o "seguissem", ficamos nos perguntando se, caso vivesse no mundo de hoje, ele não passaria a impressão de alguém um pouco monomaníaco. Esse egotismo pode ter sido fundamental para o seu sucesso. Como vimos, havia um número considerável de movimentos apocalípticos judaicos na época, e todos eles, com exceção daquele criado por Jesus, rapidamente desapareceram sem deixar vestígios. Se Jesus tivesse sido menos carismático, veemente e obstinado, seu movimento provavelmente não teria tido a duração que teve.

Não que ele tenha durado muito, pelo menos não sob a liderança de Jesus. De forma um tanto surpreendente, sua carreira inteira de profeta durou no máximo dois anos, talvez apenas um. O que deu errado? Sob certos aspectos, podemos considerar que seu movimento estava condenado desde o começo. Ao longo do tempo, os movimentos de fim do mundo em geral adquirem uma espécie de dinâmica fatal. Após o líder carismático ter prometido a seus seguidores uma transformação radical do mundo, a destruição dos seus inimigos e a transformação deles próprios em senhores importantes, alguma coisa *tem de aconte-*

66 | CRENÇA

cer. Se o líder continua a pregar durante muito tempo e nada muda, as esperanças de seus adeptos começam inevitavelmente a murchar e o movimento entra em colapso.

O movimento de Jesus não era uma exceção à regra. Durante o período de um ou dois anos em que pregou às margens do Mar da Galileia, ele reuniu, aparentemente, algumas centenas de adeptos fervorosos. Em seguida, o que ele fez? Quando o cataclismo não deu nenhum sinal de que iria ocorrer, parece que ele resolveu forçar um pouco as coisas. Como o egípcio anônimo, Jesus levou seus seguidores a Jerusalém, o centro religioso judaico. Mais ainda: fez isso durante a Páscoa, o mais importante dia santo judeu, quando a cidade era invadida por peregrinos oriundos de todos os cantos do mundo para fazer sacrifícios a Iavé em seu templo. Evidentemente, Jesus e seus discípulos tinham grandes expectativas. Ele não entrou na cidade montado em um jumento apenas para cumprir a profecia de Zacarias, como seus adeptos aclamaram-no abertamente Filho de Davi e rei. Ora, com certeza alguma coisa *tinha* de acontecer.

No caso, parece que Jesus *fez acontecer*. Os Evangelhos contam que ele armou uma cena no templo de Iavé, derrubando as mesas dos cambistas e as cadeiras dos vendedores de pombos. É quase certo que *não* fez isso por ser contra essas atividades. Como observa o historiador E. P. Sanders, os cambistas ofereciam "uma simples comodidade para os peregrinos": uma forma, caso quisessem, de trocar o dinheiro pela moeda usada para pagar as taxas do templo. Do mesmo modo, os vendedores de aves ofereciam pombos para quem quisesse usá-los como oferenda no templo, embora cada um pudesse levar seus próprios pombos. Em nenhuma outra passagem dos Evangelhos Jesus demonstra qualquer interesse em modificar as práticas do templo. É muito provável que ele se considerasse um judeu tradicional. Derrubar as mesas dos cambistas foi um *gesto simbólico*. Que gesto? Marcos relata que, durante o julgamento de Jesus, alguns de seus acusadores alegaram que ele ameaçava "destruir o templo" e prometia construir outro, em três dias, "mas não por mãos humanas". Em outras palavras, assim como o profeta Ezequiel, o autor do Sonho de Daniel e os membros da seita dos Manuscritos do Mar Morto, Jesus esperava que Deus destruísse o mundo, provavelmente muito em breve, e o reconstruísse de um jeito melhor. Ele derrubou as mesas dos cambistas para deixar claro o que acreditava estar prestes a acontecer: que tudo ao seu redor seria destruído.

Se a intenção de Jesus era provocar incidentes, ele conseguiu, embora seja provável que não como esperava. Seu comportamento foi incendiário ao extremo. Jerusalém, durante a Páscoa, era um barril de pólvora tomado por multidões enormes e violentas. Peregrinos vindos de longe para adorar Iavé e lhe oferecer sacrifícios dificilmente teriam boa impressão de alguém a derrubar mesas e afirmar que o templo de Iavé em breve seria destruído. Jerusalém também era um lugar em que se tinha muito pouca tolerância com quem era considerado agitador. Os romanos não tinham nenhuma tolerância com esse tipo de comportamento. A bem da verdade, não tinham muita escolha, pois, sob diversos aspectos, seu império era uma organização bastante precária. Com exceção dos grandes exércitos nas fronteiras, o império era mal policiado, e as cidades das províncias podiam, em grande medida, fazer o que bem entendessem, desde que se mantivessem tranquilas e pagassem os impostos. Em Jerusalém, cabia ao sumo sacerdote judeu, Caifás, manter a paz. Ele sabia que, se falhasse, o governador romano, Pilatos – que fontes não bíblicas descrevem como notoriamente brutal –, entraria em cena com seu pequeno contingente de soldados e aplicaria um golpe rápido e sangrento.

O próprio Jesus parece ter se dado conta da confusão que iniciara. É possível perceber, mesmo sob a ótica dos Evangelhos, que durante a Última Ceia ele estava ansioso pelo apocalipse prometido. Foi nessa ocasião que prometeu a seus principais discípulos que eles governariam as doze tribos de Israel. Erguendo uma taça de vinho, dirigiu-se a eles dizendo:

> Em verdade vos digo que jamais beberei do fruto da videira, até aquele dia em que o hei de beber, novo, no reino de Deus. (Marcos, 14: 25)

Caifás mandou prendê-lo naquela mesma noite. Não havia dúvida de que Jesus era um agitador. Ele já havia causado um incidente no templo. Além disso, tinha seguidores, centenas deles, talvez, o que o tornava ainda mais perigoso. Segundo Marcos, Caifás questionou Jesus a respeito do seu título, perguntando-lhe se ele era "o Filho do Deus bendito". O sumo sacerdote sabia, obviamente, que Jesus afirmava ser uma

68 | CRENÇA

espécie de rei. No entanto, com certeza a verdadeira motivação de Caifás fosse que, se ele não afastasse Jesus e a violência explodisse, a guarnição romana interferiria para demonstrar sua autoridade e o resultado seria uma carnificina.

Será que os judeus comuns exigiram o sangue de Jesus? Embora isso seja possível, parece muito pouco provável. Sanders duvida até que uma multidão de judeus estivesse presente no julgamento de Jesus. Os Evangelhos que afirmam isso foram escritos duas ou mais gerações após a morte de Jesus, quando as relações entre cristãos e judeus, que nunca tinham sido boas, estavam de fato muito ruins. É significativo que o Evangelho de João, considerado o último a ter sido escrito, seja aquele que procure apresentar os judeus da maneira mais desfavorável. Na época de João, os cristãos estavam empenhados em convencer as autoridades romanas de sua própria respeitabilidade. Fazia sentido, portanto, tornar os judeus os vilões da história da morte de Jesus. Também fazia sentido caracterizar o governador romano, Pilatos – apesar de tudo que sabemos sobre sua brutalidade –, como fraco, em vez de mau.

A verdade, porém, pode ter sido mais banal. O julgamento e a condenação de Jesus talvez não tenham sido um acontecimento dramático, apenas apressado. Em vez de exigir o sangue de Jesus, é possível que a maioria dos hierosolimitas e dos peregrinos mal tenha percebido o que estava acontecendo; afinal, estariam inteiramente ocupados com a celebração da Páscoa. A prisão, o julgamento e a execução de Jesus devem ter passado quase despercebidos na época, exceto por seus seguidores. O fato de que o criador da nova religião tenha morrido como um criminoso comum, em uma cruz, já era suficientemente ruim. Agora, morrer sem chamar muito a atenção teria sido intolerável.

Naquela mesma noite, após o julgamento, Jesus experimentou, lentamente, o horror da crucificação, sem haver nenhum sinal de que o fim do mundo estivesse próximo. Será que existe algum indício de que Jesus possa ter ficado decepcionado com esse resultado? Dificilmente se encontraria algo sobre isso nos Evangelhos, que foram escritos por cristãos que ainda tinham a esperança de que o fim do mundo logo chegasse. No entanto, existe uma passagem curiosa, encontrada tanto em Marcos (considerado o mais antigo dos Evangelhos) como em Mateus:

A INVENÇÃO DO FIM DO MUNDO | 69

À hora nona, clamou Jesus em alta voz: Eloí, Eloí, lamá sabactâni?, que quer dizer: Deus meu, Deus meu, por que me desamparaste? (Marcos, 15: 34)

O apelo de Jesus era uma citação de Salmos, 22:2, um texto judaico bastante conhecido. Segundo Marcos, os espectadores reconheceram o versículo, o que fez que percebessem a importância de Jesus. Sua reação, no entanto, parece ter sido inventada: como eles reconheceriam o *status* de Jesus a partir de uma única e breve citação? O momento todo não se encaixa direito na narrativa. Ficamos nos perguntando se Marcos descreve um acontecimento que havia causado mal-estar na época: o momento em que Jesus visivelmente está em dúvida. Um acontecimento cujo fantasma ainda precisava ser exorcizado?

Sob vários aspectos, o movimento liderado por Jesus foi um lamentável fracasso. Ele próprio um judeu tradicional, seu objetivo era convencer os outros judeus tradicionais de que o fim do mundo rápido chegaria. Jesus desempenhou muito mal essa tarefa. Durante o curto espaço de tempo em que pregou, apenas um pequeno número de judeus – a maioria vivendo à margem da sociedade – da distante Galileia havia aceitado que ele era um vice-rei de Iavé que, após um violento cataclismo, governaria um mundo reconstruído. Poucos judeus *chegaram a aceitar de fato* suas afirmações.

No entanto, se os judeus não acreditavam em Jesus, um grande número deles acreditava no fim do mundo. Pelo menos a ideia parece ter ganho mais apoio entre eles nas décadas que se seguiram à morte de Jesus. As consequências seriam desastrosas.

O falso fim do mundo

No verão de 70 d.C., as forças romanas avançaram, enfrentando violenta resistência dos judeus, através da cidade de Jerusalém em chamas, em direção ao santuário interno do templo de Iavé. O historiador judeu Josefo – que lutara ao lado dos rebeldes judeus, mas, após ter sido capturado, passara para o lado dos romanos – assistiu ao desenrolar dos acontecimentos. O comandante romano Tito dera ordens expressas para que o templo fosse preservado, em respeito à sua antiguidade. Suas ordens, contudo, mostraram-se inúteis:

70 | CRENÇA

Um dos soldados, sem esperar pelas ordens e sem dar a mínima importância às terríveis consequências de seu gesto, mas impelido por uma força desconhecida, pegou um pedaço de madeira em chamas e, subindo nas costas de outro soldado, arremessou-o através de uma abertura dourada que dava acesso à ala norte dos aposentos construídos ao redor do santuário. Quando as labaredas irromperam céleres, os judeus soltaram um grito do tamanho da tragédia...[3]

Foi um desastre muito pior do que os dos séculos anteriores. A destruição não atingiu apenas o templo de Iavé, mas toda a cidade de Jerusalém. Pior, por ordem dos romanos, Jerusalém deixou de ser uma cidade judaica: foi transformada no acampamento da 10ª legião romana. As vidas perdidas durante a batalha, em termos numéricos, parecem tristemente atuais. Tito iniciara o cerco da cidade durante a mesma cerimônia da Páscoa que, três décadas antes, atraíra Jesus e seus seguidores, um período em que Jerusalém estava lotada de peregrinos. Durante vários meses, Tito minou a resistência da cidade por meio da fome, até que seus moradores ficassem reduzidos a farrapos humanos e milhares de cadáveres fossem lançados das muralhas. Quando, cada vez mais impaciente com o calor do verão, Tito finalmente atacou, foi obrigado a lutar rua a rua para poder avançar. Josefo afirmou que, no final da batalha, nada menos que 1,1 *milhão* de judeus havia morrido, enquanto 97 mil foram feitos escravos – muitos dos quais também morreriam nas minas e arenas do Império. Ciente de que tais números poderiam parecer exagerados, Josefo teve o cuidado de justificá-los. Embora ainda se possa questioná-los, o número de vítimas sem dúvida foi enorme.

A queda de Jerusalém não foi apenas um desastre político, mas também um desastre religioso. Os triunfos nacionais dos primeiros séculos, que os judeus atribuíam ao fato de terem rejeitado todos os deuses, exceto Iavé, e aceitado suas leis, estavam agora esquecidos. O único templo em que os judeus podiam fazer sacrifícios a Iavé, que havia sido reconstruído com tanto sacrifício, tinha sido novamente perdido. Pior, a guerra iria disseminar uma crença nova e insidiosa que

3 JOSEPHUS. *The Jewish War*, trad. de G. A. Wilkinson, ed. rev.. Harmondsworth, Penguin Books, 1981, p. 357.

sobrevive até hoje: a noção de que os judeus eram um povo conspirador e malévolo, sempre numa guerra camuflada contra todos. Nascia assim o antissemitismo.

Talvez de forma um pouco surpreendente, essa ideia nociva parece ter começado como uma política de Estado romana. Como conta o historiador Martin Goodman, em 69 d.C. os flavianos – a família do conquistador de Jerusalém, Tito – tornaram-se a nova dinastia governante. Não tendo outras vitórias para celebrar além da derrota infligida aos judeus, eles tiraram o máximo proveito dela, tornando-a o elemento de destaque da propaganda imperial. As comemorações da vitória dos flavianos não se limitaram ao tradicional desfile triunfante através de Roma, com a exibição de despojos de guerra e de prisioneiros judeus, além da construção de arcos do triunfo na cidade. A nova dinastia também introduziu uma inovação bastante questionável: um imposto por cabeça, a ser pago pelos judeus – e somente por eles – em todo o Império. Para aumentar a humilhação, o imposto foi usado para financiar a reconstrução, em Roma, do templo pagão dedicado a Júpiter, que havia sido consumido pelo fogo durante a luta dos flavianos pelo poder. O novo imposto foi implementado de maneira brutal. O historiador romano Suetônio relata o caso de um ancião obrigado a se despir por completo diante de um tribunal lotado, acusado de ter se circuncidado e não ter pago o imposto. O preconceito do Estado estimulou o preconceito privado, como revela a passagem a seguir, de autoria do historiador romano Tácito. Escrita três décadas depois da Guerra dos Judeus de 70 d.C., ela contém traços perturbadoramente contemporâneos e não estaria deslocada na Alemanha dos anos 1930:

> As outras práticas dos judeus são sinistras e revoltantes, e se arraigaram em razão de sua própria perversidade. Patifes dos mais dissolutos, que não têm o menor respeito pela religião de seus antepassados, deram para pagar tributos e fazer oferendas espontâneas para encher o erário judaico. Além disso, outros motivos que explicam sua riqueza cada vez maior podem ser encontrados em sua lealdade inflexível e pronta benevolência com relação a seus irmãos judeus. Mas o restante do mundo eles enfrentam com um ódio reservado aos inimigos. Não comem nem se casam com os gentios. Embora sejam um povo extremamente lascivo, evitam ter relações sexuais com povos de outras raças. Entre eles tudo é per-

72 | CRENÇA

mitido. Introduziram a prática da circuncisão para mostrar que são diferentes dos outros. Os prosélitos do judaísmo adotam as mesmas práticas, e a primeira lição que eles aprendem é ofender os deuses, espalhar todos os sentimentos patrióticos e considerar os pais, os filhos e os irmãos como algo facilmente descartável. Não obstante, os judeus cuidam para que seu número aumente.[4]

O que lançara esse enorme flagelo sobre os judeus? Sob vários aspectos, ele teve início com a própria combinação de acontecimentos que o sumo sacerdote de Jerusalém, Caifás, temera quando mandou prender Jesus. Três décadas mais tarde, em 66 d.C., as tensões entre os hierosolimitas e as autoridades romanas da cidade – que vinham crescendo havia certo tempo – fugiram do controle. Sob as ordens do governador da época, Géssio Floro, que era tão cruel como Pôncio Pilatos, a guarnição romana deu início a um absurdo massacre da população da cidade que, segundo Josefo, custou a vida de milhares de pessoas. Após uma breve guerra civil judaica entre os que queriam lutar contra os romanos e os que não queriam, vencida pelos primeiros, a guarnição romana de Jerusalém foi, por sua vez, massacrada. No entanto, o que realmente levou os judeus ao desastre foi uma vitória improvável. Enviada para combatê-los, uma legião comandada de forma incompetente foi aniquilada pelas forças guerrilheiras judaicas. Aos olhos de Roma, tal humilhação deveria ser respondida com uma demonstração de vingança que impressionasse os povos subjugados de todo o Império, desestimulando, assim, a ocorrência de distúrbios em outros lugares. A campanha de Tito produziu tal espetáculo.

Como, podemos nos perguntar, poderiam os judeus ter sido tão tolos a ponto de imaginar que derrotariam um imenso império que ia da Escócia ao Sudão e estava no auge do poder? Josefo oferece uma resposta:

> O principal motivo para que [os judeus] fossem à guerra era um oráculo ambíguo, também encontrado nos textos sagrados, anunciando que naquele tempo um homem do seu país se tornaria soberano do mundo inteiro. Eles consideraram que isso significava o triunfo de sua própria raça... Os judeus interpretaram algumas das profecias para que elas

---

4 TACITUS. *The Histories*, trad. de Kenneth Wellesley. Harmondsworth, Penguin Books, 1975, pp. 281-2.

A INVENÇÃO DO FIM DO MUNDO | 73

correspondessem às suas intenções e desprezaram as outras, até que, com a queda da cidade e sua própria destruição, sua insensatez revelou-se por inteiro.[5]

Um "homem do seu país [que] se tornaria soberano do mundo inteiro"? A citação parece familiar demais. A que ela pode se referir senão ao Livro de Daniel? Durante um breve período, os judeus parecem ter acreditado que a profecia de um Estado judeu revitalizado e reconstruído tinha finalmente se tornado realidade. Sua crença teria sido reforçada pelos acontecimentos. Durante três anos, os romanos, preocupados com as disputas pelo trono imperial, deixaram os rebeldes judeus em paz. Um Estado judeu independente existiu por um breve período e cunhou moedas com símbolos judaicos e *slogans* patrióticos escritos em hebraico, o qual, exceto como língua religiosa, estava inativo havia séculos. Foi criado até mesmo um novo calendário que, como aconteceu em vários Estados revolucionários posteriores, começava no ano 1. O novo Estado atribuiu-se um antigo nome: Israel.

Esse triunfo efêmero só aprofundou o desastre que se seguiu. Josefo conta como, durante o cerco de Jerusalém, Tito tentou inúmeras vezes convencer os defensores a se render. Ele fez que seu imenso exército marchasse ao redor da cidade para mostrar sua força e ordenou que Josefo subisse no alto das muralhas e instasse os judeus a desistir. Os esforços de Tito foram ignorados. Os defensores de Jerusalém lutaram com tenacidade, como se, embora estivessem sitiados, fossem em menor número e não contassem com aliados que pudessem ajudá-los, ainda assim tivessem esperança, até o último momento, de sair vitoriosos. Com toda a probabilidade, eles *de fato* tinham esperanças. Apesar de até o momento não se ter nenhuma informação a respeito dos líderes da cidade ou se conhecer sua opinião – já que não restou nenhum vestígio deles –, é provável que estivessem esperando por uma intervenção de Deus. Acreditaram que, se impressionassem Iavé com sua devoção, ele interviria para salvá-los, destruiria os romanos e transformaria os judeus em uma potência mundial, exatamente como no Sonho de Daniel havia sido prometido.

---

5 JOSEPHUS. *The Jewish War*, p. 362.

74 | CRENÇA

Não foi o que aconteceu. Será que o desastre da Guerra dos Judeus fez esse povo deixar de esperar o fim do mundo? De forma um tanto surpreendente, não. Em 116 d.C., 46 anos após a queda de Jerusalém, três comunidades isoladas da diáspora judaica, localizadas dentro do Império Romano, se sublevaram: em Chipre, no Egito e em Cirene (atualmente no Leste da Líbia). Embora não seja possível provar que essas revoltas fossem motivadas por expectativas apocalípticas, sua intensidade, brutalidade e, acima de tudo, *desesperança* – os judeus da diáspora representavam apenas uma minoria nessas regiões –, parece que se tratou disso. Escrevendo um século mais tarde, Cássio Dio afirma que houve centenas de milhares de mortos. Além disso, as revoltas deixaram tanto ressentimento que mesmo em sua época os judeus continuavam banidos da ilha de Chipre, sob pena de morte.

Não paira nenhuma dúvida sobre a terceira e última revolta judaica contra Roma, ocorrida entre 132 e 135 d.C. Tratou-se, indiscutivelmente, de uma *guerra apocalíptica*. Uma vez mais, não temos todos os detalhes, nesse caso porque o conflito foi tão terrível e tão inglório para ambos os lados que nem romanos nem judeus quiseram deixar registrado para a posteridade o que aconteceu. Parece ter sido a *Guerra do Vietnã* de Roma. Durante três anos, legiões romanas lutaram, na zona rural ao redor de Jerusalém, contra bandos furtivos de guerrilheiros judeus, que lançavam ataques a partir de uma rede labiríntica de túneis. Embora os romanos tenham finalmente vencido, é significativo que essa tenha sido a única vitória romana que jamais foi comemorada. O comandante judeu Simão Bar Kokhba foi aceito pelos judeus e pelos líderes religiosos como o Messias. Em outras palavras, Bar Kokhba foi bem-sucedido onde Jesus havia fracassado: ele convenceu seus compatriotas de que havia sido enviado por Iavé para transformar o mundo deles. Não é preciso dizer que não cumpriu sua promessa, e as menções a ele feitas posteriormente pelos judeus revelavam uma profunda decepção.

Quando a guerra terminou, uma grande área em torno de Jerusalém estava reduzida a um deserto despovoado, e os poucos judeus que restaram foram obrigados a ocultar sua religião para continuar vivos. Os romanos tiraram o próprio nome de Judeia da região, substituindo-o pela antiga denominação grega de Síria-Palestina. Dos escombros das desastrosas lutas contra os romanos surgiu, inevitavelmente, uma

A INVENÇÃO DO FIM DO MUNDO | 75

religião judaica nova e sem líder que não girava mais em torno do grande templo de Iavé. Em poucas palavras, os judeus começaram a praticar uma forma de religião que se identificava com o judaísmo moderno. Era uma religião de comunidades locais autônomas, cada uma com seu próprio líder religioso, o rabino, que se dedicou a interpretar as antigas escrituras judaicas e a assegurar que os judeus vivessem de acordo com as leis de Iavé. Embora lamentasse a perda de Jerusalém e do templo, a minguante população judaica do Levante não se mostrou muito interessada em tentar a sorte como uma guarda avançada aguerrida que ajudasse a tornar realidade a transformação do mundo por Deus. Mas a tocha do apocalipse não se extinguira. Ela simplesmente fora passada adiante.

As consequências do Sonho de Daniel

No ano de 95 d.C., uma mulher chamada Domitila partiu em viagem marítima para Pandataria, uma pequena ilha deserta localizada a cerca de quarenta quilômetros da costa italiana, para começar uma vida no exílio. Pouco se sabe sobre ela. Segundo o historiador romano Cássio Dio, ela teria sido exilada porque "se deixara levar pelos costumes judaicos". Entretanto, os antigos romanos muitas vezes misturavam judaísmo e cristianismo. Esse equívoco era compreensível, visto que ambos estavam intimamente ligados. Os cristãos consideraram Domitila um de seus primeiros mártires, e seu nome foi gravado em algumas das primeiras catacumbas cristãs de Roma apenas algumas décadas após seu exílio. Portanto, parece muito mais provável que ela tenha se deixado levar pelos *costumes cristãos*. No entanto, a importância de Domitila não vem tanto de sua religião, mas de sua família. Ela era sobrinha de Domiciano, o imperador reinante, e, como ele não tivesse filhos, os dois filhos de Domitila eram os herdeiros da dinastia flaviana, indicada como sucessora ao governo do Império.

Como veremos no próximo capítulo, os primeiros cristãos, apesar de seu amor declarado pelos humildes, tinham certa queda pelos ricos e famosos. Não há dúvida de que eles percebiam que a única forma de serem bem-sucedidos era por intermédio dessa gente. No ano 95, pareceu que tinham ganhado na loteria, com a conversão da mãe do fu-

76 | CRENÇA

turo imperador do Império Romano à sua religião. Dois séculos depois, outra conversão imperial iria representar o marco decisivo do cristianismo, encaminhando-o para se tornar a religião oficial do Império. No entanto, em 95, as coisas não correram nada bem para os cristãos. Domiciano não tinha o menor desejo de ver nem seu império nem seus parentes caírem sob a influência de uma religião nova, estrangeira e – o pior de tudo – que defendia os pobres. Ele exilou a sobrinha e lançou uma perseguição geral contra os cristãos, inspirando também, inadvertidamente, o primeiro texto apocalíptico do cristianismo. Na ilha de Patmos, um homem chamado João, sobre quem nada se sabe – exceto que, assim como Domitila, talvez tenha vivido no exílio –, escreveu o que foi, na verdade, Daniel II: o Livro do Apocalipse.

Podemos nos perguntar por que os cristãos sentiram a necessidade de um novo texto sobre o fim do mundo. Será que o Livro de Daniel não era suficiente? A resposta, simples, é que os novos textos sobre o fim do mundo eram indispensáveis para prever a morte cruel de *novos inimigos*. O Livro do Apocalipse foi o primeiro de três novos relatos proféticos que apareceriam nos séculos seguintes, todos eles escritos para tranquilizar e reanimar os cristãos assediados, por meio de profecias de que seus adversários seriam destruídos. Assim como o Sonho de Daniel, o contexto original desses textos logo seria em grande parte esquecido. Os três eram falsificações, anunciando-se serem mais antigos do que realmente eram. Os três acrescentavam novos e melodramáticos detalhes a seus antecessores. O apocalipse tornou-se, assim, uma espécie de obra fantástica de ficção em série escrita por quatro autores independentes ao longo de oito séculos, cada um deles introduzindo novos argumentos e novos detalhes no enredo. Esses textos se tornariam os maiores *best-sellers* da Idade Média e do Renascimento europeu, sendo copiados e recopiados inúmeras vezes e, mais tarde, impressos.

O que havia de novo nessas continuações do Sonho de Daniel? Em primeiro lugar, temos o Livro da Revelação, que conseguiu penetrar de modo sorrateiro na Bíblia por meio da crença equivocada de que seu ator, João, era o mesmo João que escrevera um dos Evangelhos. Reproduzindo as imagens bizarras do Sonho de Daniel, o Livro do Apocalipse retratou um imperador romano – quase certamente o tio de Domitila, Domiciano – como um animal com dez chifres. Profetizou um final

A INVENÇÃO DO FIM DO MUNDO | 77

sangrento para a cidade de Roma e seu império, com imagens dignas de um moderno filme fantástico. Ainda na esteira de Daniel, descreveu uma grande ressurreição e um julgamento final, quando todos aqueles cujos nomes não estavam escritos no Livro da Vida seriam lançados no Lago de Fogo. O Livro da Revelação introduziu o termo Anticristo, embora, naquele momento, parecesse indicar mais uma ideia do que um personagem real e abominável. Também tratava de algo que Daniel havia omitido, embora a ideia estivesse presente em outros textos judaicos mais antigos: que uma Nova Jerusalém desceria dos céus e os salvos – ou santos – viveriam dentro de seus portões incrustados de joias. Além disso, o Livro do Apocalipse introduziu os Sete Selos e os Quatro Cavaleiros do Apocalipse e, finalmente, a ideia de que Jesus voltaria para governar o mundo durante mil anos:

> [Um anjo] segurou o dragão, a antiga serpente, que é o diabo, Satanás, e o prendeu por mil anos. Lançou-o no abismo, fechou-o e pôs selo sobre ele, para que não mais enganasse as nações até se completarem os mil anos. Depois disso, é necessário que ele seja solto pouco tempo. Vi também tronos, e nestes sentaram-se aqueles aos quais foi dada autoridade de julgar. Vi ainda as almas dos decapitados por causa do testemunho de Jesus, bem como por causa da palavra de Deus, tantos quantos não adoraram a besta, tampouco a sua imagem, e não receberam a marca na fronte e na mão, e viveram e reinaram com Cristo durante mil anos. (Apocalipse, 20: 2-4)

O famigerado *milênio* havia chegado. Por que famigerado? Porque mais tarde os cristãos concluiriam que não bastava simplesmente esperar pela chegada dessa era, eles precisavam agir, preparar-se para sua chegada. Como veremos, esses preparativos seriam uma péssima notícia para os não cristãos.

A outra sequência apocalíptica, a Tiburtina, apareceu cerca de 250 anos mais tarde, por volta da década de 340, embora, como de costume, fosse anunciada como muito mais antiga. Esse texto procurou levantar os cristãos contra uma nova e popular heresia cristã, o *arianismo*, que questionava o nível de divindade de Jesus. A principal novidade da Tiburtina era a figura de um novo salvador. Tratava-se de um imperador grego chamado Constâncio que, segundo a profecia da Tiburtina, uniria o mundo romano em uma era de ouro que duraria mais de um século. Durante esse período, Constâncio puniria todos os cristãos que

78 | CRENÇA

haviam negado seu senhor (principalmente os arianos), mataria todos os pagãos e converteria todos os judeus. Feito isso, ele abriria caminho, de forma um tanto inexplicável, para o maligno Anticristo, que, agora, era muito mais um personagem do que uma ideia. Um Anticristo era provavelmente uma necessidade dramática. Após o século de ouro de Constâncio, as coisas precisavam piorar mais uma vez antes da volta triunfante de Jesus à Terra para iniciar seu glorioso milênio. Se tudo já estivesse maravilhoso, sua volta representaria certo anticlímax.

Por fim, uma terceira sequência apocalíptica – o Sonho de Daniel, Parte IV –, conhecida como Pseudometódio, apareceu na Síria no final do século VII, dessa vez para fortalecer a fé dos cristãos diante da vitória muçulmana. Sua principal inovação foi florear a história do imperador salvador, transformado agora numa espécie de herói de ficção fantástica que, após ter sido considerado morto durante muito tempo, despertava do sono para esmagar os ismaelitas (árabes muçulmanos) da Índia ao Egito.

Com o Pseudometódio, o enredo do fim do mundo estava em boa parte completo. No entanto, detalhes continuariam a ser acrescentados a ele. O inovador de maior destaque foi um ermitão calabrês chamado Joaquim de Fiore, que, na década de 1190, deu ao apocalipse uma nova precisão cronológica. Joaquim acreditava poder identificar pistas, sobretudo no Livro do Apocalipse, que lhe permitiam compreender o tempo como ninguém fizera antes. Ele enxergava três eras. Primeiro viria um tempo de escravidão e medo – a Era do Pai. Em seguida, um tempo de fé – a atual Era do Filho. E, finalmente, haveria a Era do Espírito, que se aproximava célere e seria um tempo de alegria, quando os homens finalmente conheceriam Deus e poderiam descansar, em uma espécie de *sabbath* eterno. No entanto, antes que isso pudesse acontecer, surgiria uma nova ordem de monges que converteria todos os judeus ao cristianismo e cujo líder, o *Novus Dux* – uma versão do imperador Constâncio –, conduziria a humanidade para a próxima idade do ouro. Os cálculos criativos de Joaquim convenceram-no de que a Era do Espírito começaria entre 1200 e 1260.

Será que esses textos estranhos tiveram algum efeito prático sobre os cristãos? Infelizmente, sim. Apenas sessenta anos após o Livro do Apocalipse ter sido escrito, ele inspirou seu primeiro movimento. No ano 156, em uma região deserta da Turquia ocidental chamada Frígia, um homem de nome Montano anunciou que ele era o Espírito Santo. Declarou também que a Nova Jerusalém do Céu mencionada no Livro do Apocalipse estava prestes a descer à Terra – na Frígia, naturalmente –, onde providenciaria um novo lar para os salvos, enquanto todos os outros pereceriam no Lago de Fogo. A maioria dos bispos recusou-se a aceitar que Montano fosse o Espírito Santo. Porém, como nessa época o cristianismo era uma religião clandestina dentro do Império Romano, a erradicação de seu movimento mostrou-se uma tarefa difícil, e ele perdurou ainda por vários séculos após a morte de seu criador.

Como os líderes da Igreja já tinham começado a perceber que o apocalipse poderia representar uma ameaça à sua autoridade, uma transformação radical aconteceu. No século IV, quando por fim o cristianismo se tornou a religião preferida do Império Romano e os líderes da Igreja experimentaram o verdadeiro poder, eles passaram para segundo plano a ideia que ocupara o centro do movimento de Jesus. A partir de então, o fim do mundo foi substituído pelo *Paraíso*, o qual, como veremos mais detalhadamente no próximo capítulo, era uma perspectiva muito menos ameaçadora.

Seus esforços deram resultado, ao menos durante certo tempo. No entanto, enquanto desaparecia do horizonte da Europa, o fim do mundo florescia em outros lugares. Por volta do século VI, o Sonho de Daniel encontrou inúmeros adeptos no Oriente Médio, inspirando grande quantidade de pregadores do fim do mundo em busca de adeptos e de fama. Entre eles havia um homem chamado Muysalima, de Meca, e um garoto judeu da vizinha Medina. Nenhum deles atraiu muitos seguidores, e só sabemos de sua existência porque ambos encontraram casualmente outro pregador apocalíptico: Maomé. Sim, o fundador do Islã era outro obcecado pelo fim do mundo, instando seus ouvintes a se arrependerem antes que fosse tarde demais. O sucesso de sua nova religião estimulou ainda mais as expectativas apocalípticas. À medida que os exércitos árabes varriam o Oriente Médio e mais além, destruindo antigas estruturas, da Pérsia ao Norte da África, muitos começaram a se perguntar se o mundo estava realmente se aproximando do seu fim, e movimentos apocalípticos brotaram como cogumelos depois da chuva: alguns cristãos, alguns muçulmanos, alguns judeus e alguns – para o temor de muitos – uma mistura dos três.

80 | CRENÇA

Na Europa Ocidental, surgiu um modelo muito diferente. Tendo, em grande medida, perdido o interesse pelo fim do mundo, os cristãos europeus o redescobriram quando, após séculos de invasões desestabilizadoras, seu mundo se tornou mais tranquilo e menos pobre e a Igreja desfrutava de um poder inconteste. Por quê? A volta do fim do mundo parece ter se inspirado *justamente* na hegemonia da Igreja. Por volta do século XI, a Igreja de Roma havia se tornado a principal proprietária de terras da Europa Ocidental, além da maior arrecadadora de impostos. Aqueles que tinham uma vida independente, embora precária – artesãos e alfaiates das pequenas cidades e pastores da zona rural –, ressentiam-se cada vez mais com a vida confortável do clero. Essas pessoas juntaram-se então a movimentos centrados no fim do mundo, liderados por indivíduos carismáticos cultos que, muitas vezes, tinham sido monges, ermitãos ou ambos.

Movimentos centrados no fim do mundo, tendo à frente indivíduos carismáticos cultos que lideravam seguidores socialmente marginalizados? Voltamos a Max Weber. Os partidários desses movimentos eram profundamente atraídos pela pregação original de Jesus, o que não causa nenhuma surpresa, já que ele pregara para *gente igualzinha a eles*. Tal como os primeiros seguidores de Jesus, eles nutriam grandes expectativas. Os pescadores da Galileia acreditavam que o fim do mundo faria com que eles fossem valorizados, enquanto os ricos seriam deixados de lado e o poder de Roma seria enfraquecido. Os apocalípticos medievais também esperavam ser valorizados, enquanto seus vizinhos ricos e seu cobrador de impostos – a Igreja – seriam enfraquecidos.

Dito isso, uma das primeiras grandes revoltas apocalípticas não considerou a Igreja sua inimiga, embora esta possa ter encarado a situação de maneira diferente. Esse movimento inspirou-se em uma criação papal duvidosa: na década de 1090, o papa Urbano II lançou o que se tornaria conhecido como a Primeira Cruzada. Embora o desejo de Urbano não fosse tanto conquistar a Palestina para o cristianismo, mas principalmente ajudar o combalido Império Bizantino a se defender contra o avanço dos turcos, ele logo percebeu que o projeto escapara de seu controle. Como vimos, tanto o Livro do Apocalipse como a Tiburtina e o Pseudometódio profetizaram que o reino de Jesus só poderia existir *depois* que o Anticristo tivesse reinado em Jerusalém. Alguns cristãos concluíram que era fundamental ganhar o controle da cidade para poder despachar o Anticristo assim que ele surgisse. Argumentavam que os muçulmanos jamais poderiam se encarregar dessa tarefa, pois estavam do lado do Anticristo.

Um líder carismático conhecido como Pedro, o Eremita, começou a pregar que a Cruzada deveria se concentrar em Jerusalém. Ele impressionou as multidões ao dizer que já estivera na cidade e que Jesus apareceu lá e lhe entregou uma carta sagrada orientando-o sobre o que fazer. Armado com sua missiva sagrada, Pedro influenciou grande número de artesãos e agricultores pobres a juntar-se a sua "Cruzada do Povo" e pôr-se a caminho para capturar Jerusalém, como prenúncio de uma nova era. Assim como outros pregadores apocalípticos antes dele, Pedro garantiu a seus seguidores que eles representavam uma elite escolhida por Deus. Alguns estavam convencidos de que, se olhassem cuidadosamente o céu, poderiam ver seu futuro lar, a Jerusalém sobrenatural do Livro do Apocalipse, brilhando ali, pronta para descer.

Foi assim que teve início um dos maiores e mais duradouros horrores da Europa. Como vimos, os textos apocalípticos profetizaram que Jesus só poderia voltar depois que o mundo *estivesse preparado*, por meio da conversão de todos os judeus ao cristianismo e do extermínio de todos os outros não crentes. Embora os textos indicassem que essas tarefas seriam realizadas por Deus, Pedro, o Eremita, e seus seguidores decidiram que tinham o sagrado dever de ajudar. Assim, quando os exércitos cruzados começaram a se dirigir para o Sudoeste da Europa, foram acompanhados por bandos de seguidores de Pedro, que proporcionaram à Europa sua primeira experiência de assassinato indiscriminado antissemita. Os cruzados do Povo invadiram os bairros judeus de Mainz, Trier, Metz, Colônia, além de outras cidades, exigindo que os judeus aceitassem o batismo e matando todos os que recusavam. Embora os clérigos e os aristocratas locais tenham tentado defendê-los, milhares de judeus foram mortos, algo que logo se transformou numa horrível tradição que se repetia sempre que se lançava uma cruzada. A Cruzada do Povo levou então sua sanha assassina até a Terra Santa. Embora a maioria deles tenha morrido antes de alcançar o Levante, uma corja medonha deles, conhecidos como tafurs, sobreviveu, sendo temidos até mesmo pelos cavaleiros cruzados. Quando Jerusalém caiu, em 1099, diz-se que foram os tafurs os grandes responsáveis pelo massacre dos muçulmanos e dos judeus da cidade.

82 | CRENÇA

Depois disso, movimentos centrados no fim do mundo apareceram, de forma regular e geralmente violenta, sob inúmeras formas. Em 1260 surgiu uma espécie de *apocalipsismo masoquista*. A autoflagelação, que durante dois séculos atraíra os monges dos mosteiros italianos de Camaldi e Fontre Avellana, tornava-se agora a atividade preferida de um novo movimento italiano, os joaquimitas. Admiradores de Joaquim de Fiore, que, como vimos, havia proposto uma nova data para o apocalipse, eles decidiram preparar o mundo para a Era do Espírito, que, segundo Joaquim, começaria antes do final de 1260. No outono desse ano, bandos de joaquimitas marcharam para o norte, cruzando a Itália, flagelando-se pelos caminhos para que a humanidade pudesse ser perdoada pelos seus pecados. Apesar de a data limite da Era do Espírito já ter sido então ultrapassada, o movimento ressurgiu um ano depois, no Norte dos Alpes. Reaparecendo de forma intermitente, os flagelantes alcançaram seu momento mais importante um século mais tarde, a partir do final de 1348, no auge da Peste Negra. Grupos de fanáticos marchavam de cidade em cidade através da Europa, açoitando-se três vezes ao dia até deixar o corpo em carne viva, para tentar convencer Deus a manter a peste longe dali. Alegando ser um exército de santos enviado por Deus, se preparavam para a vinda próxima do reino de Jesus (que, segundo eles, ocorreria exatamente dentro de 33,5 anos, pois esse era considerado o tempo de vida de Jesus), incitando massacres do clero, dos ricos e, acima de tudo, dos judeus. Até que a Igreja se cansou daquilo e, em 1349, excomungou a todos.

Mesmo após seu declínio, os flagelantes continuaram a capturar a imaginação, e duas décadas após terem caído em desgraça surgiu um novo movimento, uma espécie de *culto apocalíptico do sangue*. Foi fundado na Turíngia alemã e liderado por um homem chamado Konrad Schmid. A versão do fim do mundo de Schmid era bem singular. Além de se declarar o rei legítimo da Turíngia, ele também sustentava que era superior a Jesus e que, com a ajuda de Deus, criaria, em 1369, seu próprio reino sobre a Terra. Como a maioria dos líderes apocalípticos, ele prometeu a seu pequeno grupo de seguidores que, na nova organização, eles seriam grandes senhores ou santos. Surpreendentemente, contudo, a visão apocalíptica de Schmid baseava-se no derramamento de sangue. Afirmava que o relato que as Escrituras faziam do modo como Jesus fora chicoteado enquanto carregava a cruz fora, na verdade, um prenúncio de como ele e seu pequeno grupo de seguidores se açoitariam para alcançar a glória. Seus discípulos poderiam ter a expectativa de se tornar príncipes em seu reino vindouro somente se obedecessem a ele, confessassem a ele e, acima de tudo, fossem açoitados por ele. Embora Schmid tenha sido pego e queimado pela Inquisição em 1368, perdendo assim seu próprio apocalipse, seu movimento resistiu: discreto, obcecado por sangue e até mesmo instituindo sua própria forma repulsiva de batizar as crianças, pela qual os recémnascidos eram levemente açoitados até sangrar. Como veremos, esses métodos pareceriam mais familiares aos maias e astecas obcecados por sangue.

Em seguida veio uma espécie de *apocalipse comunista*. Líderes da Revolta Camponesa de 1381, como John Ball, instigavam seus partidários com *slogans* que Lênin teria admirado, como: "Quando Adão arava e Eva fiava, quem era o nobre?". Uma geração mais tarde, na Boêmia, membros de um movimento similar, os taboritas, aboliram todos os impostos e incendiaram suas fazendas, para abrir mão de suas posses e tornar mais próximo o reino de Jesus. Começou assim o que se tornaria uma característica duradoura da política europeia.

A Reforma Protestante não fez nada para refrear o entusiasmo pelo fim do mundo. Para muitos, entre os quais Martinho Lutero, as incertezas da época pareciam uma prova evidente de que ele estava para acontecer. O fim dos tempos mostrou-se atraente em particular para alguns dos membros do conjunto de grupos marginais que compunham a esquerda radical da Reforma e que eram chamados de anabatistas por seus adversários. Em 1534, um desses grupos ganhou o controle da cidade de Münster, no Norte da Alemanha, e fundou uma espécie de *Estado apocalíptico*, declarando que o fim do mundo aconteceria na Páscoa seguinte (e, quando isso não se concretizou, disse que viria na próxima Páscoa). Em Münster, somente os escolhidos seriam salvos. Quando um ator fracassado chamado Jan Bockelson assumiu a liderança do movimento, seus partidários declararam que Deus faria dele rei não apenas de Münster, mas do mundo inteiro. Como medida preparatória, Bockelson impôs a pena de morte para as infrações mais insignificantes, executou grande número de habitantes da cidade, mandou queimar todos os livros, com exceção da Bíblia, e ordenou que seus

84 | CRENÇA

seguidores se mantivessem totalmente celibatários, mesmo os casados. Em seguida, simplesmente mudou de opinião e ordenou que todos se tornassem polígamos. (Como líder dos salvos, ele próprio tomou para si quinze esposas, entre elas, naturalmente, as maiores beldades da cidade.) Como os apocalipses de tantos outros que o antecederam, o prometido apocalipse de Bockelson terminou em decepção. Tendo unido católicos e protestantes contra ele – uma façanha rara na época –, foi capturado, cruelmente torturado, e seu corpo foi suspenso em uma jaula presa na flecha da catedral de Münster, como uma advertência a todos. Suas atividades foram lembradas por muito tempo, trazendo má reputação ao protestantismo radical durante vários anos. O apocalipse, no entanto, sobreviveu. Ele encontrou solo fértil na Inglaterra revolucionária do século XVII, onde o décimo chifre da besta de Daniel foi então identificado, pela última geração de seus decodificadores, como sendo o rei Carlos I. Os alfaiates, os vendedores de tecidos e os lojistas do movimento *Quinta Monarquia* – cujo nome derivava do reino vindouro de Jesus – anteciparam alegremente um tempo em que os grandes duques do país seriam derrubados de uma vez por todas, sendo substituídos por uma nova aristocracia: eles mesmos.

Em comparação, o apocalipse do movimento dos *Escavadores* não tinha nenhuma aristocracia. Os escavadores aguardavam com interesse um mundo refeito em que a propriedade pertenceria a todos. Seu líder, Gerrard Winstanley, afirmava que a humanidade fora conduzida pelo mau caminho porque, após a Queda, Adão passara a governar os homens, induzindo-os a cobiçar a propriedade. Quando voltasse, Jesus retiraria Adão do coração dos homens e teria início uma nova era de justiça, na qual, como Winstanley escreveu, "ninguém dirá isto é meu, mas todos se protegerão com amor". Para acelerar as coisas, Winstanley estimulou uma grande distribuição de terras. Para dar início ao processo, ele fundou em 1649 uma espécie de *kibutz* primitivo no monte São Jorge, em Surrey, que foi abandonado alguns meses após a fundação, tanto em virtude da pobreza do solo como da hostilidade dos vizinhos.

Quando a Europa se acalmou após as revoltas da Reforma, será que o apocalipse por fim caiu no esquecimento? Não, ele simplesmente entrou num período de latência. O apocalipse ganhou vida novamente no século XIX, nos Estados Unidos, por meio dos esforços de William Miller, que, em 1833, após decifrar cuidadosamente as Escrituras apocalípticas, declarou que o fim dos tempos teria lugar em 1843, e, então, fez outra declaração de que seria no ano seguinte. Apesar do *Grande Desapontamento* de 22 de outubro de 1844, o movimento de Miller não se extinguiu, embora tenha se dividido em submovimentos que, por sua vez, também se dividiram.

Um desses movimentos transformou-se na mais bem-sucedida e duradoura seita apocalíptica jamais vista: o Movimento de Estudo da Bíblia, que posteriormente passou a se chamar *Testemunhas de Jeová*. Muito de seu êxito pode ser atribuído à energia – muitas vezes bastante controladora – de seus líderes e à relativa flexibilidade de seus preceitos. O fundador do movimento, Charles Taze Russell, filho de um vendedor de roupas de Pittsburgh, afirmou que Jesus havia voltado à Terra em 1874, mas de forma *invisível*. Era uma afirmação difícil de contestar. Embora o fim do mundo tenha sido previsto reiteradamente para 1878, 1881, 1910, 1914, 1918, 1925, além de outras datas, esses eram "anos marcantes", quando o fim do mundo era provável, e não certo. Quando o desapontamento se abateu uma, duas vezes, as Testemunhas se animaram com a notícia de que "a coisa errada tinha acontecido na hora certa". A marcha para o apocalipse, que começara com a volta "invisível" de Jesus, seguia em frente, embora não tão pontual como de início se esperara.

Enquanto isso, os líderes do movimento – primeiro Russell e depois, a partir de 1917, o taciturno e controlador Joseph Franklin Rutherford – criaram um movimento mundial bem organizado e regulamentado com rigidez, utilizando todos os recursos modernos, da revista, a *Watchtower**, a estações de rádio, para conseguir adeptos. No entanto, apesar de toda a aparente modernidade, as Testemunhas eram extremamente parecidas com os grupos dos séculos anteriores que pregavam o fim do mundo. Embora de início Russell tenha declarado que *todos* os cristãos protestantes estavam aptos a serem salvos quando Cristo voltasse, mais tarde ele mudou de ideia, decidindo que apenas seus seguidores podiam contar com isso. Os textos de Russell alcançaram prestígio inferior apenas ao da Bíblia, e ele proibiu seus adeptos de frequentar qualquer grupo de estudo de outras igrejas. Assim, pouco a

---

* Literalmente, "torre de vigia". No Brasil, a revista chama-se *A Sentinela*. (N. do T.)

pouco, as Testemunhas tornaram-se uma espécie de *sociedade dentro da sociedade*, afastada do mundo, do mesmo modo que os primeiros grupos apocalípticos, como os anabatistas, e, sob esse aspecto, igual aos primeiros cristãos.

Não obstante, as Testemunhas de Jeová não tinham o monopólio do fim do mundo. Entre os inúmeros grupos secundários que surgiram da derrocada dos milleristas, um se transformou no Ramo Davidiano, famoso pelo trágico fim em 1993, durante o Cerco de Waco, no Texas. Um surto mais recente e muito mais suave de apocalipsismo ocorreu em 2010, quando um engenheiro civil californiano aposentado chamado Harold Camping previu que o mundo começaria a acabar na sexta-feira, 21 de maio de 2010. Nesse dia, afirmava Camping, cerca de 2 milhões de pessoas salvas seriam "arrebatadas" – ou levadas – por meio de uma espécie de elevador expresso para o Paraíso, evitando assim os meses de terremotos, peste e destruição que eliminaria os bilhões de pecadores remanescentes. As previsões de Camping, que ele divulgou em programas de rádio, inspiraram uma inovadora resposta empresarial. Bart Centre, um ateu de New Hampshire, ofereceu planos de seguro para os animais de estimação daqueles que esperavam ser arrebatados. Não crentes declarados, que, nesse caso, não tinham nenhuma chance de ser arrebatados, concordaram em recolher, alimentar e levar para passear os animais de estimação dos arrebatados depois que tivessem sido levados. Até 19 de maio de 2010, o Bart Centre tinha vendido planos de seguro para 250 clientes. Os planos não previam a devolução do dinheiro.

Por que americanos de classe média acreditariam no fim do mundo? Os adeptos de Camping não eram artesãos, pastores ou pescadores pobres que se debatiam às margens da sociedade. Eram cidadãos conservadores apáticos, que não se encaixam de maneira nenhuma na análise de Max Weber. Para responder a isso, talvez devamos levar em conta um aspecto particular dos movimentos apocalípticos. O apocalipse não prometia apenas uma transformação violenta do mundo; também oferecia aos adeptos a perspectiva tentadora de fazer parte de uma nova elite de sobreviventes escolhida por Deus, enquanto a grande massa seria posta de lado. Sentir que você é um dos eleitos parece tão atraente hoje como sempre foi.

Está na hora, no entanto, de dar um pequeno passo atrás, pois estamos pondo o carro na frente dos bois. Vimos como o apocalipse, embora sendo uma das principais preocupações de Jesus – se não sua *principal* preocupação –, foi relegado a um segundo plano dentro do cristianismo. Se o núcleo da pregação de Jesus foi removido, então podemos perguntar: o que é exatamente o *cristianismo*? E como é que ele conseguiu se tornar essa coisa?

5.

A INVENÇÃO DO CÉU HUMILDE

Corrida de obstáculos

No outono do ano de 312, um impiedoso soldado de carreira chamado Constantino, que lutara muito para se tornar governante da parte ocidental do Império Romano, estava desfrutando de um período de descanso em Roma. Entre outras atividades, ele tinha encomendado uma enorme estátua de si mesmo que mandara instalar no novo salão público da cidade, a imensa Basílica Nova. Esse comportamento não tinha nada de estranho: era o procedimento clássico de um imperador bem-sucedido exibindo seu poder. No entanto, essa estátua, especificamente, tinha algo muito estranho. Ela trazia um estandarte militar de seda enfeitado com um símbolo que, até então, nunca tinha sido visto num espaço público romano: uma cruz cristã. Constantino, que se convertera ao cristianismo havia apenas algumas semanas, na véspera da Batalha da Ponte Mílvia – que lhe valeu a conquista de Roma –, estava deixando claro que seu império seria cristão.

Entretanto, como exercício de relações públicas, o estandarte teve um resultado desastroso, obrigando Constantino a retirá-lo após os protestos da elite aristocrática romana. Ela se considerava herdeira de uma longa e vitoriosa história pagã, e poucos de seus membros tinham tempo para uma religião novidadeira que, de forma surpreendente, estava profundamente associada aos pobres ignorantes. É provável que a maioria dos aristocratas romanos tenha suposto que o projeto religioso do novo imperador estava destinado ao fracasso, o que é compreensível. Embora seja difícil calcular os números, é provável que em 312 os cristãos não representassem mais de dez por cento da população do império, pode ser que muito menos. E, apesar de sua presença razoavelmen-

90 | CRENÇA

te marcante nas grandes cidades do império e em certas regiões, como o Egito, muitas províncias mal tinham sido alcançadas pelo cristianismo. Mais importante de tudo, a principal base do poder de Constantino, o exército romano, continuava maciçamente pagão. A sorte, no entanto, estava do lado do cristianismo. Quando conquistou a metade oriental do império, Constantino, que perdera as esperanças nos romanos pagãos, fundou uma nova capital, Constantinopla, onde o cristianismo podia se espalhar de maneira mais livre por meio da estrutura do poder imperial. Ele e seus três filhos revelaram enorme apego ao poder, além de se mostrarem longevos, pelo menos em comparação com seus antecessores pagãos. Os quatro conseguiram promover o cristianismo durante cinquenta anos ininterruptos – um tempo longo o suficiente para mudar de forma definitiva as lealdades ao poder. A desgraça completou seu trabalho. Quando os povos bárbaros varreram a Europa e, em 410, a própria Roma caiu diante dos visigodos – uma humilhação nunca vista em oito séculos –, a autoconfiança patriótica dos romanos começou a definhar. O cristianismo preencheu o vácuo. No ano 400, ainda era possível encontrar inúmeras referências a pagãos instruídos em posições de destaque. Por volta do ano 500, essas referências tinham praticamente desaparecido. O Mediterrâneo, que fora a região do mundo com a maior diversidade religiosa, tornara-se a mais monocromática: um oceano cristão com pitadas de judaísmo.

Foi um triunfo evidentemente improvável. Se alguém tivesse feito uma viagem breve pelo mundo por volta de 35 d.C., logo após a crucificação de Jesus, para tentar descobrir qual seria o movimento religioso que um dia iria monopolizar grande parte do globo, apostaria que aquele fundado por Jesus ficaria bem no fim da lista. O movimento tinha sido breve, com duração de apenas um ou dois anos; não tivera grande importância, reunindo apenas algumas centenas de seguidores; e terminara de forma desastrosa. As promessas de um mundo transformado feitas por seu líder não tinham dado em nada, e agora ele estava morto. Seus seguidores estavam desmoralizados e tinham se dispersado. A incerteza campeava. Como o movimento de Jesus superou a derrota e se tornou um sucesso extraordinário? Em poucas palavras, ele conseguiu isso vencendo uma série de obstáculos. Cada vez que ultrapassava um obstáculo, o cristianismo descobria novos seguidores, e suas crenças mudavam. Até que, como aconteceu com o budismo mahayana, ele assumiu uma feição que o próprio Jesus teria considerado totalmente irreconhecível.

O primeiro e talvez o maior obstáculo a ser superado foi a morte de Jesus. A morte repentina de seu líder foi suficiente para extinguir a maioria dos movimentos de fim do mundo. Embora posteriormente os cristãos tenham decidido que a morte de Jesus era parte de um plano divino e que, em consequência, havia bons motivos para ter ocorrido, fica evidente, a partir dos próprios Evangelhos, que não se tinha essa percepção na época. Os seguidores de Jesus, bastante animados com a perspectiva de assumir papéis de liderança na nova ordem futura, ficaram arrasados com o que aconteceu. Jesus, que afirmara ter o poder de Deus por trás de si e prometera que o mundo seria transformado de forma radical, morrera sem que ocorresse nenhuma transformação. Cada uma de suas afirmações deve ter parecido frágil, para dizer o mínimo. Alguns de seus seguidores, como Pedro, entraram em pânico e renegaram momentamente o movimento. Outros voltaram para sua região de origem, a Galileia. A missão de Jesus parecia ter chegado ao fim.

O que a fez renascer? Em resumo, foi a nova crença de que, afinal de contas, Jesus fizera algo excepcional: ele vencera a morte. E, se tinha realizado uma façanha que estava fora do alcance dos seres humanos comuns, então havia a esperança de que ele também pudesse cumprir as outras promessas. Seus seguidores ainda poderiam se tornar importantes senhores de um reino judeu renovado. Como vimos, a ideia da ressurreição pode ser encontrada no Livro de Daniel. Membros da seita de Qumran tinham ficado bastante atraídos pela ideia e acrescentaram-lhe mais alguns detalhes. No entanto, é claro que existe uma diferença muito grande entre considerar algo possível e acreditar que *realmente aconteceu*. Como os discípulos de Jesus começaram a acreditar que ele havia ressuscitado? Será que isso não passou de uma simples invenção, como alguns céticos sugeriram?

Sinceramente, é muito provável que não. A ressurreição de Jesus tornou-se fundamental para o cristianismo de forma tão rápida que não faz muito sentido ter sido mera invenção. Por que mentir? A força vital do movimento de Jesus era a crença de que o fim do mundo estava próximo. Se, com sua morte, essa crença tivesse perdido a força, seria de esperar que seus seguidores o abandonariam, em vez de procurar revitalizar sua crença por meio de afirmações falsas. Também seria de es-

92 | CRENÇA

perar que, uma vez criada, a mentira reproduziria sempre a mesma história. Em vez disso, as Escrituras são extremamente contraditórias. O primeiro relato da ressurreição de Jesus, encontrado na Primeira Epístola de Paulo aos Coríntios, apresenta uma lista extensa de pessoas que viram Jesus, entre elas, um grupo de no mínimo quinhentas pessoas. Curiosamente, Paulo conta que elas viram Jesus não sob uma forma *corpórea*, mas sob uma forma *espiritual*. Segundo Mateus e Marcos, as primeiras pessoas a vê-lo foram Maria Madalena e Maria, mãe de Jesus, em Jerusalém. Posteriormente ele foi visto pelos onze apóstolos, que haviam retornado à Galileia. Lucas também afirma que Jesus foi visto pelos apóstolos, mas não na Galileia, e sim em Jerusalém, onde de início os apóstolos não o reconheceram, mas, em seguida, todos comeram juntos. De acordo com os Atos, Jesus visitou seus discípulos ao longo de um período de quarenta dias, indo e vindo a seu bel-prazer.

O que realmente poderia ter acontecido? Sem dúvida é significativo que o primeiro relato, na carta de Paulo aos coríntios, afirme que os seguidores de Jesus o viram sob uma forma *espiritual*. Não é raro pessoas que sofrem uma grande perda acreditarem que sentem a presença da pessoa que morreu e que até mesmo que a *veem*. Jesus, óbvio, foi uma pessoa extremamente carismática. Ele teria preenchido a vida de seus seguidores galileus de uma forma que eles nunca haviam experimentado antes. Parece bastante plausível que eles possam ter sonhado com Jesus ou mesmo acreditado que o viram por um breve momento. Uma afirmação pode ter influenciado outras, até que os seguidores *esperassem* sentir a presença de Jesus. Com o passar dos anos, os relatos podem ter mudado, como costuma acontecer quando as histórias são recontadas, até que o Jesus com o qual eles sonharam – ou cuja presença sentiram – ganhou vida de modo tangível, passou a conversar e usufruir as refeições com seus discípulos. É curioso que um grupo dos primeiros cristãos tenha relatado que algo semelhante a isso aconteceu. No século II, os *cristãos gnósticos*, sobre os quais falaremos mais amplamente adiante, acreditavam que Jesus não ressuscitara fisicamente, mas apenas aparecera na visão de seus seguidores.

No entanto, o que na realidade importava não era *como* essa crença tinha surgido, mas sim o fato de ter surgido. O que quer se pense sobre a hipótese da ressurreição de Jesus, seu movimento certamente ressuscitou. Ele havia recrutado seguidores determinados ao extremo e lhes

A INVENÇÃO DO CÉU HUMILDE | 93

transmitido mais entusiasmo do que outros líderes religiosos judeus carismáticos do seu tempo, como o egípcio anônimo. Cheios de zelo missionário, os seguidores de Jesus começaram a falar nas sinagogas e no templo de Jerusalém, tentando convencer seus compatriotas de que seu líder voltaria em breve *de novo* e dessa vez transformaria o mundo como prometera.

O movimento de Jesus havia ultrapassado seu primeiro e, pode-se dizer, mais importante obstáculo. No entanto, a superação da crise fizera com que ele se transformasse. Nos meses que se seguiram à morte de Jesus, ele já iniciara a lenta evolução para transformar seu movimento em uma religião diferente. A crença de que retornara à vida passou a ser central no movimento, sendo representada por um novo e, diriam alguns, estranho ritual: alguns anos após a crucificação de Jesus, seus seguidores passaram a celebrar a missa. Ao fazê-lo viver magicamente *de novo*, na forma do pão e do vinho abençoados – que então comiam e bebiam acreditando ser a carne e o sangue de Jesus –, demonstravam seu reconhecimento de que ele ressuscitara. Esse ritual, que críticos posteriores criticariam como sendo canibalesco, pode ter se originado, como tantas práticas cristãs, com os essênios. O Manuscrito do Mar Morto Regra da Comunidade menciona um importante banquete em estilo militar que teria lugar quando "o Messias tiver sido revelado", enquanto o ritual da bênção do vinho e do pão era executado em toda refeição na qual estivessem reunidos mais de dez membros da comunidade.

Entretanto, para os cristãos do século I a cerimônia tinha um propósito diferente: demonstrar fidelidade à crença que reiniciara seu movimento de que Jesus havia ressuscitado. Por meio da celebração da missa, exigia-se que os cristãos reconhecessem publicamente e de modo regular que Jesus retornara à vida. Como tal, a missa parece, de modo suspeito, uma invenção cujo objetivo era suprimir qualquer mal-estar existente entre os cristãos sobre o assunto. Nesse caso, ela não foi inteiramente bem-sucedida. Como mencionei, os cristãos gnósticos não aceitavam que Jesus havia ressuscitado sob uma forma física.

Outro acontecimento importante desse período inicial foi a tentativa de responder à pergunta: *por que Jesus morreu?* Passados quatro anos de sua crucificação, Paulo escreveu que ele havia morrido "pelos nossos pecados". Jesus havia morrido para salvar os outros, embora não estivéssemos falando ainda de toda a humanidade. Isso viria mais

94 | CRENÇA

tarde. Portanto, o absurdo chocante da morte dele transformava-se agora em algo virtuoso. A morte de Jesus fizera parte do plano de Deus. Desse modo, ficava decidido que, apesar de todas as aparências, o movimento *tivera êxito*. Durante o tempo de um ou dois anos que durou sua pregação, Jesus dissera a seus seguidores que ele *seria especial* como governante do futuro reino. Após sua morte, seus seguidores proclamaram *que ele já tinha sido especial* antes de morrer. Na verdade, havia sido o ungido, o Messias ou Cristo. Sua crucificação não foi vergonhosa, apenas confirmou seu *status* especial.

Assim, Jesus ganhou sua primeira promoção póstuma. Embora aparentasse ter um alto conceito de si próprio, como um futuro rei e vice-rei de Deus, parece que nunca afirmou ser um messias. Nas primeiras décadas após sua morte, seus seguidores, incluindo Paulo, ainda o consideravam inteiramente humano e não um deus. Mas sua ascensão tinha começado.

A nascente Igreja Cristã já estava começando a se afastar um pouco do rígido Deus dos judeus. Assim como Buda – e de maneira muito mais rápida –, Jesus se tornara *supermundano*. Mas essa não foi a única mancha tímida que marcou o monoteísmo da época. Uma terceira força começou a ganhar forma na mente dos cristãos primitivos: o Espírito Santo. Nos primeiros anos da nova religião, alguns dos seguidores de Jesus entraram em estado de êxtase e começaram a falar uma língua incompreensível. Seus adversários os acusaram de estar bêbados. Efusões de êxtase e "falar línguas" não eram nenhuma novidade. Pode-se dizer que esses comportamentos derivavam de um dos mais antigos fenômenos religiosos: entrar em transe para ter acesso aos espíritos. Não obstante, seja qual for sua origem, esses acontecimentos passaram a ser aceitos como uma manifestação do próprio Deus. Quando as pessoas falavam de forma incompreensível, eram consideradas como *porta-vozes de Deus*. O Espírito Santo seria um motivo de preocupação constante para as autoridades da Igreja ao longo dos séculos posteriores. Se as pessoas podiam ter uma ligação direta e instantânea com Deus, será que precisavam de uma organização grande e dispendiosa integrada por sacerdotes bem alimentados? No entanto, assim como o outro elemento desestabilizador – o fim do mundo –, seu lugar próximo ao núcleo do cristianismo significaria que ele jamais poderia ser extirpado.

A INVENÇÃO DO CÉU HUMILDE | 95

Outra importante mudança no movimento de Jesus originou-se diretamente de sua execução. Como seus seguidores procuraram seguir o exemplo do fundador de seu culto, o cristianismo tornou-se um *culto da morte*, dando início, assim, à era do mártir cristão. Era um novo começo. Embora tenha havido mártires judeus durante o conflito com os gregos, quando o Livro de Daniel foi escrito tratava-se de guerreiros que haviam morrido em combate. O Jesus dos Evangelhos demonstrara pouco interesse pelo martírio, pelo menos até este estar prestes a cair sobre ele. Ele estava interessado na vida: em comer e beber, em discutir as Escrituras judaicas e as regras religiosas, em reunir um grupo de seguidores fiéis e olhar para o futuro, quando se tornaria o governante *vivo* de um reino judeu poderoso e restaurado.

Contudo, após a morte de Jesus, o martírio tornou-se o grande sonho dos cristãos fervorosos. Nisso eles foram ajudados por sua condição de párias. Embora as perseguições tenham sido em boa parte relativamente raras, mas muito exageradas posteriormente pela propaganda cristã, é inegável que os cristãos eram perseguidos – em um primeiro momento, e numa escala pequena, pelas autoridades judaicas, depois pelos romanos. No caso do martírio, entretanto, a participação deles era fundamental. Membros de outras seitas ilegais, como os cristãos gnósticos e os epicuristas ateus, recusavam-se a morrer por suas crenças, preferindo renegar publicamente sua religião (que era tudo o que as autoridades romanas exigiam deles) para que pudessem retomá-la de maneira discreta mais tarde. Em comparação, uma minoria fervorosa de cristãos estava *ansiosa* para ser martirizada. Foi o caso de Perpétua, uma mãe de 22 anos de idade que, enquanto esperava pela execução em uma cela de Cartago no ano 203, teve a precaução de escrever um diário:

> Meu pai voltou da cidade extremamente abatido e veio ter comigo para humilhar minha fé, dizendo: "Filha, tem piedade dos meus cabelos brancos. Tem piedade do teu pai, se eu mereço ser chamado de pai por ti. Se com estas mãos te conduzi à flor da tua juventude – e preferi a ti antes que todos os teus irmãos. Não me entregue ao opróbrio dos homens. Pense nos teus irmãos, pense em tua mãe e na irmã de tua mãe, pense em teu filho, que não conseguirá viver sem ti. Volta atrás em tua decisão. Não nos destrua a todos, pois nenhum de nós nunca mais se manifestará aberta-

mente diante dos homens se vieres a enfrentar qualquer sofrimento." Isso ele me falou com a sabedoria de pai e cheio de amor, beijando minhas mãos e arrastando-se aos meus pés, e em lágrimas chamou-me não de filha, mas de senhora. E sofri com as palavras de meu pai, pois ele não se alegrava com minha paixão...[1]

Não é preciso dizer que Perpétua ignorou as súplicas de seu pai. Fez o mesmo diante das súplicas do juiz durante o julgamento. Quando ele insistiu que ela pensasse no filho recém-nascido, afirmou: "Sou uma cristã", e caminhou em seguida "alegremente" para a masmorra. Morreu logo depois na arena, nas mãos de um gladiador que, segundo o anônimo editor contemporâneo de seu diário, ficou chocado quando Perpétua dirigiu a espada para a própria garganta.

Felicidade, sua companheira de martírio, agiu de forma ainda mais determinada. Ela estava grávida de oito meses e, de acordo com as leis romanas, uma mulher grávida não podia ser executada (não era o único caso, certamente, em que as autoridades romanas pareciam um pouco mais humanas do que os cristãos que perseguiam). Felicidade ficou preocupada com a possibilidade de que o martírio lhe fosse negado. Porém, após orar bastante com outros prisioneiros cristãos, deu à luz prematuramente, conseguindo, assim, satisfazer seu desejo.

Por que Perpétua e Felicidade estavam tão determinadas a abandonar seus bebês e morrer? Não há dúvida de que a fidelidade a sua religião e a seus companheiros cristãos era de extrema importância, como Perpétua registrou em seu diário. No entanto, também havia motivos absolutamente egoístas para ser mártir. Na época em que Perpétua foi executada, o martírio era considerado uma espécie de *via expressa para a salvação*. Quaisquer que fossem os pecados escabrosos que tivessem cometido, os mártires tinham um lugar garantido no nível mais alto do Paraíso, próximo do próprio Deus. O bispo Cipriano de Cartago ficou preocupado quando, no século III d.C., futuros mártires que aguardavam a execução na prisão comeram e beberam à vontade e fornicaram livremente com mulheres cristãs que os visitaram, sabendo que suas ações não poderiam impedir sua ascensão ao Céu.

---

1 Extraído de: SHERWING, W. H. (trad.). *The Passions of SS. Perpetua and Felicity*. Londres, Sheed and Ward, 1931.

Os mártires também gozavam de um *status* importante na Terra. Sem sombra de dúvida, eram considerados mais virtuosos aos olhos de Deus do que o outro grupo bastante apreciado, o das virgens. De forma muito semelhante aos faraós mortos milhares de anos atrás, acreditava-se que eles conseguiam interceder junto a Deus. Enquanto esperavam a morte, os mártires costumavam receber a visita de pecadores cristãos que esperavam que orassem por eles. Também eram procurados por bispos para decidir questões espinhosas relacionadas aos dogmas cristãos. Não é de admirar que o martírio fosse tão popular e logo se tornou algo tão desejado que as coisas ameaçaram sair de controle. Autores cristãos antigos como Clemente e Orígenes insistiam que os cristãos não deveriam se entregar de forma voluntária às autoridades romanas. Em vez disso, deveriam esperar pacientemente, na esperança de serem presos.

O martírio produziu, como efeito secundário, outro elemento novo e estranho do cristianismo: a coleção de ossos. Se os mártires estavam próximos de Deus, então fazia sentido dizer que seus ossos também estavam, e os cristãos passaram a acreditar que eles tinham uma espécie de poder mágico: curar doenças, trazer a sorte, evitar a seca e até, mais tarde, ganhar batalhas. Já no século II d.C., ossos de mártires, junto com quaisquer outros que pudessem ser declarados cristãos – começaram a desaparecer dos túmulos. Era um novo começo radical. No judaísmo, os cadáveres sempre foram considerados impuros e deviam ser enterrados o mais rapidamente possível. Os cristãos, em comparação, reverenciavam os restos dos mártires, guardando-os em suas igrejas e levando-os nas procissões. Quando a perseguição chegou ao fim e o estoque de ossos dos mártires se esgotou, a caça aos ossos tornou-se cada vez mais intensa e, por volta da Alta Idade Média, ocorreram verdadeiras operações militares em torno de relíquias famosas e provavelmente falsas.

Todas essas inúmeras transformações aconteceram após o primeiro obstáculo que o cristianismo teve de superar: a morte de seu fundador. Contudo, outro obstáculo, praticamente tão importante como o primeiro, estava prestes a surgir.

98 | CRENÇA

Jesus para os gentios

No ano 47 ou 48, numa guarnição militar da Antioquia da Pisídia, onde hoje é o centro da Turquia, um homem chamado Paulo pregava para uma plateia difícil.

> No *sabbath* seguinte, afluiu quase toda a cidade para ouvir a palavra de Deus. Mas os judeus, vendo as multidões, tomaram-se de inveja e, blasfemando, contradiziam o que Paulo falava. (Atos, 13: 44-5)

Paulo, como veremos, ficou impaciente. É possível entender sua frustração. Tendo sobrevivido ao desastre da morte de Jesus, o cristianismo estava diante de outro problema importante.

Como vimos, os seguidores, animados pela crença de que Jesus voltara para eles, tentaram converter seus compatriotas judeus a sua mensagem, pregando em sinagogas e no templo de Jerusalém. Não tiveram muito êxito, no entanto. Embora seu movimento pareça ter se expandido nos anos que se seguiram à morte de Jesus, ainda era apoiado por uma ínfima minoria, e a maioria dos judeus teimava em não se deixar convencer por suas afirmações. Enquanto Jesus vivera, não acreditavam que ele tinha sido enviado como um vice-rei de Deus, e agora não acreditavam que ele tinha sido o Messias. Embora tivesse sobrevivido à morte de seu fundador, o cristianismo estava em vias de se tornar uma seita pequena e marginalizada, destinada a desaparecer de modo lento. De fato, esse seria justamente o seu destino entre os judeus.

Como o cristianismo superaria esse novo obstáculo? Na verdade, escolhendo outro público-alvo: os não judeus. Essa ideia, embora possa parecer extremamente simples, implicava uma enorme mudança. Logo ficou claro para Paulo que os não judeus, ou gentios, só se tornariam cristãos se fossem desobrigados de seguir a lei judaica: respeitar as restrições alimentares judaicas e ser circuncidado, no caso dos homens. Para um movimento religioso judaico, tratava-se de uma medida radical. Não podemos nos esquecer de que, para os judeus, essas eram as leis de Deus, que haviam sido transmitidas por ele a Moisés. Eram obedecidas em troca da proteção que Iavé dava a seu povo, representando o núcleo da religião judaica. Por mais malsucedido que o movimento de Jesus tenha sido junto aos judeus, ele se via como parte do judaísmo,

A INVENÇÃO DO CÉU HUMILDE | 99

se não a parte *genuína*, aquela que estava mais próxima de Deus. No entanto, de acordo com Paulo, as leis, os rituais e as crenças judaicas agora podiam ser ignorados. A divergência entre jesuísmo e judaísmo, já perceptível quando Jesus liderara seus seguidores a Jerusalém, agora assumira enorme dimensão.

Será que Jesus teria aprovado essas mudanças se estivesse vivo? A propósito, será que ele teria desejado que não judeus participassem de seu movimento? Parece pouco provável. Jesus era um judeu tradicional, grande conhecedor e observador atento da lei judaica. Ele também não parece ter nutrido um grande amor pelos gentios. Segundo Marcos, quando Jesus é abordado por uma mulher grega que lhe pede que exorcize a filha, ele lhe diz, de forma memorável: "Deixa primeiro que se fartem os filhos [de Israel], porque não é bom tomar o pão dos filhos e lançá-lo aos cachorrinhos" (Marcos, 7: 27). (Quando a mulher respondeu: "Sim, Senhor, mas os cachorrinhos, debaixo da mesa, comem das migalhas das crianças", ele cedeu e acabou exorcizando sua filha.) O Evangelho de Marcos foi escrito quase duas gerações após a morte de Jesus, quando seu movimento já estava se tornando dominado pelos gentios. Ficamos nos perguntando o que mais ele pode ter dito que foi silenciosa e diplomaticamente esquecido.

Foi preciso alguém estranho ao movimento nascente para mudar seu rumo, e ninguém mais estranho a ele do que Paulo. Embora judeu, ele não era da Galileia, nem mesmo da Judeia, mas de Tarso, no Sudeste da atual Turquia. Era um expatriado, um elemento da diáspora judaica. Igualmente estranho para um judeu, ele era cidadão romano. Não fizera parte do movimento original, mas aderira a ele apenas um ano após a morte de Jesus. Pior de tudo, estivera *do outro lado*. Antes de sua célebre conversão no caminho de Damasco, após a qual ele mudou o nome para Paulo, ele tinha sido Saulo, o "fariseu dos fariseus": um perseguidor implacável dos cristãos que havia organizado o apedrejamento até a morte do primeiro mártir do cristianismo, Estêvão.

Com esse retrospecto desvantajoso, Paulo, que certamente tinha ambições no interior do movimento que adotara, tinha muito pouca expectativa de competir com a velha guarda cristã de Jerusalém, que tinha conhecido Jesus pessoalmente. Astuto, ele levou a palavra de Jesus para outros lugares. Após retornar a Tarso, onde permaneceu durante alguns anos, provavelmente para esperar o fim do mundo, começou a

100 | CRENÇA

viajar, pregando a mensagem de amor de Jesus e o apocalipse para as comunidades da diáspora judaica da Ásia Menor e da Grécia. Descobriu, porém, que ela não era mais bem recebida ali do que havia sido em Jerusalém.

Sugeri anteriormente que um pregador que busca prosélitos parece muito um ator de teatro interagindo com o público. Esse *pode* ter sido o caso de Jesus. Não há dúvida nenhuma de que *foi* o caso de Paulo. Sabemos isso porque seu biógrafo laudatório, o autor dos Atos, relata como isso aconteceu. Rejeitado em Antioquia da Pisídia por seus compatriotas judeus expatriados, Paulo mudou de rumo:

> Então, Paulo e Barnabé, falando ousadamente, disseram: Cumpria que a vós outros, em primeiro lugar, fosse pregada a palavra de Deus. Mas, posto que a rejeitais e a vós mesmos vos julgais indignos da vida eterna, eis aí que nos volvemos para os gentios. (Atos, 13: 46)

Paulo havia se tornado uma espécie de pregador imprevisível, reinventando o cristianismo como lhe convinha. Seria de esperar que tal figura causasse problema ao retornar à base, e foi exatamente o que parece ter acontecido quando, um ou dois anos mais tarde, Paulo finalmente voltou a Jerusalém e enfrentou a velha guarda, liderada pelo irmão de Jesus, Tiago. É difícil avaliar o que aconteceu realmente, pois essa história foi escrita pelos vencedores: Paulo e seus adeptos. O autor dos Atos retrata Paulo como uma figura heroica e dinâmica, a realizar conversões e disparar cartas para dizer aos cristãos como deveriam se comportar. Em comparação, a velha guarda de Jerusalém — os verdadeiros herdeiros de Jesus, os apóstolos — aparecem apenas em algumas linhas curtas e enigmáticas. Eles endossam a dispensa, feita por Paulo, de que os cristãos gentios obedecessem às leis religiosas judaicas. Mas também o advertem de que está correndo perigo, pois os judeus de Jerusalém acham que ele está desencaminhando a diáspora judaica:

> [...] Bem vês, irmão, quantas dezenas de milhares há entre os judeus que creram, e todos são zelosos da lei, e foram informados a teu respeito que ensinas todos os judeus entre os gentios a apostatarem de Moisés, dizendo-lhes que não devem circuncidar os filhos, nem andar segundo os costumes da lei. Que se há de fazer, pois? Certamente saberão da tua chegada. (Atos, 21: 20-2)

A INVENÇÃO DO CÉU HUMILDE | 101

Será que, em vez de adverti-lo, a velha guarda estava repreendendo Paulo severamente? É possível perceber sinais de uma antiga rixa, e é difícil não se perguntar se a velha guarda realmente endossava as mudanças radicais promovidas por Paulo. O que aconteceu em seguida sugere também um ressentimento antigo. A velha guarda ordenou que Paulo demonstrasse sua adesão ao judaísmo tradicional, submetendo-se a sete dias de purificação, junto com quatro outros cristãos judeus. Quando, tendo feito isso, Paulo levou seus quatro companheiros para dentro do templo, foi acusado pela multidão de levar gentios para o lugar sagrado – um crime religioso –, foi espancado e preso. É bem possível que Paulo tenha, de fato, levado gentios para o templo de Iavé. Isso com certeza explicaria o ódio contra ele. O relato dos Atos parece deselegante e levemente acusatório, sugerindo que a velha guarda de Jerusalém foi, de alguma forma, responsável pelo destino de Paulo.

Em termos gerais, contudo, Paulo saíra vitorioso. Sua versão do cristianismo baseada numa interpretação branda da lei judaica virou um sucesso entre os não judeus de todo o Mediterrâneo oriental e logo da própria Roma. Porém, embora ele tenha suprimido várias regras relativas à alimentação e à circuncisão, outras restrições permaneceram, em particular, a proibição do adultério e da homossexualidade. Essa proibição trouxe algo totalmente novo para os mundos grego e romano. Embora essas atividades tivessem tido seus detratores em Roma e Atenas, elas não tinham sido relacionadas à religião. Agora, pela primeira vez, os gentios começaram a vê-las como um obstáculo para a salvação.

Por que o movimento de Jesus teve êxito com os gentios, mas não com os judeus? Embora só nos reste especular, é provável que um elemento importante tenha sido a *distância cultural*. Como os judeus estavam familiarizados com as ideias de fim do mundo, estariam bem cientes do fracasso dos movimentos liderados por autodesignados salvadores. Para os gentios, tais ideias não estavam marcadas por fracassos anteriores. Paulo estava fazendo o que Zoroastro e Jesus haviam feito e Maomé faria quase seis séculos mais tarde: levou o cristianismo nascente para o exílio, onde encontrou ouvintes mais receptivos.

Paulo oferecia aos gentios uma religião que era, ao mesmo tempo, pouco conhecida e exoticamente antiga. Embora os judeus tivessem, havia séculos, uma presença marcante em todo o Mediterrâneo oriental, não há nenhuma indicação de que tenham tentado converter os

102 | CRENÇA

gentios a suas crenças. O judaísmo era uma religião nacional, não algo a ser estendido aos estrangeiros. Ora, pela primeira vez um grupo de judeus estava pregando para não judeus. Os gentios entraram em contato com ideias empolgantes como a de um Deus único e todo-poderoso e, no entanto, clemente e amoroso. Eles se sentiram atraídos pela antiga profecia. E, acima de tudo, foram informados da iminente transformação do mundo, na qual poderiam se tornar parte de uma nova elite. Melhor ainda, poderiam usufruir de todas essas novidades enquanto continuavam a comer sua carne de porco favorita e seus pratos de frutos do mar, e, se fossem homens, sem passar por uma pequena, mas dolorosa, cirurgia. Não é de admirar que o pacote fosse popular.

Graças a Paulo, o cristianismo tinha superado seu segundo obstáculo: havia encontrado um público novo e mais amplo. Não tardou para que pequenos agrupamentos de cristãos, a maioria deles gentios, surgissem em todas as cidades importantes do Império Romano, sobretudo no Mediterrâneo oriental. No entanto, assim como acontecera com o primeiro obstáculo, quando tocou o chão o movimento estava transformado. Não se tratou apenas de abandonar a lei judaica. Na verdade, Paulo reinventou o cristianismo. Pregando para pessoas que tinham pouco conhecimento sobre o judaísmo – sem falar da versão que Jesus dera a este –, Paulo aproveitou para reformular a religião de Jesus como achou melhor. O cristianismo que surgiu da pregação de Paulo era radicalmente diferente das ideias de Jesus, a tal ponto que quase pode ser considerado uma nova religião: o *paulismo*.

O que havia de novo no paulismo? Acima de tudo, era muito mais puritano do que o jesuísmo. Jesus parece ter demonstrado pouco interesse em exigir que as pessoas se arrependessem de seus pecados. Monomaníaco, embora clemente, o único pecado pelo qual mostrou tolerância zero foi a incapacidade de segui-lo. Paulo, em comparação, insurgiu-se contra todo tipo de transgressão, ao mesmo tempo que suas expectativas de pureza eram elevadas, para dizer o mínimo. Até mesmo a filiação à Igreja paulina era difícil. Os aspirantes a cristãos tinham de passar por um aprendizado de três anos como catecúmenos, um sistema que reproduzia de modo meticuloso a admissão à seita do Qumran. Durante esse período, eram testados sobre o conhecimento dos ensinamentos cristãos, exigia-se deles que regularmente confessassem seus pecados diante da congregação, eram exorcizados e, naturalmente, vi-

A INVENÇÃO DO CÉU HUMILDE | 103

giados de perto para se identificar qualquer sinal de que estivessem caindo em pecado.

Quais eram os novos pecados da Igreja paulina? Em destaque na lista estava a ostentação, algo totalmente novo. Jesus exaltara a pobreza e a mediocridade – talvez porque a maioria de seus seguidores fosse pobre e medíocre –, mas não a *modéstia*. Os Evangelhos relatam que com frequência ele comia e bebia não apenas com seus discípulos, mas com cobradores de impostos e pecadores, em suma, com qualquer um que o seguisse. Foi até criticado por comer e beber em excesso. Em comparação, a Igreja paulina *cultuava o simples*. Os primeiros cristãos vestiam-se de maneira simples, comportavam-se de forma recatada e simples e comiam uma comida simples, isso quando comiam, isto é, quando não estavam jejuando.

Ao fazer da modéstia uma virtude, o cristianismo de Paulo oferecia a seus seguidores a visão fascinante de um mundo no qual o *status era virado de ponta cabeça*. Uma pobre lavadeira cristã de Roma ou Antioquia podia regozijar-se por saber intimamente que, na verdade, estava em melhor situação do que o rico vaidoso cuja roupa suja ela lavava. Num mundo no qual a distância entre pobres e ricos não parava de aumentar e no qual imperava a ostentação, o cristianismo foi o único a dar aos pobres a sensação de que eles estavam vencendo a luta de classes. Eles podiam se considerar, ao mesmo tempo, mais virtuosos e com um futuro mais brilhante. Quando Jesus voltasse e transformasse o mundo, seriam salvos, enquanto os pagãos ricos morreriam. Nas primeiras cerimônias religiosas da Igreja, os cristãos ricos (e as congregações sempre tinham um ou dois) deviam seguir o exemplo dos pobres, deixando de lado seus adereços e comportando-se de maneira humilde.

O assunto que a Igreja paulina tratava com mais severidade entre todos era, naturalmente, o sexo. Talvez não se devesse atribuir toda a culpa por esse estado de coisas a Paulo. No judaísmo centrado na família, o adultério, assim como a homossexualidade, eram proibidos, desde o século VI a.C., no mínimo. Como a seita de Qumran era composta unicamente por homens, deve-se pressupor que ao menos aspirasse ao celibato. De acordo com os Evangelhos, Jesus considerava o Reino dos Céus como um lugar em que não haveria casamento e, portanto, supõe-se, nenhum relacionamento sexual.

104 | CRENÇA

Paulo, no entanto, avançou muito mais nessa questão, insistindo que a abstinência sexual era a condição ideal para os cristãos e que ela os deixaria bem próximos de Deus e da salvação. Na Igreja primitiva, mesmo os cristãos *casados* às vezes faziam voto de castidade, para viver (ou tentar viver) como irmãos. O melhor de tudo, porém, era *jamais ter cedido*. Surgiu, assim, nas comunidades cristãs, um fenômeno novo e curioso: a veneração de pequenos grupos de virgens, os quais, muitas vezes, também eram um pouco vaidosos. Como já mencionado, Deus supostamente considerava os virgens inferiores apenas aos mártires. Alimentados e vestidos pelos companheiros cristãos, vivendo muitas vezes na casa do bispo local, havia virgens de todos os tipos, homens ou mulheres, adolescentes ou de meia-idade.

Por que essa obsessão pela abstinência? Alguns sugeriram que Paulo *não gostava de sexo*. Se o problema era esse, ele estava longe de ser o único. Os cristãos de Corinto para quem escreveu pareciam tão desejosos de excluir o sexo de suas vidas como Paulo. Quando recomendou de forma insistente a abstinência, parece que ele tocou em algo familiar, ao menos entre seus leitores mais fervorosos. É preciso lembrar, naturalmente, que a comunidade cristã primitiva era composta, em sua maior parte, de pobres e mulheres. Talvez o tipo de sexo que estava ao seu alcance não fosse de modo algum desejável. Ainda assim, para alguns cristãos primitivos, o celibato parece ter exercido uma atração magnética por si só, pois proporcionava um campo de batalha interior no qual eles podiam demonstrar a própria castidade. Como observou, de forma memorável, o historiador Robin Lane Fox, "quem desejava um combate transparente, em que a virtude e o fracasso estivessem claramente caracterizados, podia doravante encontrá-lo na batalha contra os próprios instintos. O ideal tinha a virtude simples de ser difícil, mas autocentrado"[2].

E o que acontecia com aqueles que falhavam no teste? Diferentemente da Igreja de Jesus, a de Paulo era implacável: os pecados mortais estavam fora do alcance de qualquer absolvição. A regra era: *"Errou, está fora."* Pecados menores podiam ser perdoados, mas apenas depois que a pessoa se humilhasse diante da comunidade. O pecador era con-

---

2 FOX, Robin Lane, *Pagans and Christians in the Mediterranean World from the Second Century AD to the Conversion of Constantine*. Harmondsworth, Viking, 1986, p. 368.

A INVENÇÃO DO CÉU HUMILDE | 105

denado ao ostracismo e forçado a fazer penitência, esperando do lado de fora da porta da Casa de Deus (em geral um quarto ou uma casa fornecido por um membro rico da congregação) para implorar aos castos que orassem por ele. Somente após semanas de humilhação, acompanhadas de confissão pública e de exorcismo, o pecador era readmitido. Ainda assim, os santinhos não ficavam completamente à vontade. À medida que os cristãos primitivos atentavam cada vez mais para as falhas uns dos outros, o pecado passou a ser percebido naqueles que se consideravam mais virtuosos, por meio do pecado do orgulho. Os cristãos que tinham a vida mais modesta e casta poderiam ser declarados culpados de, arrogantemente, se considerarem melhores do que os outros. Cristãos ambiciosos (e havia muitos) tinham de se manter em constante vigilância, criticando a si próprios antes que os outros o fizessem e analisando cada um de seus sentimentos em busca do mais ínfimo sinal de vaidade ou de egoísmo.

Portanto, embora os cristãos primitivos desprezassem a ostentação de seus ricos vizinhos pagãos, eles não estavam imunes à prática de se valorizar diminuindo os outros. Simplesmente competiam *com outros recursos*. Como descreve Robin Lane Fox, as igrejas primitivas pareciam aquários fervilhantes em que os membros vigiavam constantemente uns aos outros em busca de defeitos – do orgulho à ingestão de alimentos saborosos, passando pelo uso de roupas vistosas e pelo prazer sexual. Como uma série de outros elementos da Igreja paulina, esse fascínio pelo desprendimento não existira no movimento de Jesus. Aliás, ele era desconhecido no mundo antigo. Tanto entre pagãos como entre judeus, bastava apenas obedecer às leis religiosas. Os cristãos, por sua vez, se esforçavam para obedecer às leis de um modo ainda melhor, para poder impressionar *ainda mais* a Deus.

Não há dúvida de que o rigor de seu mundo era acentuado por outra preocupação cristã: o jejum. Para se manter em um estado permanente de intenso rigor religioso, os cristãos acrescentavam outros dias de jejum ao seu calendário religioso. A fome, naturalmente, também era útil na luta em busca da castidade. Nada como uma dieta frugal e sem gosto – e em pequenas quantidades – para manter o sexo fora do cardápio.

Outra coisa que estava ausente do cardápio da Igreja paulina eram *mulheres com poder*. Jesus não parece ter tido nenhum problema com

106 | CRENÇA

isso, e as mulheres ocupavam posições de destaque em seu movimento, incluindo a prostituta arrependida Maria Madalena. No entanto, logo após a morte dele, parece que as mulheres foram deixadas em segundo plano, e a velha guarda de Jerusalém era composta apenas de homens. Embora as mulheres aparentemente representassem a grande maioria dos seguidores de Paulo, sob sua orientação elas foram relegadas a um papel secundário. O próprio Paulo deixou claro como elas deveriam se comportar:

> Conservem-se as mulheres caladas nas igrejas, porque não lhes é permitido falar, mas estejam submissas, como também a lei o determina.
> (1 Coríntios, 14: 34)

Pode-se dizer que a inovação da Igreja paulina mais questionável foi o desejo de um *controle ideológico* absoluto. Paulo e seus sucessores não demonstraram nenhuma tolerância com as crenças diferentes, tanto no interior da Igreja como fora dela. Essa postura era totalmente estranha às religiões pagãs, que estavam bastante acostumadas a manter um relacionamento amigável entre si. É claro que o judaísmo era muito menos liberal: as leis mosaicas exigiam uma crença uniforme em um único Deus e até conclamavam para uma espécie de *jihad* contra os vizinhos pagãos. Contudo, os judeus eram impotentes demais e cismáticos demais para levar a uniformidade muito longe. Conquistados em lugar de conquistadores, em vez de eliminarem seus vizinhos tinham de suportar outras religiões bem próximas deles. Na época de Jesus, estavam divididos em três seitas – fariseus, saduceus e essênios –, cada uma delas com ideias profundamente diferentes, e, embora mostrassem pouco apreço uma pela outra, nenhuma demonstrava qualquer interesse em controlar ou destruir a outra. Quanto a Jesus, embora esperasse dedicação total da parte de seus seguidores, é difícil considerar que seu movimento fosse controlador em termos ideológicos.

Em comparação, as primeiras autoridades cristãs recusavam-se a aceitar outras religiões da forma que fosse, considerando-as obra do diabo. Também procuravam impor uma única visão sobrenatural a todos os membros da Igreja. Essa intolerância era ainda mais admirável por ser extremamente impraticável. Os cristãos viviam em grupos minúsculos, dispersos e secretos, em todo o Império Romano, um siste-

A INVENÇÃO DO CÉU HUMILDE | 107

ma que parecia ter sido concebido para desafiar a uniformidade. Não obstante, tentou-se obter a uniformidade. O controle absoluto ficava nas mãos do bispo, uma figura cristã clássica que reinava absoluta sobre seus rebanhos, fazendo e executando a lei. Eles eram os ministros das finanças de suas congregações e administravam os rituais relacionados ao nascimento, ao casamento e à morte. Tinham o poder de banir e, o mais terrível de tudo, como intermediários entre seu rebanho e Deus, tinham o poder de negar a seus súditos a esperança da salvação, por meio da excomunhão. Não havia como apelar da decisão.

Em que momento os bispos entram em cena? O primeiro a ganhar uma notoriedade indiscutível foi o bispo Clemente, que governou os cristãos de Roma nos anos 90, duas gerações após a morte de Jesus, mas também não se furtava a repreender outras Igrejas. Eis aqui como ele fulmina os cismáticos coríntios:

> Temos tardado um pouco em dar atenção às controvérsias que surgiram entre vocês, amados, e à detestável e pecaminosa sedição, tão contrária e estranha aos eleitos de Deus, que umas poucas pessoas obstinadas e teimosas incitaram a tal nível de insensatez que o nome de vocês, outrora respeitado, famoso e adorável aos olhos de todos os homens, tem sido extremamente insultado...[3]

Entretanto, o modelo do bispo cristão pode ter surgido uma geração antes, com o próprio Paulo. Seus resmungos e urros certamente são muito parecidos com os de um bispo. Ei-lo aqui já denunciando os cismáticos coríntios, cerca de quatro décadas antes de Clemente de Roma:

> Mas irá um irmão a juízo contra outro irmão, e isto perante incrédulos! O só existir entre vós demandas já é completa derrota para vós outros. Por que não sofreis, antes, a injustiça? Por que não sofreis, antes, o dano? Ou não sabeis que os injustos não herdarão o reino de Deus? (1 Coríntios, 6: 6-9)

Entre as primeiras vítimas do bispo estavam os *visionários*. Estes indivíduos tinham estado na moda bem nos primórdios do cristianismo, quando, assim como os virgens e os mártires, gozavam de grande

---

3 Primeira epístola de Clemente, em: LIGHTFOO, Joseph Barber (trad.). *The Two Epistles to the Corinthians*. Londres, Macmillan, 1869.

108 | CRENÇA

prestígio dentro do novo movimento, que era extremamente competitivo. Como os profetas, entre os quais o próprio Jesus, eles costumavam se retirar para um lugar isolado, onde ficavam sem comer até sentir a presença do sobrenatural. O problema dos visionários, contudo – pelo menos no que dizia respeito aos bispos –, era que lhes faltava qualquer senso de autocontrole. Quando acreditavam que tinham visto anjos, ou o próprio Jesus, e dispunham de um canal privilegiado com o mundo sobrenatural, com frequência se consideravam *acima da Igreja*. Afirmavam que haviam sido orientados por Deus para repreender a Igreja por seu fracasso em observar as leis de modo mais zeloso. Os visionários eram pessoas fora de qualquer controle. Pior, ameaçavam a autoridade dos bispos, o que, naturalmente, não era algo que estes tolerassem. A partir do final do século I, o banimento dos visionários por heresia passou a ser cada vez mais frequente.

Não que eles fossem os únicos a se encontrar do lado errado do poder da Igreja. À medida que o cristianismo foi crescendo, surgiu um número cada vez maior de grupos que não se enquadravam nos preceitos de Paulo. Como seria o caso ao longo do milênio seguinte, tratava-se muitas vezes de reações contra características da Igreja principal que alguns cristãos consideravam censuráveis. Previsivelmente, uma área de tensão era a marginalização das mulheres por Paulo. Um dos primeiros movimentos heréticos cristãos, que encontramos rapidamente no último capítulo, era liderado pelo pregador Montano. A seita apocalíptica de Montano dificilmente poderia ser mais favorável às mulheres. Ela se baseava nas visões de uma profetiza que afirmava que Jesus falara com ela *vestido como uma mulher*. O movimento mostrou-se bastante popular, a tal ponto que as autoridades da Igreja tiveram de passar pelo tortuoso processo de fazer com que Montano fosse denunciado por mártires que aguardavam a execução em Lyon, embora mesmo depois disso seu culto tenha continuado a encontrar seguidores durante vários séculos. Outro cristão primitivo, Márcio, fundou sua própria igreja organizada, composta por bispas e bispos, até que ele também foi marginalizado como herege.

Os antipaulinos mais notáveis, contudo, foram os cristãos gnósticos. Pouco saberíamos a respeito desse grupo se, por ter sido enterrada em um grande vaso em Nag Hammadi, no Egito, e redescoberta em 1945, uma coletânea de suas escrituras não tivesse escapado da destruição

A INVENÇÃO DO CÉU HUMILDE | 109

ordenada pela Igreja oficial. Entre os textos estavam Evangelhos supostamente escritos por Tomás, Maria Madalena, Filipe, Tiago (o irmão de Jesus), além de muitos outros, enquanto a imagem que surge deles é a de uma resistência deliberada à Igreja paulina. Os cristãos gnósticos não contavam com bispos autocráticos. Na verdade, não tinham nenhuma hierarquia, e escolhiam um novo líder em cada reunião por meio de sorteio. Os cristãos gnósticos não aspiravam à salvação em outro mundo ou a um lugar em um mundo transformado de forma apocalíptica. Em vez disso, buscavam uma espécie de autoconhecimento perfeito.

Quanto às mulheres, os cristãos gnósticos não lhes deram simplesmente um papel mais importante em sua Igreja: inscreveram-nas no núcleo de sua teologia. Como os zoroastristas, os gnósticos acreditavam que não havia um deus, mas dois, um bom e um mau (como seria previsível, afirmavam que a Igreja principal estava adorando o deus mau). Acreditavam que o deus bom era masculino e feminino. Os gnósticos tinham até seu próprio relato do Jardim do Éden, no qual uma *serpente boa e sábia* estimula Adão e Eva a comer do fruto proibido, o que, por sua vez, permite que alcancem o conhecimento.

A Igreja paulina respondeu com uma propaganda de sua própria autoria. Na década de 160, o bispo de Lyon, Irineu, escreveu uma repreensão pública aos gnósticos que alcançou vários volumes. No entanto, a principal defesa da Igreja paulina era uma espécie de *linha sucessória institucional*. O clero cristão afirmou que apenas eles tinham legitimidade, por serem os últimos de uma sequência contínua de indicações — feitas por meio de um ritual em que o bispo impunha as mãos sobre o novo bispo — que se originara do próprio Jesus, o qual, por sua vez, fora indicado por Deus.

Essa ideia já estava sendo promulgada no final do século I, quando o último dos autores dos quatro Evangelhos, João, afirmara que, após ressuscitar, Jesus elegera Pedro como seu sucessor. Nessa mesma época surgiram as primeiras alegações de que Pedro fora a Roma e se tornara o primeiro bispo da cidade, elegendo seu sucessor e iniciando, assim, a linhagem papal. No entanto, não existe nenhuma prova antiga de que Pedro algum dia tenha estado em Roma. Nas Escrituras, ele desaparece de vista logo após a morte de Jesus. Considerando tudo, parece bem possível que sua presença em Roma tenha sido uma invenção delibera-

110 | CRENÇA

da, para ligar o movimento original de Jesus à Igreja fundada por Paulo. Em um momento em que os cristãos gnósticos contrários à hierarquia e favoráveis às mulheres estavam em ascensão, uma pequena invenção pode ter sido considerada justificável. A Igreja principal cresceu, enquanto o cristianismo gnóstico encolheu.

O cristianismo ortodoxo, tendo superado seu segundo obstáculo – o fracasso em conquistar o apoio dos judeus –, havia triunfado. No entanto, ainda existiam outros obstáculos. O próximo dizia respeito a uma questão que estivera no núcleo da doutrina de Jesus, mas se tornara cada vez mais problemática com o passar dos anos. Como vimos, Jesus prometera a seus seguidores que em breve o mundo passaria por uma transformação apocalíptica. Na Última Ceia, dissera a seus discípulos que veriam isso acontecer com os próprios olhos. Passaram-se os anos, os discípulos morreram e nada aconteceu. Uma crise ganhava vulto à medida que o cristianismo, de fato, aproximava-se da data de validade.

Essa crise foi superada com uma nova invenção. Em um dos últimos textos incluídos no Novo Testamento, a Segunda Epístola de Pedro, afirmava-se que o sistema de cálculo de tempo utilizado por Deus era diferente do sistema humano: "Para o Senhor, um dia é como mil anos, e mil anos, como um dia." Essa manipulação do tempo não tinha nada de novo. Como vimos, o autor anônimo do Livro de Daniel utilizara um artifício semelhante para ajustar suas profecias até encontrar a data certa da morte de Antíoco IV. Graças a II Pedro, o fim do mundo foi postergado, e, após novos cálculos, postergado novamente. Por volta de 200 d.C., a maioria dos cristãos acreditava que o reino de Deus ainda levaria vários séculos para se tornar realidade.

Embora possa parecer uma mudança simples, as consequências seriam notáveis. Ao transferir o fim do mundo do presente iminente para um futuro distante, o cristianismo transformou-se, na verdade, em uma religião diferente, que até mesmo Paulo teria tido dificuldade de reconhecer. Não significava simplesmente que os cristãos não esperavam mais passar pela experiência do fim do mundo. Na verdade, a salvação tinha *mudado de lugar*. Os seguidores de Jesus tinham a expectativa de ser salvos na Terra, no reino dele transformado. Agora a salvação fora transferida para o Céu espiritual de Deus. O cristianismo tinha descoberto, tardiamente, o Paraíso.

A INVENÇÃO DO CÉU HUMILDE | 111

Era uma solução meio egípcia – o que, uma vez mais, não deve causar surpresa. Na época de Jesus, o culto egípcio de Osíris – que, como vimos, inspirara o construtor de túmulos Kha a encher seu último lugar de repouso com tudo que poderia precisar – tinha começado a se espalhar por todo o Império Romano, onde se tornaria um dos maiores rivais do cristianismo. Existe enorme possibilidade de que os cristãos tenham tomado de empréstimo alguns conceitos dos adoradores de Osíris, e não apenas no que se refere ao Paraíso. O culto de Osíris tornara-se uma espécie de culto familiar com três divindades: Osíris, sua esposa Ísis (que também era sua irmã, o que causava certo constrangimento) e seu filho Hórus, que governava o mundo dos vivos. Por volta do final do século II, uma trindade semelhante também surgira no cristianismo sob a forma de Deus, o pai, Jesus, o filho, e sua mãe Maria. Assim como os templos dedicados a Osíris haviam retratado imagens de Ísis amamentando o menino Hórus, as imagens cristãs de Maria amamentando o menino Jesus tornaram-se cada vez mais comuns.

Esse novo cristianismo baseado na família provocou algumas mudanças importantes. Jesus nunca se considerara um deus, e mesmo Paulo não parece ter pensado que o fosse. Os primeiros Evangelhos, de Marcos e de Mateus, escritos algumas gerações após a crucificação, ainda retratam Jesus como humano, dando-se ao trabalho de criar uma árvore genealógica falsa que começava no antigo herói de Israel, o rei Davi, e ia até o pai de Jesus, José. Contudo, no início do século II Jesus havia se tornado inteiramente sobrenatural. Apareceu uma nova história dizendo que, na verdade, ele era filho de Deus, concebido por Maria por meio da fecundação divina, transformando o pobre José no traído que, desde então, ele tem sido.

Não é difícil perceber a origem dessa ideia. Histórias semelhantes tinham circulado havia muito tempo em outros lugares. Como vimos, o Messias do zoroastrismo deveria ser concebido quando o esperma de Zoroastro, magicamente preservado, fecundaria uma virgem dentro de um lago. Mais desconcertante talvez fosse *o motivo* pelo qual Jesus foi promovido a um deus em toda a sua plenitude. Outros fundadores de religiões, de Zoroastro a Maomé, continuaram humanos. Com toda a probabilidade, a promoção de Jesus foi uma resposta aos ataques contra os cristãos. Romanos orgulhosos de seu *status* não se deixariam impressionar por um profeta que havia sido executado como um cri-

112 | CRENÇA

minoso comum. Numa época em que mesmo imperadores eram considerados semideuses, pode ter parecido que menos do que isso não serviria para Jesus.

A nova história da fecundação divina também garantiu uma grande promoção para Maria, transformada na mais nobre das figuras cristãs primitivas, uma *virgem eterna*. Não há dúvida de que a elevação de Maria se mostrou extremamente proveitosa, preenchendo uma grande lacuna na Igreja paulina: a ausência da presença feminina. Mulheres e homens dispunham agora de uma mãe sobrenatural a quem recorrer. Maria, a virgem, revelou-se um sucesso imediato, sobretudo no Mediterrâneo oriental, onde a trindade familiar de Osíris estava tão bem enraizada. Na verdade, ela logo se tornou tão popular que Maomé – que tinha uma compreensão falha da teologia cristã – considerou equivocadamente que a Trindade era composta por Jesus, seu divino pai e sua mãe Maria. Era um engano compreensível, pois, com exceção do nome, na época de Maomé Maria era uma deusa para os cristãos orientais. Depois ela também cativaria os cristãos ocidentais, tornando-se tão popular como o próprio Jesus. Capelas dedicadas a Nossa Senhora podem ser encontradas em inúmeras igrejas e catedrais medievais.

A promoção de Maria a Mãe de Deus foi relativamente fácil. Entretanto, a promoção de Jesus gerou inúmeros problemas. Se Jesus era um deus *e* o filho de Deus, isso significa então que havia mais de um Deus? Isso contradiria o núcleo das Escrituras judaicas, que insistiam muito claramente que só havia um Deus. Por volta de 200 d.C., pensadores cristãos começaram a tentar resolver esse dilema, embora, como veremos, em muitos aspectos isso só tenha piorado as coisas. Nascia a ideia de Trindade. Três deuses em um: o Pai, o Filho e o Espírito Santo. Contudo, quanto mais atentamente os cristãos examinavam o conceito – em especial a ideia de um Jesus sobrenatural –, mais perguntas surgiam. Jesus nasceu divino ou só se tornou divino quando morreu? Se ele era um deus enquanto vivia na Terra, e se ele e seu pai eram a mesma entidade sobrenatural, restou alguma divindade no Céu? Quem estava cuidando da loja? E como Jesus podia ter clamado por Deus na cruz se ele e Deus eram a mesma criatura? Ele pediu por ajuda vinda dele próprio?

Tais questões começaram a incomodar o cristianismo no momento em que ele superava os dois obstáculos finais que ameaçavam impe-

A INVENÇÃO DO CÉU HUMILDE | 113

di-lo de dominar o mundo mediterrâneo. O primeiro deles era o fato de ainda ser uma religião concebida para pequenos grupos de fanáticos abnegados, não para uma massa de participantes. Essa deficiência tornou-se dolorosamente evidente no ano 250, quando o imperador romano Décio, alarmado com a popularidade crescente do cristianismo, fez a primeira tentativa séria de esmagá-lo por meio da perseguição. Embora seu esforço tenha resultado em um lamentável fracasso e tenha sido abandonado após meses, causou muitos problemas ao cristianismo. Embora uma minoria fanática ansiasse pelo martírio, a maioria dos cristãos não queria seguir o exemplo de Perpétua. Boa parte dos que foram presos pelas autoridades simplesmente fez conforme lhe foi dito e renegou a religião para se salvar. Antes, esse comportamento havia sido considerado imperdoável dentro do cristianismo. No entanto, em 250 foram tantos os cristãos que falharam e em seguida imploraram à Igreja para serem readmitidos que o bispo Cipriano de Cartago sugeriu que a Igreja se apiedasse deles. Embora Novato, um decano linha-dura da Igreja, se opusesse, Cipriano conseguiu o que queria.

Não foi a única concessão incomum feita por ele. Cipriano anunciou também que os adúlteros podiam ser salvos se seguissem um rígido ritual de jejum e uma humilhante confissão pública. Começava uma grande mudança. O sistema "errou, está fora", defendido por Paulo, estava sendo silenciosamente desmantelado. A diluição da Igreja paulina se revelaria um processo longo e contínuo. Um a um, pecados que estavam foram do alcance de qualquer perdão tornavam-se, afinal, perdoáveis. Encontraram-se brechas para que as fraquezas da maioria não a excluísse da esperança de salvação. Embora o celibato radical, a modéstia e a inanição autoinfligida não desaparecessem, tornaram-se cada vez mais práticas reservadas a especialistas: eremitas, monges e freiras.

Ao longo dos séculos, a Igreja fez constantes ajustes em suas regras para se adaptar às congregações, em especial a seus membros mais abastados. Não obstante, o rigor do cristianismo paulino não desapareceu. Em vez disso, o cristianismo se tornou uma religião de reação e contrarreação, dividida entre a severidade e a frouxidão, uma dando origem à outra, e cada uma delas, em sua forma extrema, estimulando o ódio. Em 1517 chegou-se ao auge da frouxidão, quando o empobrecido papa Leão X autorizou um representante seu, Johann Tetzel, a vender indulgências por pecados *ainda não cometidos*.

114 | CRENÇA

Mas estamos nos adiantando demais. O cristianismo ainda precisava superar um último obstáculo antes que pudesse ter a esperança de dominar uma parte apreciável da Terra: o poder romano. No entanto, por que, podemos nos perguntar, os romanos eram tão contrários ao cristianismo? Por que eles perseguiram os cristãos, embora sem demonstrar determinação, por quase três séculos, enquanto os judeus, que não eram menos inflexíveis no que diz respeito a suas crenças e que, como os cristãos, se recusavam a prestar culto aos imperadores, eram deixados em paz, ao menos no que se referia a sua religião? Parece que o judaísmo era tolerado devido ao respeito que os romanos tinham pela Antiguidade. O cristianismo, uma religião nova e arrogante, não era tão bem-visto. Ainda assim, a briga entre cristãos e romanos não dizia respeito apenas à religião. Os romanos percebiam, de maneira muito correta, que os cristãos se opunham terminantemente a *tudo* que lhes era caro. Na verdade, é difícil imaginar duas culturas mais em desacordo uma com a outra.

Os romanos tinham uma imagem idealizada de si como guerreiros austeros e fortes. Um de seus maiores temores era o de se tornarem fracos e perderem o poder. Eles levavam os filhos para assistir às lutas de gladiadores na arena, para torná-los insensíveis. Os pais também gostavam de apostar quem seria o vencedor. Em comparação, os cristãos, que tinham um preconceito compreensível contra a arena, pregavam a não violência e o perdão. Os romanos admiravam a riqueza, o *status* e a boa vida. Os cristãos admiravam a mansidão, a modéstia, a humildade e a comida insípida. Os romanos viviam em um mundo de classes e estavam plenamente conscientes de sua condição social. Os cristãos primitivos – ricos, pobres, mesmo escravos – misturavam-se quase como iguais. Pior, os cristãos inverteram o sistema de classes, reverenciando a pobreza. Os pensadores romanos, admiradores do racionalismo grego, argumentavam com lógica, enquanto os cristãos – cujas afirmações podiam parecer frágeis ao extremo à luz da lógica – insistiam que a fé resolvia todas as questões.

Curiosamente, no entanto, houve um momento em que os dois lados chegaram a uma espécie de acordo. No final da década de 250, após o imperador Valeriano ter feito uma segunda tentativa infrutífera de perseguição generalizada, ambos os lados admitiram ter chegado a um impasse. Os romanos perceberam que os cristãos estavam profun-

A INVENÇÃO DO CÉU HUMILDE | 115

damente entrincheirados no mundo mediterrâneo para que pudessem ser derrotados. Os cristãos, por sua vez, perceberam que não podiam impor suas crenças às autoridades romanas. A partir de 260, chegaram a um curioso acordo "moderno", pelo qual as autoridades romanas passavam a aceitar o cristianismo como uma das inúmeras religiões do Império. Os cristãos intolerantes adaptaram-se surpreendentemente bem ao novo acordo, e em 272 assistimos ao estranho espetáculo em que bispos cristãos apelam ao imperador romano pagão Aureliano em sua disputa com um bispo embusteiro, Paulo de Antioquia. O historiador Robin Lane Fox chega a sugerir que, livres da perseguição, os cristãos começaram a se tornar complacentes, correndo o risco de ser superados pelo maniqueísmo, um movimento religioso novo e mais austero que fora fundado fazia pouco tempo pelo pregador mesopotâmio Maniqueu. A retomada das perseguições pelo imperador Diocleciano em 303, embora não tenha sido mais bem-sucedida do que as tentativas anteriores, pode ter dado novo ânimo ao cristianismo. Transcorridos apenas nove anos, os cristãos alcançaram sua principal vitória, ao ganharem o apoio da estrela imperial ascendente, Constantino.

O estratagema de tentar conquistar o apoio dos grandes e dos notáveis preocupava os cristãos praticamente desde o início. É curioso que líderes de uma religião supostamente dedicada aos humildes estivessem tão interessados em estabelecer contato com pessoas ricas e poderosas. Embora Jesus parecesse imune a esse impulso, Paulo com certeza não era. Entre seus primeiros convertidos estavam um juiz e administrador municipal coríntio, várias mulheres ricas e o governador romano de Chipre. Como vimos, os cristãos pareciam ter ganho a sorte grande no início da década de 90, quando converteram Domitila. Em 312, finalmente foram bem-sucedidos.

Como os cristãos reagiram ao fato de ter, como aconteceria cada vez mais, o poder armado do Império à sua disposição? *Mal.* Disputas em torno da uniformidade ideológica passaram a se tornar brutais. No século VI, o principal campo de batalha entre os cristãos era a questão extremamente discutida, mas não resolvida, do quão divino Jesus tinha sido. No início do século IV, Ário, presbítero cristão de Alexandria, sugeriu com certa lógica que, afinal de contas, Jesus não tinha sido divino, o que deu origem a um amplo movimento, o arianismo. Um século mais tarde, os monofisistas defenderam que Jesus tinha sido total-

116 | CRENÇA

mente divino, enquanto os duofisitas insistiram que ele tinha tido duas naturezas, uma divina e outra humana. Ambos os grupos desprezavam os rivais nestorianos, que diziam que Jesus tinha duas naturezas que mal se conectavam. As coisas que separavam esses grupos podem parecer, aos olhos de hoje, bastante insignificantes. Muitas vezes se tratava mais de uma questão de fidelidade a adágios – e às regiões do Império onde eles tinham sucesso – do que de quaisquer ideias que pudessem ser identificadas com clareza. No entanto, essas divisões se mostrariam cada vez mais letais. Ocorreu então um novo fenômeno: a perseguição de cristãos *por outros cristãos*.

Durante certo tempo, os monofisitas dominaram o Oriente, perseguindo o clero duofisita. No século VI, sob o imperador Justiniano, o pêndulo oscilou de volta, e os duofisitas assumiram o controle. Bispos monofisitas foram despedidos ou exilados e seus mosteiros foram esvaziados. Eremitas monofisitas foram arrancados de seus pedestais, e alguns monofisitas intransigentes foram aprisionados em leprosários até que mudassem de comportamento. Desprezados por ambos os lados, os nestorianos fugiram do Império, granjeando adeptos no Irã e, posteriormente, na China. Alguns se refugiaram no Sul da Índia, onde encontraram a paz, pelo menos até que, mil anos mais tarde, os colonizadores portugueses chegassem e começassem a persegui-los de novo.

A história em geral não é um lugar para se procurar pela justiça, mas a brutalidade de Justiniano com relação a seus companheiros cristãos constitui uma exceção. Embora ele tenha escapado ileso, seus sucessores pagariam um preço alto pela perseguição aos cristãos. Estava prestes a aparecer uma nova fé cujo êxito decorreria, em parte, do intenso desejo dos cristãos de controlar o sobrenatural.

6.

A INVENÇÃO DE UMA RELIGIÃO
E A INVENÇÃO DE UMA NAÇÃO

No ano de 632, uma mulher chamada Aisha tentava confortar o marido doente:

> Aconteceu que um homem da família de Abu Bakr entrou com um palito de dente novo na mão e o apóstolo de Alá olhou para o palito de um jeito tal que eu tive a certeza que ele o queria. Perguntei: "Devo te dar este palito de dente?", e ele respondeu: "Sim." Então eu peguei o palito, mastiguei-o até deixá-lo macio e dei-o a ele. Ele esfregou-o nos dentes, com mais força do que eu jamais o vira fazer, e em seguida depositou-o no chão novamente. Percebi então que ele estava ficando pesado em meu colo, olhei para ele e vi que seus olhos estavam virados para cima. Ele disse: "Não! O mais exaltado companheiro no Paraíso!" Eu ouvira muitas vezes o apóstolo dizer: "Alá não leva embora nenhum profeta sem lhe dar uma escolha", e quando ele morreu suas últimas palavras foram: "O mais exaltado companheiro no paraíso." Então pensei: "Ele não escolheu nossa companhia", e eu disse a ele: "A escolha foi tua, e eu juro por Ele que te enviou que tu escolheste o que é certo." Então o apóstolo de Alá morreu, ao meio-dia da segunda-feira.[1]

Não parece incomum que Maomé tenha morrido tranquilamente nos braços da esposa. No entanto, em comparação com o destino dos fundadores de outras religiões, seu fim parece bastante incomum. Zoroastro foi assassinado por um sacerdote. Dizem que Sidarta foi morto por um cogumelo envenenado colocado em sua tigela de pedinte. Maniqueu, fundador do maniqueísmo, morreu em uma prisão persa. Jesus foi executado. A profissão de profeta era perigosa.

---

1 Extraído de: IHĀQ, Ibn. *The Life of Muhammad, Apostle of Allah*, trad. Edward Rehatsek e org. Michael Edwardes (doado à Real Sociedade Asiática, Londres, 1898). Londres, The Folio Society, 1964.

118 | CRENÇA

Não é apenas no momento da morte que Maomé pode ser considerado alguém excepcional. Nenhum outro profeta foi tão bem-sucedido enquanto viveu. Ao morrerem, tanto Zoroastro como Jesus deixaram atrás de si movimentos de pouca expressão, mergulhados em conflitos. Em comparação, ao morrer, Maomé já havia convertido a maior parte da Arábia para sua causa. Vinte anos após a morte de Zoroastro e de Jesus, as religiões que estes haviam criado ainda eram relativamente pequenas e obscuras. Vinte anos após a morte de Maomé, seus sucessores haviam derrotado ao mesmo tempo as duas grandes potências da região – os impérios Bizantino e Persa – e estavam criando um imenso e novo império, que já se estendia do Iêmen ao Egito e ao Irã.

Qual o segredo do sucesso de Maomé? Era provável que o islã não fosse uma novidade tão grande na Arábia como se poderia imaginar, pois algo vagamente parecido com ele já existia. Quando Maomé nasceu, a maioria dos árabes adorava um panteão de deuses, dos quais o mais importante era *Alá*. Cristãos e judeus tinham uma forte presença na região, e alguns árabes se sentiram atraídos por suas crenças, mas foram rejeitados por serem estrangeiros. Dessa mistura religiosa surgiu um grupo chamado *Hanufa*, composto por árabes monoteístas que acreditavam ser descendentes de Abraão, mas rejeitavam o cristianismo e o judaísmo. Maomé pregava esse mesmo conjunto de preceitos. Assim, parece que Maomé, como Jesus, expressou ideias que já estavam no ar.

Quais eram exatamente as ideias de Maomé? Como acontece com frequência com os novos movimentos religiosos, é difícil dar uma resposta precisa. Embora os árabes tenham irrompido nos registros históricos com admirável rapidez, nenhum documento islâmico foi escrito antes da morte de Maomé. A maioria deles foi escrita apenas duas ou mais gerações mais tarde. Ainda assim, é possível ter uma ideia aproximada das suas afirmações. O núcleo de sua pregação é que só havia um deus, Alá, e que as pessoas deveriam se submeter inteiramente a ele. Também deveriam arrepender-se de seus pecados, como preparação para o fim do mundo, que era iminente.

Nem é preciso dizer que nenhuma dessas ideias era original. Na época do nascimento de Maomé, a Arábia estava praticamente tomada pelo monoteísmo, e a teoria do fim do mundo circulava havia oito séculos.

A INVENÇÃO DE UMA RELIGIÃO E A INVENÇÃO DE UMA NAÇÃO | 119

Durante o período de vida do profeta, o apocalipse serviu de inspiração para movimentos violentos em todo o Oriente Médio. Ele tinha ao menos dois rivais, que também eram profetas do fim do mundo: Muysalina, da tribo Baru Hanifa, e um jovem judeu de Medina que, como Maomé – relata o historiador Jonathan Berkey –, "proferia palavras mágicas em estado de transe e afirmava ser um apóstolo de Deus"[2].

Na verdade, poucas ideias de Maomé, se é que há alguma, podem ser consideradas novas. Como Maniqueu, o fundador do maniqueísmo – uma seita curiosa e puritana que via maldade no sexo, na ingestão de carne e até mesmo na atividade agrícola e estimulava uma dieta de melão –, Maomé se considerava o último em uma linhagem de profetas que incluía Abraão, Moisés e Jesus. Como Zoroastro, ele exigia que seus seguidores orassem cinco vezes ao dia. Como no cristianismo apocalíptico, o fim do mundo que ele apregoava seria anunciado com um toque de trombeta e seguido por um dia do juízo, quando os mortos seriam ressuscitados. Como os cristãos que buscavam o Céu, Maomé também oferecia um paraíso, que, como o Paraíso dos cristãos nestorianos, era viçoso e verde. Acima de tudo, porém, ele apropriou-se do judaísmo. Como os judeus, opunha-se a qualquer adoração de ídolos.

É óbvio, porém, que o islã oferecia algo novo que as religiões existentes não ofereciam, ou não teria alcançado tanto êxito. Pode-se dizer que esse sucesso se devia, em grande parte, ao próprio Maomé. Temos assim mais uma oportunidade de examinar um profeta no momento em que ele exibe suas ideias, tenta ganhar adeptos e adapta sua pregação àquilo que cai nas boas graças do público. Contudo, Maomé teve de adaptar *consideravelmente* seu conjunto de ideias, não tanto no que se refere ao que disse, mas *ao que fez*. Na verdade, esse processo de adaptação o levaria a uma carreira nova e totalmente inesperada.

A jornada religiosa de Maomé começou por volta de 610, quando ele tinha cerca de 40 anos, a idade clássica dos novos profetas. Mercador de Meca, começou a perambular pelas montanhas desertas fora da cidade, onde, segundo ele, o anjo Gabriel lhe apareceu. Os primeiros versos do Corão são baseados nessa experiência. Embora os muçulmanos considerem o Corão como a palavra do próprio Deus ditada dire-

---

2 BERKEY, Jonathan P. *The Formation of Islam, Religion and Society in the Near East 600-1800*. Cambridge, Cambridge University Press, 2003, p. 65.

120 | CRENÇA

tamente a Maomé, os mais céticos talvez o considerem antes como as reflexões pessoais do profeta, embora um pouco alteradas e editadas, uma vez que o livro só foi escrito após sua morte.

Durante cerca de dez anos, Maomé pregou sua mensagem aos compatriotas de Meca. Em certos aspectos, foi razoavelmente bem-sucedido. Como vimos, ser profeta na própria cidade natal era uma atividade em geral destinada ao fracasso, talvez porque o profeta fosse conhecido demais para ser levado a sério. Maomé não conseguiu converter a maioria dos habitantes de Meca à sua causa. Suas críticas aos ídolos do santuário da cidade, a Caaba em forma de cubo, também lhe granjearam inimigos, fazendo com que, em 622, ele fosse obrigado a deixar a cidade. Mas Maomé não partiu sozinho. De modo diferente de Zoroastro, que foi para o exílio tendo convertido apenas um sobrinho, e de Jesus, que deixou Nazaré com poucos seguidores – se é que alguém o seguiu –, Maomé havia conquistado um grupo relativamente grande de adeptos. Em outro lugar, onde ele estaria rodeado por uma aura mais densa de mistério, será que seu movimento de fato floresceria?

Em vez disso, ele perdeu velocidade. Por quê? Pode ter sido porque tentou convencer as *pessoas erradas*. Ele e seus seguidores deixaram Meca e foram para a cidade de Yathrib – que posteriormente passou a chamar-se Medina –, a cerca de trezentos quilômetros ao norte, onde havia sido convidado a atuar como mediador entre duas tribos árabes rivais. No entanto, a população de Medina não era composta apenas de árabes. Existia, nessa época, uma minoria judaica espalhada pela Arábia, e muitos de seus membros eram sobreviventes de antigas tragédias provocadas pelos romanos. Medina abrigava uma população judaica grande, composta de três tribos independentes, e Maomé esperava convertê-las. Sua decisão fazia muito sentido. A quantidade de judeus significava que valia a pena convertê-los. Ao mesmo tempo, Maomé também pode ter acreditado que os judeus aceitariam sua mensagem com mais facilidade que seus vizinhos de Meca. Afinal de contas, eles também eram monoteístas. Em uma tentativa de ganhar o apoio dos judeus de Medina, dirigiu a eles sua pregação. Orientou seus seguidores a observar apenas costumes judaicos, como a celebração do Yom Kippur e a prece voltada para Jerusalém, e a obedecer às regras alimentares judaicas (vem daí a proibição muçulmana de comer carne de porco).

A INVENÇÃO DE UMA RELIGIÃO E A INVENÇÃO DE UMA NAÇÃO | 121

Os esforços de Maomé, no entanto, falharam. Assim como os judeus da Judeia não tinham aceitado que Jesus tivesse sido enviado por Deus como seu futuro rei, os judeus da Arábia não aceitaram que Deus tivesse enviado Maomé como seu profeta escolhido. Após mais ou menos um ano, ele desistiu. Substituiu o Yom Kippur por uma nova celebração, o Ramadã, e redirecionou as preces de seus seguidores de Jerusalém para Meca. A partir de então, concentrou seus esforços nos árabes de Medina. Contudo, mesmo nesse caso parece não ter tido muito sucesso. No início de 624, sua carreira deve ter lhe parecido extremamente incerta. Maomé tinha então cinquenta e poucos anos de idade e, após catorze anos de pregação, havia convencido apenas um pequeno grupo de exilados de Meca. Embora gozasse de uma autoridade informal em Medina, como líder desse grupo, e por ter sido um negociador bem-sucedido, seu movimento havia estagnado. No entanto, passados apenas seis anos, o Islã seria aceito em grande parte da Arábia. Qual foi a causa dessa enorme transformação?

Dito de maneira simples, Maomé começou uma nova carreira. Em março de 624, ele liderou uma força de medinenses em um ataque a uma caravana de camelos de Meca na cidade de Badr. Nessa época, a pilhagem era uma prática arraigada na Arábia, e ele estava desempenhando um papel conhecido: o de chefe tribal que procurava trazer para o seu povo os despojos de guerra. Na verdade, Maomé havia ampliado seu papel de mediador de conflitos e se reinventado como um líder político e militar. Essa mudança de rumo se refletiu no próprio Corão. Como observou o historiador Bernard Lewis, as primeiras partes do livro, que se originaram quando Maomé ainda estava em Meca, preocupam-se principalmente com a religião, enquanto as posteriores, que tiveram sua origem em Medina, levam em conta as convenções sociais, a política e a guerra. Elas trazem um capítulo inteiro sobre como deveria ser feita a divisão do butim.

O novo papel de Maomé parece ter lhe caído melhor do que o de pregador. O saque liderado por ele foi um tremendo sucesso, e os medinenses voltaram para casa ricos com o butim. As riquezas parecem ter tido sucesso onde as palavras falharam. Os árabes de Medina passaram a aceitar tanto a liderança de Maomé como sua religião. Ele prometera que, se adorassem seu único deus e se arrependessem de seus pecados, seriam recompensados. E foi o que aconteceu.

122 | CRENÇA

Maomé continuou a conquistar vitórias para os medinenses. O saque de Badr deslanchou uma guerra de seis anos com Meca, durante a qual ele derrotou várias vezes forças muito mais numerosas do que as suas. Quando as três tribos judaicas de Medina tomaram o partido dos habitantes de Meca, Maomé tratou-os com uma eficácia implacável: exilou a primeira tribo, depois a segunda e, por fim, matou e escravizou membros da terceira. Os êxitos de Maomé provocaram uma reação em cadeia, fazendo com que mais tribos árabes aceitassem sua liderança e sua religião. Quando em 630 ele reuniu o que, para os padrões da Arábia do século VII, era um exército enorme, Meca capitulou.

Maomé realizara algo que jamais fora conseguido. O combativo líder religioso domesticara uma região habitada por tribos rivais até então indomesticáveis, unindo-as, na verdade, como o *primeiro rei* da Arábia. Como vimos, a maioria das grandes religiões, do zoroastrismo ao budismo e ao cristianismo, conseguiu avançar quando converteu o líder de um Estado poderoso. Maomé agiu de forma muito diferente: ele se tornou um governante poderoso. *Inventou* os árabes como uma nação unificada, do mesmo modo que inventou sua primeira religião unificadora: o Islã.

Um saque havia transformado o movimento de Maomé, e foi através do saque que ele deu o próximo passo importante. Percebeu claramente que, se o ímpeto do seu movimento não fosse mantido por meio de outros ataques fora da Arábia, com o confisco de outras riquezas, a frágil unidade de seu reino poderia se desfazer. Em seus últimos dias de vida, reuniu um enorme exército para atacar em direção ao norte. Embora essa campanha tenha sido abandonada em razão de sua morte, ela foi retomada quatro anos mais tarde, em 636, pelo sucessor imediato e único de Maomé, o califa Omar, que não poderia ter escolhido um momento melhor. As regiões do Norte da Arábia estavam destruídas e depauperadas após um conflito avassalador de proporções épicas entre os impérios Bizantino e Persa sassânida. Os árabes, unidos pela primeira vez na história, descobriram que tinham uma força extraordinária. Os saques logo se transformaram em conquistas, o que provavelmente deve ter surpreendido o califa Omar.

No entanto, não foi apenas a debilidade dos vizinhos que favoreceu os árabes. Eles também foram ajudados pelo cristianismo e por seu desejo de controle ideológico. Da Síria ao Egito, os súditos dos bizanti-

A INVENÇÃO DE UMA RELIGIÃO E A INVENÇÃO DE UMA NAÇÃO | 123

nos estavam felizes em se submeter aos exércitos que surgiam de maneira misteriosa do deserto, independentemente de quem fosse – e, no início, muitos não tinham mesmo certeza de quem eram eles –, pois qualquer um parecia preferível aos governantes existentes. Judeus, maniqueístas e cristãos monofisistas e nestorianos tinham sofrido perseguição nas mãos do Império Bizantino. Quando os exércitos árabes invadiram o Egito no final de 639, encontraram o país à beira da guerra civil, uma vez que os cristãos monofisistas – agora uma igreja clandestina – eram aterrorizados pelo patriarca ortodoxo Ciro, que prendia e mutilava os monofisistas. Não surpreende que muitos egípcios tenham se recusado a ajudar a defesa bizantina ou até tenham passado para o lado dos árabes.

Ainda assim, submissão política era algo muito diferente de conversão religiosa. Por volta da década de 650, os árabes muçulmanos formavam uma pequena minoria que governava um mar de povos que não eram nem árabes nem muçulmanos. Entretanto, seis séculos mais tarde, a maioria dos súditos árabes do Marrocos à Ásia Central seguia o Islã. Muitos deles falavam e escreviam em árabe e se consideravam árabes. Como isso aconteceu? Por ironia, é quase certo que parte da atração do Islã veio do fato de que os conquistadores árabes não tentaram converter seus novos súditos, pelo menos não no início. Nos primeiros tempos, os árabes consideravam o islã como sua *religião nacional*, bastante semelhante ao modo como os judeus consideravam o judaísmo. Não era algo para estrangeiros. De fato, em vez de estimular seus novos súditos a aderir ao islã, os conquistadores árabes dificultavam esse processo. Na verdade, exigia-se que aqueles que pretendiam se converter se *tornassem árabes*, adotando um nome árabe e ingressando em uma tribo árabe, o que não era uma tarefa simples.

Muitas vezes, a perseguição religiosa tem o efeito contrário ao desejado. Em vez de conquistar adeptos, fortalece a determinação dos perseguidos. A tolerância religiosa pode ser um elemento muito mais convincente. Foi o que aconteceu no Império Árabe. Em vez de serem induzidos a resistir aos governantes muçulmanos, os não muçulmanos foram, em grande medida, deixados em paz. Eles logo perceberam as vantagens de se converter ao islã. Para começar, o islã proporcionava uma considerável redução de impostos, mas não parece que isso tenha sido um estratagema instituído de propósito para ganhar adeptos. Surgiu com o próprio

124 | CRENÇA

Maomé, que considerava a redução de tributos uma espécie de extensão do butim de guerra. Quando conquistou uma fortaleza no oásis judaico de Khaybar, determinou que seus habitantes podiam permanecer lá, diferentemente dos judeus de Medina, desde que pagassem um imposto especial, do qual os muçulmanos estariam isentos. Mais tarde, quando um grande número de não muçulmanos foi vencido, o mesmo imposto também foi cobrado deles. Com o passar dos séculos, não pagá-lo mostrou-se cada vez mais atraente.

No devido tempo, os muçulmanos acabaram desestimulando as outras religiões, embora seus métodos fossem mais humilhantes do que brutais. Não muçulmanos foram proibidos de portar armas, andar a cavalo ou usar verde. Um homem não muçulmano não podia se casar com uma mulher muçulmana, embora o contrário fosse permitido. Não muçulmanos não podiam construir nem reformar seus locais de culto sem permissão. Tornou-se cada vez mais difícil não muçulmanos alcançarem postos importantes no governo. A humilhação teve êxito onde a força provavelmente teria fracassado, e, pouco a pouco, cristãos, zoroastristas, maniqueístas e judeus, preocupados com seu *status* de cidadãos de segunda classe, aderiram ao islã.

Além disso, mesmo com os obstáculos, a adesão ao islã era relativamente fácil. Não era exigida nenhuma iniciação dolorosa ou complexa, como acontecia no caso do judaísmo (a circuncisão para os convertidos do sexo masculino) ou do cristianismo primitivo (estudo da doutrina, autocrítica e exorcismo). A conduta exigida dos muçulmanos – os *Cinco Pilares* – era de uma simplicidade ímpar. Exigia-se, e exige-se, que reconhecessem que Alá é o único deus verdadeiro, que orassem cinco vezes ao dia, que dessem parte de sua renda aos pobres, que jejuassem durante o Ramadã e, ao menos uma vez na vida, que fizessem uma peregrinação a Meca. Essas tarefas simples deram outro elemento de atração ao islã: os muçulmanos tinham uma forte sensação de pertencimento. Como observou o historiador Albert Hourani, "os muçulmanos partiam em peregrinação na mesma época, jejuavam durante o mesmo mês e reuniam-se regularmente para orar"[3]. À medida que o islã crescia, aqueles que ficavam de fora se sentiam cada vez mais excluídos.

---

3 HOURANI, Albert, *A History of the Arab Peoples*. Londres, Faber and Faber, 1991, p. 20.

A INVENÇÃO DE UMA RELIGIÃO E A INVENÇÃO DE UMA NAÇÃO | 125

O islã transformou os povos de seu império, e estes, por sua vez, também o transformaram. Apesar das alegações de seus fundadores, as religiões nunca surgem à luz do dia inteiramente constituídas. Elas levam séculos para desenvolver suas características essenciais e nunca deixam de se modificar. Quando morreu, Maomé havia criado pouco mais do que um simples rascunho do que viria a ser sua religião. Como o judaísmo, o islã não era apenas um caminho para o Paraíso, mas um conjunto de regras de vida, e logo começou a absorver os costumes dos povos que havia conquistado. Embora tenha nascido em uma pequena cidade do Oeste da Arábia, foi nas grandes cidades do Irã, do Iraque, da Síria e do Egito que se desenvolveu.

Essa mescla de culturas levou os árabes a assumir posturas surpreendentes. Na década de 750, o califa al-Mansur deu início a um dos mais importantes projetos de importação cultural jamais vistos: a tradução sistemática de textos gregos clássicos para o árabe, o que se tornou conhecido como Movimento de Tradução. Num momento em que esses textos estavam sendo *extraviados* no Império Bizantino, em meio ao caos da polêmica a respeito da iconoclastia (uma disputa violenta acerca das imagens cristãs), estavam sendo *preservados* mais a leste. Esse mesmo fascínio pelo conhecimento grego produziu um dos episódios mais curiosos do islã primitivo. No século VIII surgiu um grupo religioso que se tornou conhecido como os *mutazilitas* (aqueles que se destacam). Influenciados pela lógica grega, os mutazilitas deduziam que, já que o Corão afirmava que Alá não tinha nenhuma característica humana, não poderia ter ditado seus versos a Maomé, de modo que o Corão devia ter sido criado de outra maneira. Uma das crenças fundamentais do islã – que o Corão era a palavra de Deus – estava sendo atacada.

De forma surpreendente, em vez de desestimular esse pensamento subversivo, o califa Al-Mamun, líder islâmico do século IX, apoiou os mutazilitas e perseguiu seus oponentes. Foi a única tentativa séria que governantes muçulmanos fizeram de impor o estilo cristão de uniformidade ideológica a todos os muçulmanos. Não é preciso dizer que fracassou. O principal adversário dos mutazilitas, o teólogo Ahmad ibn Hanbal, tinha a crença popular do seu lado. Sua visão oferecia certeza e confiança – a base de toda crença religiosa –, enquanto os mutazilitas ofereciam controvérsia e incerteza. Abandonados por fim pelas autoridades, eles caíram no esquecimento.

126 | CRENÇA

Outras divisões foram mais permanentes. Talvez fosse inevitável que elas tivessem ocorrido, pois toda religião importante está fadada a se dividir em facções rivais. No entanto, o que provocou a divisão dos muçulmanos foi, em diversos aspectos, bastante surpreendente. Enquanto as questões que dividiam os cristãos primitivos estavam relacionadas a diferenças teológicas – em particular a questão espinhosa da divindade de Jesus –, os muçulmanos não tinham esse tipo de problema. Todos eles concordavam que Maomé tinha sido um ser humano, não divino. Do mesmo modo, o Deus do islã não representava nenhuma dificuldade: Alá era uma divindade única, muito diferente da confusa concepção cristã da Trindade. Todos os muçulmanos aceitavam as exigências básicas de sua religião, os Cinco Pilares. Embora pudessem discordar quanto à interpretação, todos aceitavam as regras de vida de Maomé. Mesmo os textos islâmicos eram, em grande medida, motivo de unidade. Enquanto as Escrituras cristãs – escritas por inúmeros autores, com pautas totalmente diferentes, ao longo de mil anos – provocavam contradições intermináveis, o islã tinha um único livro sagrado curto que, por ter sido escrito por uma única pessoa, estava relativamente livre de contradições.

O que, então, fez os muçulmanos *chegarem* às vias de fato? Na verdade, foi a *genealogia*, embora talvez seja mais correto dizer que os abalos se apresentaram sob a forma de genealogia. Isso aconteceu devido à mistura singular que o islã fez entre religião e política e que teve origem na própria história de vida de Maomé. O conflito se transformou em um campo de batalha em grande medida devido ao próprio comportamento de Maomé. Ao assumir os papéis de profeta de Deus e de dirigente de uma nova nação e ser visto como um modelo de perfeição em ambos, ele criou um precedente perigoso: passou-se a esperar muito de seus herdeiros políticos. Se um califa ou sucessor muçulmano não satisfazia (o que sempre pode acontecer com um líder político), então isso só poderia significar que a *pessoa errada* havia chegado ao poder. O candidato certo, que tinha a aprovação de Deus, deveria ter sido posto de lado.

Como fazer para identificar o candidato certo? Fazia muito tempo que os árabes demonstravam grande fascínio pela genealogia, e aqueles que criticavam seus governantes se voltaram para a árvore genealógica de Maomé. Como o profeta não havia deixado nenhum herdeiro direto

A INVENÇÃO DE UMA RELIGIÃO E A INVENÇÃO DE UMA NAÇÃO | 127

masculino, seu sobrinho e genro, Ali, é que foi amplamente aceito como sucessor. Ali, no entanto, tivera uma carreira acidentada. Preterido como califa por Abu Bakr e, em seguida, mais duas outras vezes por seus sucessores, Ali finalmente tornou-se o quarto dirigente do islã em 1656, mas foi deposto transcorridos apenas cinco anos pelo sobrinho de seu antecessor, que fundou uma nova dinastia, os *umaiades*. No entanto, para todos que consideraram o governo umaiade insatisfatório, Ali continuou sendo a verdadeira escolha de Deus. Após a morte dele, seus descendentes foram considerados os sucessores escolhidos por Deus, ou *imãs*. Foi assim que começou a divisão entre o islã xiita e o islã sunita. Os xiitas apoiavam as pretensões da família de Ali, e os sunitas, a sucessão que se iniciara com Abu Bakr.

No entanto, as divisões genealógicas do islã mal tinham começado. Os descendentes de Ali resistiram durante várias gerações, com grande número de adeptos. Quando o décimo primeiro na linha sucessória, que as autoridades, preocupadas, mantinham em prisão domiciliar, morreu em 873, aparentemente sem deixar herdeiro, seus seguidores decidiram que ele deveria ter um filho secreto que voltaria em breve – do mesmo modo que Jesus –, no fim dos tempos, como um *Mahdi* ("guia") para anunciar uma nova era de justiça. Desse momento em diante, o ramo principal dos adeptos de Ali passou a ser conhecido como os *xiitas dos doze*, em referência aos doze sucessores de Maomé.

Entretanto, nem todos os adeptos de Ali aceitaram as mesmas escolhas genealógicas. Os *zaiditas* opuseram-se ao candidato deles a quinto descendente de Ali, preferindo seu irmão Zayd. Os *ismaelitas* rejeitaram o sétimo descendente de Ali, apoiando no lugar dele seu irmão Ismael. Posteriormente, os ismaelitas dividiram-se em seitas rivais. O ismaelita Ubayd Alá afirmou ser o verdadeiro imã e fundou uma nova dinastia, os *fatímidas*, que durante dois séculos foram muito bem-sucedidos à frente do governo do Egito. Quando um dos descendentes de Ubay Alá, al-Hakim, sumiu em 1021, seu desaparecimento inspirou o surgimento de outra seita, os *drusos*, que esperavam a volta messiânica de al-Hakim.

Essas divisões não eram apenas o resultado dos desentendimentos a respeito da árvore genealógica ampliada de Maomé. Muitas vezes, também refletiam antagonismos políticos ou antigas rivalidades entre diversos povos no interior do império. Quanto mais os cismas dura-

128 | CRENÇA

vam, mais profundos se tornavam, pois cada lado produzia provas que apoiavam suas pretensões. Os muçulmanos sunitas apresentaram uma série de citações supostamente contemporâneas que registravam o que Maomé tinha dito e feito (*hadiths*) e que, para eles, só perdiam em autoridade para o próprio Corão. Sem se darem por vencidos, os xiitas dos doze produziram seus próprios *hadiths*. Sunitas e xiitas celebravam rituais rivais para assinalar as datas em que, segundo eles, Maomé tinha apontado seu sucessor: Ali, para os xiitas, e Abu Bakr, para os sunitas.

Às vezes essas divisões acabavam em violência. Na maioria das vezes, contudo, as diversas seitas muçulmanas estavam muito mais dispostas a aceitar a existência umas das outras do que os cristãos primitivos. Como vimos, os muçulmanos também eram relativamente tolerantes com seus súditos judeus e cristãos, os quais, como "Povos do Livro", eram reconhecidos como seguidores de movimentos ligados ao islã e gozavam de um *status* mais elevado do que as outras religiões. Não obstante, os muçulmanos acabaram perdendo a paciência com as outras religiões. Por quê? É provável que em parte por uma questão de números. Como os muçulmanos passaram a ser maioria nas regiões que controlavam, seu respeito pelos membros de outras religiões diminuiu. Porém o motivo principal da intolerância religiosa dos muçulmanos foi, de modo geral, muito brutal. Tornaram-se intolerantes em reação à violenta intolerância contra eles.

O primeiro ataque foram as Cruzadas, cujas inúmeras atrocidades incluíram, como vimos, o massacre dos muçulmanos e dos judeus de Jerusalém em 1099 pela turba militar apocalíptica dos tafurs. Transcorrido apenas um século, surgiu uma ameaça muito mais perigosa, vinda de um povo não muçulmano da remota Ásia Central: os mongóis. No início da década de 1220, os mongóis destruíram quase todas as cidades onde hoje se encontram o Irã, o Afeganistão e o Paquistão, massacrando seus habitantes. Três décadas mais tarde, voltaram, capturando em 1258 o centro político do mundo islâmico, Bagdá, incendiando seus magníficos monumentos e matando pelo menos 250 mil habitantes. Os mongóis também liquidaram as pretensões sunitas de uma linha sucessória contínua. O califa abássida Mutasin, que era o mais perto que o islã tinha como líder unificador na época e que afirmava ser um descendente direto da família de Maomé, o que era bastante questionável, foi enrolado em um tapete e escoiceado pelos cavalos até morrer.

A INVENÇÃO DE UMA RELIGIÃO E A INVENÇÃO DE UMA NAÇÃO | 129

O líder mongol Hügelü seguiu a clássica política mongol de dividir para governar, excluindo os muçulmanos de seu governo em favor dos cristãos, judeus e budistas da parte oriental do Império Mongol. Embora os muçulmanos não fossem severamente perseguidos, outras religiões foram favorecidas em detrimento deles. Surgiram igrejas por todo o Irã, ao lado de – o que é mais surpreendente – pagodes budistas. No final das contas, porém, os não muçulmanos é que sofreriam. Quando, em 1295, o governante mongol do Irã, Ghazan, converteu-se ao islamismo, seus súditos muçulmanos se vingaram. Pagodes budistas foram destruídos e, como mostra da intolerância que se igualava à que fora vista na Europa cristã, igrejas e sinagogas foram atacadas, cristãos e judeus foram perseguidos e obrigados a usar humilhantes roupas que os identificassem. Assim, com a ajuda do infiel, o islã finalmente descobriu a intolerância.

Até agora este livro concentrou-se nas crenças inventadas no Oriente Médio e no Mediterrâneo. Não pretendo me desculpar por isso, uma vez que essa região deu origem a uma quantidade notável de crenças religiosas fundamentais. Ainda assim, estava longe de ser a única fonte de inovação. O que dizer da religião em inúmeras regiões do mundo onde as tradições eram totalmente diferentes? Será que os povos de outras terras produziram noções diferentes do sobrenatural? Essa pergunta leva a outra mais genérica: quão originais somos nós? Será que, se os povos não entrassem em contato com o exemplo de outros povos, conceberiam visões de mundo exclusivas deles?

7.
A INVENÇÃO EM OUTROS LUGARES

Êxtase na sóbria China

Por volta de 1150 a.c., próximo a Anyang, capital do primeiro Estado chinês de que se tem notícia (o reino de Shang), alguém colocou um casco de tartaruga em uma fogueira bem forte. Temos pouca informação sobre esse acontecimento. Pouco sabemos sobre o local exato em que o ato foi realizado e sobre quem estava presente, pois tudo o que sobrou foi o casco de tartaruga, mas sabemos *por que* aconteceu: para fazer uma pergunta aos deuses. Nessa época, os chineses buscavam o conselho dos deuses para todos os tipos de assuntos: para o tratamento de um doente, para saber a melhor oportunidade de lançar uma campanha militar, para saber como seria uma colheita. O processo era simples: duas respostas diferentes eram escritas em cada um dos lados do casco da tartaruga; após ele ter assado no fogo, era feita uma cuidadosa análise das rachaduras produzidas pelo calor, as quais, acreditava-se, indicavam a resposta dos deuses. Para uma referência futura, a resposta era então escrita no casco.

A escrita, a medicina, o idioma, a filosofia e a comida chinesa trilharam um caminho radicalmente diferente de todas as outras regiões da Eurásia. E quanto à religião chinesa? Será que também trilhou caminhos inteiramente originais? Em 1150 a.c., quando ela começa vir à luz pela primeira vez, a resposta parece ser um peremptório *não*. Nada no ritual de Anyang era original, exceto, talvez, a utilização de um casco de tartaruga. Por volta de 1150 a.C., os mesopotâmios já estavam tentando obter informações privilegiadas sobre o futuro havia pelo menos 2 mil anos. Mesmo os deuses consultados pelos chineses eram familiares. A principal divindade chinesa, Di, controlava o tempo, como

132 | CRENÇA

Enlil no Sul da Mesopotâmia. O panteão de deuses abaixo de Di – deuses do Sol, das montanhas, das colheitas, do rio Amarelo – era bastante parecido com o de outros povos.

No entanto, essas semelhanças são um pouco enganosas. É possível perceber, mesmo em 1150 a.C., as sementes de uma característica visão chinesa do mundo. Os chineses já acreditavam na existência de outra categoria de seres sobrenaturais inferiores aos deuses: seus *ancestrais*. Nas décadas que se seguiram àquelas em que aquele casco de tartaruga foi assado, algo muito surpreendente aconteceu: os governantes chineses perderam o interesse pelos seus deuses. As perguntas do casco de tartaruga passaram a ser endereçadas não às divindades, mas aos ancestrais. Uma exceção entre as sociedades agrícolas, a China tornou-se uma terra sem deuses, ao menos por certo tempo. Além de acreditar nos ancestrais, os chineses também acreditavam em espíritos, os quais, como os espíritos da Mesopotâmia e de outras regiões, mais atrapalhavam do que ajudavam, exigindo um constante apaziguamento, caso contrário o fogão podia não acender e a colheita podia não amadurecer. Pode-se dizer que a perda de interesse pelos deuses foi uma mudança que ajudou a conduzir a China em uma direção muito diferente e mais *prática* do que a das regiões mais a oeste.

Mesmo a vida após a morte tinha uma aura de pragmatismo na China. Na antiga China, não se pensava que os ancestrais morassem num inferno sombrio ou no Paraíso, mas num mundo bastante parecido com o dos vivos, no qual tinham preocupações semelhantes às dos humanos. O inferno chinês tinha sua própria burocracia de funcionários bem-nascidos, do diretor do Tempo de Vida e do chefe comunitário do Portão do Túmulo ao conde da Sepultura. Como observou o historiador David N. Keightley, essa visão humana do mundo sobrenatural "pode ajudar a explicar a concretude característica não apenas da religião Shang, mas também da filosofia chinesa posterior"[1].

É bem sabido que, a partir do século VI, ocorreu na Grécia uma revolução racional, quando os pensadores gregos desenvolveram uma nova visão de mundo na qual as crenças religiosas passavam pelo teste da lógica. Menos conhecido é o fato de que essa transformação come-

---

1 KEIGHTLEY, David N. "The Environment of Ancient China", em *The Cambridge History of Ancient China*. Cambridge, Cambridge University Press, 1999, p. 256.

çou na China *um século antes*. Em 639 a.C., o governante do estado de Lu, Chang Wen Chong , criou o primeiro exemplo conhecido de pensamento político racional transparente, ao proibir a punição de xamãs que não conseguiam fazer chover conforme o prometido, argumentando que, em vez disso, o Estado deveria oferecer ajuda àqueles que sofreram com a seca que se seguiu. Um século mais tarde, o grande filósofo chinês Confúcio afirmou que a crença religiosa deveria ser mantida bem distante das coisas práticas da vida, observando que "respeitar os fantasmas e os espíritos e mantê-los ao mesmo tempo à distância – isto é o que se pode chamar de sabedoria"[2].

A abordagem pragmática do mundo sobrenatural na China também podia assumir outra forma, muito mais perturbadora: o desejo, por parte das autoridades chinesas, de que a religião ficasse inteiramente sob o controle do Estado. Esse traço ficou aparente em 221 a.C., quando a China, que havia muito tempo estava dividida em estados rivais, se unificou sob o primeiro imperador Chin. Para homenagear o novo líder, antigos deuses chineses que haviam sido abandonados durante oito séculos ganharam vida nova. Porém, eles eram agora, em grande medida, um monopólio imperial. Como filho do Céu, somente o imperador chinês podia prestar culto ao Céu, o deus mais importante do país. O restante da população podia apenas olhar e esperar que o imperador tivesse procedido de maneira correta. Se ele tivesse feito o culto de maneira errada ou tivesse se comportado mal, o povo é que pagaria o preço, quando o Céu mostrasse seu descontentamento por meio de terremotos, secas e fome.

Ainda assim, como os faraós haviam descoberto havia mais de mil anos, não era fácil controlar a imaginação religiosa. Privados do acesso direto aos deuses aprovados pelo Estado, os chineses comuns buscaram deuses próprios que lhes transmitissem confiança, e não tardaram a encontrá-los. Surgiram, assim, duas novas religiões na China, às quais as autoridades imperiais não conseguiram resistir e que puseram o país em um caminho novo e extremamente emotivo.

O primeiro foi o taoismo, um movimento profundamente desconcertante. Embora seus conceitos sejam difíceis de precisar – uma vez

---

2 Extraído de: SLINGERLAND, Edward Gilam (trad.). *Confucius:* Analects: With Selections from Traditional Commentaries (Analect 6.22). Cambridge, Hackett Publishing Co., 2003, p. 60.

que representam uma estranha mistura de folclore, moralidade, adoração a Deus e conceitos sobre uma vida saudável –, próximo de seu núcleo encontra-se a esperança de alcançar a vida eterna ou, no mínimo, uma vida longa. Às vezes ele parece mais um sistema de medicina alternativa do que uma religião.

Embora as origens do taoismo possam ter sido muito mais antigas, ele surge de maneira inequívoca por volta de 100 a.C., com a primeira menção à Rainha Mãe do Ocidente. Vivendo muito além do horizonte ocidental, acreditava-se que a Rainha Mãe tivesse o poder de tornar as pessoas imortais e de dar filhos e riquezas a seus adoradores. O melhor de tudo é que as pessoas comuns podiam ignorar o imperador e recorrer diretamente a ela. Essa possibilidade tornava-se atraente sobretudo quando o imperador deixava de cumprir sua obrigação de manter a China em bom estado. E foi justamente em um momento como esse, quando o Norte da China foi atingido por uma profunda seca em 3 a.C., que a Rainha Mãe do Ocidente tornou-se respeitada. Grande número de seus seguidores marcharam pela zona rural ressecada, carregando símbolos de palha como demonstração de fé, que, pensavam, os salvariam de morrer de fome. Eles esperavam que a Rainha Mãe aparecesse a qualquer momento para pôr fim à tragédia. No fim, ela não precisou aparecer. Quando veio o outono, a chuva caiu e os seus seguidores se dispersaram. No entanto, já era possível discernir um pouco do taoismo. O movimento da Rainha Mãe foi popular e emotivo e, ao adaptar-se às tradições chinesas, ofereceu a seus seguidores algo bastante prático: uma forma de buscar o *fim da morte*.

Dois séculos mais tarde, o taoismo ocupou ainda mais o centro das atenções, graças a outro movimento popular, dessa vez provocado pelo colapso lento da dinastia Han. Em 184 d.C., estourou uma revolta de inspiração religiosa cujos seguidores adoravam *duas* divindades: a Rainha Mãe do Ocidente e Lao-tsé, uma criatura sobrenatural que se tornaria a principal divindade taoista e que pode ter começado a existir como um texto anônimo de medicina que descrevia as formas de alcançar a imortalidade. A rebelião marcou um momento importante do taoismo. Um braço da revolta, o movimento Cinco Celamins de Arroz, transformou a província de Sichuan em um Estado taoista de curta duração, mas plenamente desenvolvido. Curiosamente, essa teocracia taoista preocupava-se bastante com o pecado e com a penitência, como

A INVENÇÃO EM OUTROS LUGARES | 135

o judaísmo e o cristianismo. Em Sichuan, como na antiga Mesopotâmia, a doença era considerada, de maneira um pouco cruel, uma prova de pecado. Felizmente, havia inúmeras formas de penitência que removiam tanto o pecado como a doença. Os taoistas podiam se purificar fazendo boas ações ou confessando publicamente diante de outros taoistas; eles podiam retirar-se para "casas de repouso" para refletir sobre seus erros ou, mais raramente, podiam trabalhar na construção de estradas – nessa época, Sichuan era uma região da China erma e desprovida de estradas.

A revolta de 184 também assinalou o surgimento, na China, de um fenômeno religioso que vimos ocorrer em outros lugares: os rebeldes taoistas acreditavam firmemente que o fim do mundo estava próximo. O apocalipse havia criado raízes na China. É difícil dizer como chegou até lá. Como vimos, essa teoria tinha existido na região mais a oeste durante vários séculos. Portanto, ela pode ter se dirigido para o leste ao longo da Rota da Seda. Naturalmente, também é possível que os chineses tenham criado essa teoria de forma independente. Numa região propensa à seca e à fome, é fácil imaginar que os pensamentos das pessoas possam ter tomado esse rumo.

Poderíamos imaginar que uma religião nascida de revoltas camponesas não seria muito atraente para os ricos e os poderosos, mas não foi o que aconteceu. Logo alguns membros da elite da China se sentiram atraídos pelo taoismo e por sua promessa de fim do mundo. Os adeptos da Escola Taoista Mao-shan, que se desenvolveu no Sul da China a partir do século IV, acreditavam que somente eles – o "povo da semente" – sobreviveriam ao futuro cataclismo. Cultos e educados ao extremo, eles esperavam ansiosos por uma nova era de costumes refinados, conversas elegantes e bom gosto literário, sem ninguém do povo para estragar seu apocalipse.

Sob a dinastia Tang (618-907), alguns imperadores mostraram-se tão sensíveis à promessa de vida eterna como acontecera com os camponeses famintos. Entretanto, seu entusiasmo por vezes se mostrou imprudente. O taoismo propunha diversas formas de tornar realidade a vida eterna, que iam da atitude de reverência e dos exercícios físicos a poções especiais que os seus adeptos acreditavam que eliminariam do corpo as substâncias impuras causadoras da morte. Os imperadores, naturalmente, podiam ter os melhores ingredientes. Um dos favo-

136 | CRENÇA

ritos era o ouro puro e não oxidável, assim como o cinábrio vermelho (um minério de mercúrio). Como se pode imaginar, nenhum deles é benéfico à saúde. Ao longo dos séculos, acredita-se que grande número de imperadores chineses que morreram de forma rápida e inesperada tenham sucumbido a suas próprias poções da imortalidade.

Entretanto, o taoismo não foi a única religião nova e popular que empolgou a China na época. Houve também outro movimento, não de origem chinesa, mas oriundo de fora: o budismo mahayana. Como vimos, tendo evoluído de modo um tanto inesperado de uma filosofia de vida para uma religião em que o Paraíso ocupava lugar de destaque, o budismo passou por uma segunda transformação. Justamente quando estava atingindo a decadência final na Índia, renasceu de forma admirável mais a leste. Foi assim que a noção de Céu, que penetrara de modo sorrateiro na filosofia de Sidarta, infiltrou-se na China.

Mencionado pela primeira vez na China no ano 65 d.C., o budismo provavelmente foi levado por mercadores que percorriam a Rota da Seda. Durante um breve período, a religião foi simplesmente anexada ao taoismo, e o filósofo Sidarta revelou-se um surpreendente aliado da Rainha Mãe do Ocidente e de Lao-tsé. Não obstante, quando os sutras budistas foram traduzidos para o chinês e o movimento passou a ser mais bem compreendido, budismo e taoismo se separaram e se tornaram rivais cordiais – mas nem sempre. Um plagiou descaradamente as ideias do outro. O budismo chinês plagiou a crença taoista no fim iminente do mundo; o taoismo plagiou a reencarnação e copiou a estrutura budista de templos e mosteiros. Ainda assim, restaram diferenças importantes. Acima de tudo, enquanto os pragmáticos taoistas esperavam ansiosos poder *continuar* sua existência corpórea ao longo da eternidade, os budistas esperavam ansiosos poder *se livrar* inteiramente dela no paraíso do nirvana.

Curiosamente, tanto o taoismo como o budismo parecem ter inspirado, de modo acidental, uma das maiores descobertas tecnológicas da China. Os budistas mahayana acreditavam que fazer uma cópia de um texto sagrado era uma boa ação, que ajudaria a pessoa a avançar no caminho para o nirvana. Claro que, quanto mais cópias a pessoa fizesse, mais seria beneficiada. Essa ideia parece ter estimulado a criatividade das pessoas. Um conjunto de documentos budistas encontrados no templo de Polguk-Sa, na Coreia, datado do início do século VII, constitui os

A INVENÇÃO EM OUTROS LUGARES | 137

mais antigos textos impressos de que se tem notícia. Aparentemente, o desenvolvimento da imprensa foi inspirado pelas crenças budistas. Por volta do século X, a China havia embarcado na primeira revolução da impressão do mundo, na qual os livros se tornaram baratos e acessíveis a muita gente. Foi uma descoberta que ainda levaria cinco séculos para ocorrer na Europa.

Que mudança revolucionária o taoismo produziu? Como vimos, dois componentes essenciais das poções da imortalidade taoistas eram o ouro e o cinábrio vermelho. Este, contudo, muitas vezes era difícil de obter. Quando não estava disponível, usava-se outra mistura em seu lugar, composta de mercúrio, salitre e enxofre. Por coincidência, estes também são os componentes de algo muito diferente que, segundo consta, apareceu pela primeira vez na China por volta do ano 850: a *pólvora*. O que dá para saber é que um desconhecido alquimista taoista deve ter tido enorme surpresa ao preparar um lote de poção da imortalidade perto de uma chama desprotegida.

Entre a vida eterna taoista e o paraíso budista, qual agradava mais às multidões? Apesar de ser originário de outro país, o que não era uma desvantagem pequena na patriótica China, o budismo agradava mais e se tornou muito mais popular do que o taoismo, contando entre seus seguidores com bom número de imperadores. É possível entender por quê. O budismo mahayana atraía os chineses ricos e poderosos pelos mesmos motivos que havia atraído os indianos ricos e poderosos. Eles podiam ter a expectativa de uma salvação garantida e desfrutar da glória de serem adorados, mesmo em vida, como bodisatvas. No final do século VI, o governante do reino de Wei, no Norte da China, foi mais longe e declarou ser ele próprio o Buda reencarnado. Assim, essa nova religião estrangeira podia ser tão útil como o antigo culto do Céu para assinalar o prestígio imperial.

Com o tempo, o budismo *mahayana* transformou a própria paisagem chinesa. A zona rural ficou salpicada de pagodes budistas, santuários budistas e, acima de tudo, mosteiros budistas. As cidades chinesas encheram-se de pagodes budistas e de templos decorados com pinturas dos vários níveis do Céu e do inferno. Procissões budistas percorriam as ruas tendo à frente relíquias religiosas bastante valorizadas e muito provavelmente falsas – como o suposto osso do dedo de Buda –,

138 | CRENÇA

enquanto devotos se queimavam e se mutilavam para demonstrar que não sentiam dor e, portanto, eram imunes ao sofrimento.

Com seus mosteiros imponentes, suas relíquias e suas procissões, suas promessas do Paraíso e ameaças do inferno, o budismo *mahayana* chinês pode parecer bastante familiar, e por um bom motivo: ele tem sido comparado com frequência ao cristianismo. Uma das principais diferenças entre os dois, contudo, estava na atitude com relação aos outros credos. O budismo chinês nunca foi intolerante com outras religiões. Apesar da popularidade de seu movimento, os budistas chineses nunca procuraram monopolizar as crenças sobrenaturais do país. Assim, a era de ouro do budismo chinês, que ocorreu entre os séculos VII e IX, sob a dinastia Tang, também foi a era de ouro da diversidade religiosa. Changan, capital da China, possuía mesquitas e igrejas cristãs nestorianas, além de templos budistas, taoistas, zoroastristas e maniqueístas. Ao lado da fria e burocrática vida após a morte das crenças primitivas, os chineses agora dispunham de inúmeros futuros emocionantes pelos quais aspirar, da imortalidade taoista ao nirvana budista e ao Paraíso cristão.

Com o tempo, porém, o budismo tornou-se uma espécie de vítima do próprio sucesso. Havia muito tempo os tradicionalistas chineses olhavam as religiões estrangeiras com desconfiança, ao mesmo tempo que o budismo era criticado pelo seu sentimentalismo, estranho aos costumes chineses, e pelas cenas grotescas que inspirava quando, em casos extremos, os adeptos se feriam e chegavam até a decepar partes do corpo. O budismo ficou ainda mais vulnerável por causa de suas riquezas. À medida que um número crescente de chineses se convertia, eles doavam suas propriedades para os templos e mosteiros budistas, que se tornaram grandes proprietários de terras. No ano 845, o imperador taoista Wu-Tsung lançou uma ofensiva contra o budismo. A era de diversidade religiosa da China começava a chegar ao fim. Dos milhares de mosteiros e templos budistas, só algumas dezenas tiveram a permissão de continuar funcionando. Pelo menos 1 milhão de monges e freiras foram expulsos, alguns feridos ou mortos. Cristãos nestorianos e maniqueístas também foram atacados por adorarem deuses estrangeiros.

Quatrocentos anos mais tarde, a desconfiança do estrangeiro foi estimulada ainda mais, dessa vez por meio de uma invasão. No século XIII, a China foi conquistada pelo mesmo Império Mongol que havia

A INVENÇÃO EM OUTROS LUGARES | 139

saqueado Bagdá e por um triz não arrasara a Europa Ocidental. O governante mongol da China, Kublai Khan, decidido a manter distância daqueles que subjugara, encheu seu governo de muçulmanos da Ásia Central e cristãos europeus como Marco Polo. Também apoiou ativamente as religiões estrangeiras, e Pequim tornou-se o lar de inúmeras igrejas cristãs. Como no Irã mongol, quando o poder mongol por fim entrou em colapso, o que restou aos chineses foi uma profunda desconfiança dos estrangeiros e de suas crenças.

Em que lugar todas essas mudanças drásticas deixaram a religião chinesa? Quando a poeira baixou, o país voltou a suas origens. A religião ficou sujeita uma vez mais a um rígido controle estatal, já que os governantes chineses decretaram um novo equilíbrio: o budismo e o taoismo tornaram-se religiões autorizadas pelo Estado. O mesmo aconteceu, de maneira um pouco surpreendente, com o confucionismo, que nunca afirmara ser uma religião, e sim uma filosofia de vida, uma filosofia política e uma filosofia da arte de governar. Sob a dinastia Ming (1368-1644) o confucionismo foi transformado em algo mais parecido com uma religião. Imitando o budismo, adotou uma postura mais emotiva, passou a defender a meditação, o respeito pela vida e a preocupação com os pobres. Surgiram por toda a China templos confucianos nos quais os adeptos podiam venerar o filósofo, entre eles, um enorme templo na casa de Confúcio em Qufu, na província de Shandong.

Portanto, o confucionismo, o taoismo e o budismo – três movimentos com diferentes origens e ideias profundamente contraditórias – tornaram-se as "Três Doutrinas" da China, aprovadas pelo Estado e declaradas não apenas equivalentes, mas totalmente compatíveis. As autoridades chinesas permitiram e até estimularam o povo chinês a seguir todas as três. Bem mais tarde, no governo de Mao Tsé-tung, versões do cristianismo protestante e católico aprovadas pelo Estado viriam se somar à lista. Contudo, não seria fácil manter o controle do governo. Em períodos de dificuldade e de fragilidade política, as revoltas religiosas continuaram a irromper e a ameaçar o Estado. Até hoje, os governantes chineses continuam a pressionar movimentos religiosos independentes, de grupos cristãos à organização budista Falun Gong.

Retomando, portanto, nossa pergunta inicial: a religião chinesa era radicalmente diferente das outras religiões? No geral, não. Embora tivesse às vezes uma abordagem mais terrena e pragmática do sobrenatural,

140 | CRENÇA

a maioria das ideias mais importantes que surgiu em países do Ocidente também surgiu na China e praticamente na mesma ordem, avan-
çando da adoração xamânica dos espíritos ao Paraíso e depois ao fim
do mundo. Repetindo: talvez seja um equívoco esperar que os chineses
tivessem rompido o padrão das religiões existentes em outros lugares.
Afinal de contas, como mantinham um contato regular com indianos,
iranianos, egípcios e europeus, provavelmente não é de todo surpreendente que tivessem criado crenças semelhantes.

Se ao menos existisse uma região que tivesse ficado isolada do resto do mundo por milhares de anos, então sem dúvida poderíamos encontrar uma abordagem religiosa completamente diferente. Por sorte,
tal lugar existiu.

Sangue, calendários e o jogo de bola

No dia 26 de outubro de 709, o governante da cidade maia de Yax-
chilan – localizada hoje na fronteira entre México e Guatemala – ergueu
uma tocha flamejante enquanto sua mulher, Madame Xoc, fazia algo absolutamente repulsivo. Ela puxou um fio cheio de espinhos através da
língua. O sangue jorrou e caiu em cima dos pedaços de papel de casca de
figueira que tinham sido cuidadosamente colocados em uma cesta que
estava embaixo e que depois foram queimados como sacrifício. Com
que objetivo? O governante, cujo nome era Itzam Balam, que significa
Escudo-Jaguar, tornara-se pai de um menino havia pouco tempo, e o sacrifício pretendia estimular os deuses a olhar seu novo herdeiro de forma favorável. Talvez injustamente, no entanto, o recém-nascido não era
filho de Dama Xoc, mas de outra das esposas de Escudo-Jaguar.

Em 709 d.C., os povos das Américas estavam isolados dos povos da
África e da Eurásia havia cerca de 10 mil anos. Os mesoamericanos
haviam desenvolvido sua própria agricultura, sua própria arte e sua própria arquitetura de forma independente. Eles já dispunham, em 500 a.C.,
de uma escrita própria, embora isso não acontecesse com os sul-ame-
ricanos. Os primeiros americanos construíram suas cidades importantes, uma das quais, Teotihuacán, era em 300 d.C. uma das maiores do
mundo, com uma população calculada em cerca de 150 mil a 250 mil
pessoas. Que crenças eles inventaram?

A INVENÇÃO EM OUTROS LUGARES | 141

As culturas cujas religiões conhecemos melhor são as do centro do México e, melhor ainda, a dos maias de Yucatán. Todas elas haviam desenvolvido a escrita. Durante seu apogeu, entre 300 e 900 d.c., os maias tinham um modo curioso de prever o futuro. Com a ajuda de um extraordinário sistema numérico, empregavam um sistema de registro do tempo extremamente complexo, que envolvia não um, mas *três* calendários: um baseado no ano solar; outro baseado no ano sagrado de 260 dias; e o terceiro que apenas contava cada dia a partir da criação da Terra, que os maias acreditavam ter ocorrido em 13 de agosto de 3114 a.c. Esse povo levou ao extremo a ideia que a história se repete, registrando de modo meticuloso as datas passadas, porque estava convencido de que elas podiam desvendar o futuro. Combinando os calendários solar e sagrado, os maias criaram grandes unidades de tempo, abrangendo quase vinte anos, que eram agrupadas em blocos de treze, totalizando 256 anos. Eles acreditavam que os acontecimentos de cada época se repetiriam exatamente 256 anos depois.

Nas mãos certas, essa teoria poderia ser uma poderosa *arma política*. No século VII, a cidade de Tikal, que outrora fora uma das mais poderosas da região, estava enfrentando dificuldades, sendo derrotada com frequência por sua grande rival Calakmul e seus inúmeros aliados. Em 679 d.C., Tikal sofreu uma das suas maiores humilhações, quando seu rei foi capturado e sacrificado pelos governantes de Calakmul. Seu filho, Hasw Chan Ka'wil, deveria, por direito, ter assumido o trono e continuado a luta, porém, em vez disso, ele fez algo muitíssimo mais astuto: *adiou* sua decisão, tornando-se governante de Tikal três anos mais tarde, em 682, exatamente 256 anos após a ascensão ao trono do mais bem-sucedido governante guerreiro de Tikal, Céu Tormentoso. A decisão de Hasw Chan Ka'wil ajudou a provocar uma mudança decisiva no destino de Tikal. Embora faltem detalhes precisos sobre o que aconteceu, parece que os desmoralizados habitantes da cidade ganharam novo ânimo, enquanto os Estados vizinhos passaram para o lado de Tikal, e foram seus inimigos que ficaram amedrontados. Em 695, treze anos após ter assumido formalmente o poder, Hasw Chan Ka'wil lançou um ataque arrasador contra Calakmul, levando triunfalmente de volta, cativos, o rei da cidade junto com seu séquito, para serem sacrificados.

142 | CRENÇA

Como todas as sociedades agrícolas primitivas do mundo, os maias acreditavam em um lúgubre mundo subterrâneo. A ideia que tinham de sua localização era surpreendente. Eles imaginavam que os espíritos e os deuses espreitavam bem debaixo do centro de suas cidades e, acima de tudo, debaixo dos campos de bola. Chegamos assim a outra característica inconfundível da cultura mesoamericana: o jogo de bola. Ele parece ter tido uma origem bastante antiga, que remontava à primeira cultura da região, dos Olmecas, que se desenvolveu a partir de 1800 a.C., em uma região chuvosa da costa oriental do México que era cheia de seringueiras, de cuja borracha se faziam as bolas. O jogo exigia uma grande habilidade, e os jogadores não podiam deixar a bola tocar no chão usando apenas as coxas, os quadris e os antebraços, mas nunca as mãos nem os pés.

No entanto, o jogo de bola era muito mais do que um simples evento esportivo. Para os maias, ele estava próximo do núcleo de sua religião. Até fazia parte da história da criação maia, na qual os "Gêmeos Heróis" Hunahpu e Xbalanque conquistam a imortalidade após jogar com os senhores do mundo subterrâneo e derrotá-los – o equivalente a Adão e Eva derrotarem Satã em um jogo de futebol. O jogo de bola era cheio de simbolismo religioso. A bola não podia tocar o solo porque ali ficava o reino dos espíritos. Embora algumas partidas fossem disputadas apenas por esporte, as apostas podiam ser muito mais altas, com os perdedores sendo mortos como sacrifício aos deuses. Se uma cidade maia derrotava outra na guerra, as multidões podiam assistir aos cativos inimigos – mesmo um rei capturado – sendo forçados a jogar e perder (o jogo era manipulado) antes de serem sacrificados.

Chegamos assim à característica mais impressionante da religião americana primitiva: o sacrifício de sangue. Tratava-se, estranhamente, de uma prática comum nos dois continentes americanos, entre povos que não teriam tido conhecimento da existência um do outro. Do México e de Yucatán ao Peru, e ao longo de mais de mil anos, encontramos esculturas de pedra terrivelmente semelhantes que retratam as pilhas de crânios das vítimas do sacrifício. Essa onipresença sugere origens muito antigas. Que modo de pensar estava por trás dessas práticas? Os maias acreditavam que os seres vivos – e alguns não vivos também, como as pedras especiais – possuíam uma espécie de *força espiritual* que, nos humanos e nos animais, estava localizada sobretudo no

A INVENÇÃO EM OUTROS LUGARES | 143

sangue. Para manter os deuses receptivos, raciocinavam os maias, a única moeda que certamente aceitariam era essa força: sangue. Como o da Dama Xoc, a maioria dos sacrifícios de sangue era realizada em pequena escala e de maneira bastante voluntária. Hoje em dia, eles provavelmente seriam considerados automutilação. Os maias os consideravam um recurso inteligente para manter as forças sobrenaturais favoráveis a eles. Maias de todas as idades e classes, dos reis aos mais modestos plantadores de milho, costumavam se mutilar para fazer oferendas de sangue para seus deuses. Existem indícios de que o primeiro sacrifício de sangue de um jovem era marcado por uma cerimônia especial que era o equivalente maia da confirmação cristã ou do *bar mitzvah* judeu.

Nem sempre, porém, o sacrifício de sangue era voluntário. Inúmeras sociedades americanas primitivas, dos tupinambás do Brasil aos iroqueses da América do Norte, procuravam capturar guerreiros inimigos para oferecê-los em sacrifício. Os maias, durante sua idade de ouro – do século V ao IX d.C. –, acreditavam que quanto mais nobre a vítima, mais os deuses ficariam satisfeitos. Portanto, o sacrifício humano tornou-se uma espécie de *objetivo de guerra*. As cidades maias guerreavam entre si regularmente não para destruir seus inimigos, mas para sequestrar alguns de seus habitantes – de preferência, seus senhores e governantes importantes – a fim de que o sangue deles pudesse ser ofertado aos deuses.

No século XV, quinhentos anos após a idade de ouro dos maias ter terminado de forma catastrófica devido ao excesso populacional e ao colapso ecológico, regiões mais ao norte, no México, passaram a ser dominadas por uma nova cultura, a dos astecas, praticamente obcecada pelo sacrifício de sangue. Eles sustentaram guerras intermináveis nas quais, junto com seu aliado Texcoco, lutaram contra dois estados rivais para recolher os corações dos inimigos. Esses corações foram então ofertados ao deus-sol Huitzilopochtli como suborno para que continuasse a se erguer toda manhã do mundo subterrâneo e não deixasse a Terra na escuridão.

Seja qual for a lógica por trás do sacrifício humano, é difícil não considerar o entusiasmo muito perturbador com o qual ele era executado tanto pelos maias como pelos astecas. Os maias, ansiosos por verter o máximo possível de sangue aristocrata para agradar seus deuses, às

144 | CRENÇA

vezes torturavam longamente os prisioneiros antes de matá-los, os quais podiam ser mantidos vivos por longos períodos. O desventurado governante da cidade de Palenque, K'an Hoy Chitam II, foi mantido vivo durante dez anos por seus captores maias para que pudesse ser sangrado em ocasiões especiais. Quando chegava sua hora final, os prisioneiros de alta estirpe enfrentavam diversos cenários horríveis: podiam ser decapitados, queimados vivos ou estripados para que seus corações fossem arrancados do peito; amarrados a uma estrutura de madeira e crivados de flechas ou presos firmemente a uma bola e lançados pelos degraus íngremes de um templo.

Os astecas faziam sacrifícios em uma escala quase industrial. As escadarias que levavam ao topo do grande templo dedicado aos deuses Huitzilopochtli e Tlaloc, no centro da capital asteca, Tenochtitlán, ficavam cobertas de sangue humano que nelas se acumulava. Embora seja impossível precisar os números, acredita-se que centenas de prisioneiros – talvez milhares – eram executados a cada ano. Prateleiras construídas especialmente para guardar crânios, descobertas por arqueólogos nas proximidades do local do templo, permitiam expor milhares de cabeças. O sacrifício até desempenhava um papel em um ritual de penitência tipicamente asteca: quem sentia a necessidade de se expiar podia se purificar usando, durante vinte dias, a pele de uma vítima de sacrifício que havia sido esfolada. No final desse período, dava para sentir o cheiro dos penitentes a uma grande distância.

Mais perturbador de tudo, porém, aos olhos de hoje, era o sacrifício de crianças. Em períodos de seca, os astecas matavam crianças no topo das montanhas para tentar convencer o deus Tlaloc a trazer chuva. Embora em menor número, as crianças também eram sacrificadas 5 mil quilômetros ao sul, em outro império que se desenvolveu por volta da mesma época que o dos astecas, no século XV: o império dos incas. Os incas escolhiam as crianças mais bonitas, baseados na ideia de que seriam elas que mais agradariam aos deuses, e era considerada uma grande honra para os pais ter o filho escolhido. Ainda assim, é difícil acreditar que todos recebessem com alegria o privilégio.

Não obstante, os incas também praticavam uma forma bem mais branda de sacrifício: a caminhada. Embora as crenças incas sejam muito menos bem compreendidas do que as dos astecas – e um dos motivos é que, até onde se sabe, os incas não dominavam a escrita –, parece

A INVENÇÃO EM OUTROS LUGARES | 145

que seu sistema *zeq* representava uma imensa rede de trilhas sagradas. Algumas retas, outras em zigue-zague, elas se espalhavam a partir dos templos mais venerados de Cuzco, alcançando santuários em todo o interior do território inca. Como os incas procuravam conservar a benevolência de seus deuses por meio de tentativas que se assemelhavam a *clubes de excursão sobrenatural*, trilhas diferentes eram designadas a diferentes grupos sociais. Embora algumas dessas veredas rituais fossem curtas, outras se estendiam por centenas e até mesmo milhares de quilômetros, alcançando os limites do império. Uma delas termina naquele que é hoje o sítio arqueológico mais alto do mundo, no pico de Llullaillaco, na Argentina, na impressionante altitude de 6.739 metros. Ali, por cima de uma antiga base inca, os arqueólogos descobriram uma plataforma com inúmeros objetos sacrificiais, de penas e ouro a estatuetas e lhamas de prata, deixadas por um grupo de montanhistas religiosos há muito esquecido.

Essas práticas parecem muito diferentes de tudo o que vimos até aqui. Mas será que eram mesmo? Isso nos leva de volta à pergunta feita antes: as crenças americanas primitivas eram radicalmente diferentes de qualquer outra surgida no hemisfério oriental? A resposta é *não*. Na verdade, o que as crenças americanas primitivas têm de extraordinário é a semelhança com as crenças de outros lugares.

Nos tempos primitivos, isso não surpreende. Nada mais natural que os primeiros americanos acreditassem no xamanismo dos caçadores-coletores, uma vez que teriam levado a religião com eles quando chegaram nas Américas, oriundos da Ásia, há mais de 10 mil anos. No entanto, mesmo após terem se tornado inteiramente independentes dos povos da Eurásia e da África, os americanos desenvolveram crenças bastante parecidas. Como agricultores, os mesoamericanos criaram deuses semelhantes àqueles concebidos no Eufrates, no Ganges e no Nilo. Havia deuses do tempo, do planeta, das colheitas e espíritos de animais promovidos a deuses. Os deuses maias eram curiosamente contraditórios – bons e maus ao mesmo tempo, fossem masculinos ou femininos –, como os deuses hindus. Os maias observavam o céu em busca de sinais enviados pelos deuses, na esperança de que previssem acontecimentos futuros, como tinham feito mesopotâmios e chineses, entre outros povos. Também buscavam orientação sobrenatural para saber os dias favoráveis ou desfavoráveis para realizar uma tarefa im-

146 | CRENÇA

portante, à semelhança dos egípcios e romanos. Além disso, tal como todos os povos agrícolas primitivos do mundo, os americanos primitivos temiam ser alvo de desgraça se não aplacassem seus deuses por meio da realização de rituais, subornos e projetos que envolviam grande número de pessoas.

Os mesoamericanos chegaram a ter sua própria versão de vida feliz após a morte. Os corajosos guerreiros maias e astecas tinham a expectativa de escapar do destino da maioria, que terminaria em um tenebroso mundo subterrâneo no qual imperava o mau cheiro de cadáveres em decomposição, já que, em vez disso, eles seriam alçados ao Paraíso. Curiosamente, a vida após a morte também era prometida aos guerreiros que fossem aprisionados pelos inimigos e sacrificados e, talvez mais surpreendente, às mulheres que morressem ao dar à luz e a qualquer um que morresse afogado. Parece que o Paraíso americano se baseava numa mistura de compaixão e admiração pela bravura. No entanto, diferentemente do Paraíso na Eurásia e na África, a vida feliz após a morte dos primeiros americanos nunca experimentou uma revolução popular. Durante mais de mil anos, ele permaneceu disponível apenas a uma elite seleta, enquanto a maioria tinha de conviver com a perspectiva de um mundo subterrâneo miserável. Por outro lado, o Paraíso para todos levou vários séculos para se desenvolver na Eurásia e na África. É bem possível que os indígenas americanos tivessem criado um Céu popular se tivessem sido deixados em paz por mais tempo.

Mesmo o fascínio dos primeiros americanos pelo sacrifício de sangue dificilmente pode ser visto como algo original. Como vimos, é quase certo que o sacrifício humano tenha sido praticado de maneira sistemática em Çayönü (na Turquia atual) a partir de 8000 a.C. e é provável que também em outros lugares, de Jericó a Çatalhöyuk. O sacrifício humano continuou existindo mesmo nos tempos históricos, embora fosse mais raro. Em geral era empregado para fornecer auxiliares aos grandes senhores no mundo do além, tendo sido descobertas vítimas em túmulos do antigo Egito e da antiga China e em sepulturas vikings. Em um momento de desespero, até os racionais gregos recorreram à prática, matando três persas capturados antes da batalha de Salamina, em 480 a.C. Os primeiros americanos simplesmente levaram o sacrifício de sangue mais além do que os outros.

A INVENÇÃO EM OUTROS LUGARES | 147

Do mesmo modo, o jogo de bola mesoamericano é um arremedo dos combates de gladiadores, uma prática imaginada inicialmente pelos etruscos para marcar o funeral de um homem importante. Embora com os romanos essas lutas tenham se tornado uma forma de entretenimento – e também de insensibilizar os cidadãos –, o ambiente de uma arena romana não devia ser diferente do de um campo de bola maia: uma mistura inebriante de sangue coagulado e de aposta, enquanto os expectadores encorajavam o seu lado na esperança de lucrar um pouco.

A divisão do tempo em diferentes eras, como os maias faziam, era comum em várias outras religiões, do hinduísmo ao cristianismo, enquanto a tentativa de prever o futuro era uma preocupação quase universal. Mesmo o sistema *zeq* dos incas não pode ser considerado verdadeiramente novo. Grupos de viajantes devotos podiam ser encontrados em todo o mundo: hindus e *sikhs* que visitavam seus lugares sagrados, muçulmanos que viajavam a Meca para o Haj, cristãos caminhando por locais de peregrinação como Santiago de Compostela. Até a arquitetura religiosa dos primeiros americanos assemelhava-se àquela encontrada em outros lugares. As pirâmides de Teotihuacán, no México, na cidade maia de Tikal, ou em Chan Chan, no Peru, são fáceis de identificar como primas das pirâmides do Egito ou dos zigurates da Mesopotâmia.

Portanto, para concluir, este breve olhar sobre as crenças na China e nas Américas indica o quanto somos criaturas extraordinariamente *não originais*. Ponha as pessoas em determinada situação, com modos específicos de se alimentar e de tentar sobreviver, e, em termos gerais, elas terão os mesmos medos e procurarão se tranquilizar inventando crenças semelhantes. Tudo isso parece confirmar a teoria de que a religião é uma espécie de espelho que reflete as coisas que nos causam mais ansiedade.

Examinamos como e por que podemos ter inventado os deuses. Acompanhamos a ascensão da maioria das religiões que dominam o universo das crenças hoje em dia, entre elas, o budismo, o cristianismo, o judaísmo e o islã. Será que falta dizer alguma coisa? A imaginação humana é inquieta. As novas invenções que estavam a caminho iriam influenciar alguns dos eventos mais catastróficos dos tempos recentes. De maneira curiosa, elas surgiram justamente na região do mundo em que a criatividade religiosa era proibida.

8.

INVENÇÕES ORIUNDAS DA CLANDESTINIDADE

O caminhar sorridente até a pira

No ano de 1022, um cavaleiro de nome Arefasto viajou para a cidade francesa de Orleans junto com seu clérigo Heriberto, aparentemente para aperfeiçoar seus conhecimentos religiosos. No entanto, a visita de Arefasto não tinha nada de transparente. As pessoas que ele procurava, entre elas um antigo confessor da rainha da França, compunham um pequeno círculo clandestino que rejeitava as principais crenças da Igreja Católica.

O grupo recusava-se a aceitar que Jesus ressuscitara após a morte ou que ganhava vida novamente durante a missa. Eles não aceitavam que a Igreja fosse o único caminho para alcançar Deus. Acreditavam que podiam chegar a ele diretamente, por meio de uma *iluminação interior*, e podiam até purificar uns aos outros dos pecados por meio de uma cerimônia de imposição de mãos por eles inventada. Na verdade, o grupo havia tirado da Igreja sua função mais importante, a de representante de Deus na terra. Aos olhos dos europeus do século XI, tais ideias eram um exemplo claro de *heresia*.

Contudo, se o círculo de Orleans tinha segredos, Arefasto também possuía os seus. Seu clérigo, Heriberto, que já tinha sido conquistado pelas ideias dos dissidentes, acreditava ter conseguido converter seu senhor. Arefasto, no entanto, estava fazendo um jogo duplo: já havia contatado secretamente o rei da França, Roberto, o Pio, e as autoridades da Igreja de Chartres. Com a aprovação deles, estava indo, às escondidas, eliminar aqueles inimigos da Igreja.

Em Orleans, o cavaleiro ganhou a confiança dos hereges até que eles lhe explicassem suas crenças. Arefasto, então, revelou sua armadilha.

150 | CRENÇA

A seu pedido, vários bispos viajaram secretamente a Orleans, o que também fizeram o rei francês e sua rainha, Constância, sem dúvida porque tinham medo de que eles próprios recebessem a pecha de hereges. Afinal, o líder do círculo, Estêvão, tinha sido confessor de Constância. No dia seguinte à chegada dos reis, todo o grupo – formado por cerca de vinte pessoas – foi preso pelos funcionários reais em uma casa que frequentavam e levado acorrentado à igreja local para ser julgado. O casal real observou-os negar de início as acusações contra eles e, em seguida, quando Arefasto revelou sua identidade e os denunciou, desafiadoramente admitiram tudo. Os clérigos que faziam parte do grupo tiveram suas vestimentas arrancadas, atraindo sobre si o castigo. Com relação à rainha Constância, ela também se *vingaria* pessoalmente.

> Por ordem do rei, a rainha Constância postou-se diante das portas da igreja para impedir que os populares matassem os hereges que estavam dentro da igreja, após o que estes foram expulsos dali. Enquanto estavam sendo tirados do local, a rainha golpeou o olho de Estêvão com o bastão que trazia na mão. Os hereges foram levados para fora dos muros da cidade, fez-se uma grande fogueira em uma cabana e todos foram queimados... com exceção de um clérigo e uma freira, que, por vontade divina, haviam se arrependido.[1]

Foi praticamente o primeiro caso de execução de hereges na Europa Ocidental. Havia ocorrido apenas outro, setecentos anos antes: um bispo espanhol, Prisciliano, que fora acusado de maniqueísmo. As execuções de Orleans marcaram o início de uma nova e questionável tendência e foram seguidas por várias outras mortes na fogueira. Cabe a pergunta: por que alguém correria o risco de ser acusado de heresia? Por que provocar o poder da Igreja e do Estado? Por que se colocar do lado errado da obsessão cristã com o controle da fé? Mais estranho ainda: por que se ater a suas próprias crenças e sofrer uma morte horrível, quando era possível se salvar por meio do arrependimento? Um relato registra que os membros do círculo de Orleans riam enquanto eram amarrados à pira, enfrentando seu destino com alegria.

---

1 Do relato feito por Paulo do Santo Padre de Chartres, em: PETERS, Edward. *Heresy and Authority in Medieval Europe:* Documents in Translation. Filadélfia, University of Pennsylvania Press, 1980, p. 71.

INVENÇÕES ORIUNDAS DA CLANDESTINIDADE | 151

As fontes da época raramente deixam muito claro por que os hereges agiam dessa forma. Não era um tema que elas considerassem importante. A principal fonte da denúncia do grupo de Orleans feita por Arefasto – Paulo do Santo Padre de Chartres – declara simplesmente que eles tinham sido "seduzidos por uma heresia diabólica". Ele não estava interessado em compreender os hereges, mas em demonstrar que haviam sido convertidos à maldade pelo diabo. Não era preciso dizer mais nada. Hoje em dia podemos ir um pouco além. Os motivos pelos quais as pessoas corriam o risco da fogueira variavam bastante, dependendo das crenças que elas seguiam. Certamente nenhum desses grupos se considerava herege, um rótulo que lhes fora aplicado pela Igreja. Um nome mais adequado, da perspectiva privilegiada de hoje, seria *dissidentes religiosos*. Eles acreditavam que seu modo de adorar a Deus era o único verdadeiro e que ele lhes garantiria um lugar no Paraíso, enquanto todos os que seguiam a Igreja oficial estavam condenados.

Um grupo arriscou a fogueira porque seus membros se consideravam *divinos*. Eles acreditavam que poderiam chegar a Deus entrando em transe e que se encontravam tão próximos dele como Jesus estivera. Essas crenças estão no centro do fenômeno que foi denunciado pela Igreja como a "heresia do espírito livre". O nome aparece pela primeira vez no início do século XIII, quando foi dado a um grupo de catorze clérigos de Paris que, com exceção de três que se arrependeram, foram queimados em 1209. No entanto, as crenças do círculo vinham de muito mais longe.

Sob diversos aspectos, eles podem ser considerados descendentes diretos das religiões mais primitivas, em que os xamãs contatavam os espíritos dos animais entrando em transe. Essa entrega absoluta durante o culto, conhecida como *misticismo*, passou a estar presente em inúmeras religiões. Ela surgiu no cristianismo primitivo como o "dom de línguas": como vimos, as pessoas falavam de forma incompreensível, acreditando que estavam cheias do Espírito Santo. A Igreja não fazia nenhuma objeção a esse comportamento. No entanto, isso mudou quanto fanáticos ultrapassaram todos os limites e passaram a se considerar eles próprios seres divinos. Essa visão desafiava a Igreja de todas as maneiras. Quem precisava de bispos para fazer a mediação entre você e Deus, se Deus estava dentro de você? A noção de autodivindade também era muito antiga. Os faraós egípcios tinham se considerado divinos;

152 | CRENÇA

os filósofos gregos, principalmente Platão, sugeriam que as pessoas tinham a divindade dentro de si; e os cristãos agnósticos consideravam-se semelhantes a Deus.

Os Refinados de Espírito, como os seguidores dessa crença se denominavam, provaram à Igreja que era extremamente difícil lidar com eles. Apesar das mortes na fogueira ocorridas em Paris, o movimento resistiu por vários séculos sob a forma de círculos pequenos e ativos espalhados pela Europa, um sistema que dificultou sua erradicação. Esses grupos em geral eram compostos por uma pessoa carismática, considerada divina, e por devotos que passavam por um longo e degradante aprendizado de obediência absoluta na esperança de se tornar iguais a ela.

Por que as pessoas arriscavam suas vidas para se juntar a esses grupos? Um motivo importante pode ter sido a *frustração* com o universo conservador e limitado em que viviam. Algo estranho quando se tratava de grupos considerados heréticos, os Refinados de Espírito em geral eram educados e ricos. Esperavam algo da vida, em vez de simplesmente viver um dia após o outro. Suas crenças permitiam que *se sentissem livres*. Sendo divinos – e, portanto, perfeitos –, se sentiam superiores aos santos, aos anjos e às vezes até mesmo a Jesus. Também *não podiam pecar*. Na verdade, os Refinados de Espírito acreditavam que tinham o *dever de pecar*, uma vez que a obediência aos preceitos cristãos era um traço do diabo. Essa teoria significava, em particular, que eles podiam, e deviam, ter relações sexuais com quem quisessem. Seus grupos entregavam-se a uma espécie de amor livre medieval.

Os Refinados de Espírito também deviam *pegar* o que quisessem. Raciocinavam assim: como Deus tinha criado todas as coisas e eles próprios eram Deus, todas as coisas pertenciam a eles. O ex-monge Martim de Mainz, que foi queimado vivo em 1393, acreditava que tinha todo o direito de mentir, roubar, comer em uma taverna sem pagar e espancar ou matar qualquer um que discordasse de suas atitudes. Assim, esse fenômeno, que estimulou os indivíduos a descobrirem seu verdadeiro potencial e a resistirem às pressões da manada, pode ser considerado o precursor de duas visões de mundo que continuam a capturar a imaginação hoje: o anarquismo e o romantismo.

A maioria daqueles que a Igreja rotulava de hereges tinha uma visão de mundo muito mais simples. Recusavam-se a aceitar a autoridade da Igreja – a definição de heresia – porque ela era uma instituição que

INVENÇÕES ORIUNDAS DA CLANDESTINIDADE | 153

detestavam. Seu ressentimento em geral era alimentado por questões de dinheiro, poder e sexo. Por volta do século XI, quando a morte de hereges na fogueira teve início, a Igreja havia se tornado a maior proprietária de terras e coletora de impostos da Europa Ocidental. Muitos clérigos tinham uma vida bastante confortável, que era financiada pelos dízimos pagos por quem não fazia parte da estrutura da Igreja. Bispos viviam abertamente com suas amantes e seus filhos ilegítimos. Algumas pessoas não conseguiam acreditar que a Igreja que eles desprezavam fosse aprovada por Deus. Para eles, portanto, a Igreja falhara em oferecer o produto mais imprescindível de qualquer religião: a confiança. Se a Igreja não contava com Deus do seu lado, então como poderia garantir o ingresso de alguém no Céu? O resultado foi uma espécie de *pânico com relação ao Paraíso.*

Curiosamente, essa visão de início foi estimulada pela própria Igreja. Quando a Igreja se purificava, os movimentos heréticos desapareciam; quando os líderes da Igreja faziam vista grossa à corrupção, as dissidências prosperavam. Assim, durante quinhentos anos, a Igreja e seus oponentes envolveram-se numa espécie de *passo de tango.* Essa dança começou por volta de 1050, após o papado ter se desonrado devido a uma série de papas extremamente depravados, culminando com um adolescente assassino, Bento IX, que vendeu seu cargo, depois mudou de ideia e pegou-o de volta. Seguiu-se a reação, quando um grupo de ex-monges idealistas assumiu o controle do papado e deu início a um grande processo de purificação conhecido como Reformas Gregorianas. Eles baniram o costume – nunca legitimado, mas aceito silenciosamente durante séculos – que os bispos tinham de morar com suas amantes. Atacaram a opulência e a corrupção da Igreja. O mais curioso de tudo: estimularam os ataques ao clero rico por parte de seus colegas mais pobres e até mesmo de quem não fazia parte da estrutura da Igreja. A Igreja foi expurgada de baixo para cima e de fora para dentro, numa espécie de *Revolução Cultural Maoista* católica.

Durante o expurgo praticamente não ocorreu nenhuma dissidência religiosa. O problema foi quando ele afrouxou. Tendo sido estimulados a exigir pobreza e castidade de seus clérigos, alguns cristãos não conseguiram ficar quietos quando, a partir de 1100, a Igreja voltou a apresentar um comportamento mais relaxado. Os movimentos heréticos ganharam vida. Um dos mais conhecidos dentre eles surgiu em 1112

154 | CRENÇA

nos Países Baixos, onde o povo acorria em grande número para ouvir um eloquente pregador itinerante chamado Tanquelmo, que denunciava um bispo de Antuérpia por viver com sua amante. Quando Tanquelmo ampliou seus ataques para o conjunto da Igreja, dizendo às pessoas que não assistissem à missa nem pagassem o dízimo (uma proposta sempre popular), ele tornou-se uma figura régia na região de Utrecht e passou a viajar com uma escolta armada portando seu estandarte. Conforme seu poder crescia, o mesmo acontecia com sua autoestima, e, como os Refinados de Espírito, ele decidiu que era divino e estava no mesmo nível de Jesus. Para ilustrar sua afirmação, chegou a conduzir uma cerimônia na qual desposava uma estátua de madeira da Virgem Maria. Seus seguidores não viam nada de errado nesse comportamento, e, de maneira um pouco preocupante, procuravam garrafas com a água do seu banho para beber como se fosse água benta. Para eles, Tanquelmo, que afirmava ser a dele a única Igreja verdadeira, oferecia um caminho muito mais convincente para o Paraíso do que a Igreja real. Mesmo após ter tido uma morte violenta, assassinado por um bispo, e ter sido oficialmente desonrado, ele continuou a ser reverenciado por alguns anos.

Tanquelmo acalmou o pânico com relação ao Paraíso convencendo as pessoas de que ele era tão próximo de Deus como Jesus. No entanto, havia muitas outras formas disponíveis de conforto. Algumas, como vimos em capítulo anterior, ofereciam a seus seguidores uma alternativa completa ao Paraíso, na forma do fim do mundo iminente, que teria lugar sem qualquer ajuda da Igreja. Algumas adotavam uma abordagem mais erudita e afirmavam ter uma ligação direta com Deus *através de suas palavras*: a Bíblia. Nessa época, não era fácil ter acesso às palavras de Deus. Na Idade Média, a maioria dos europeus não sabia ler, enquanto a Bíblia só estava disponível em latim. Era uma situação que convinha bastante aos homens da Igreja, pois permitia que exercessem um controle rígido sobre todas as questões teológicas. Eles podiam fazer uma espécie de *sortido* das Escrituras, ignorando partes que fossem problemáticas ou contraditórias, como era inevitável em um livro que fora compilado por dezenas de autores ao longo de muitos séculos.

O primeiro europeu da Idade Média a fazer uma tentativa planejada de decifrar a Bíblia foi um devoto, embora inculto, homem de negócios

INVENÇÕES ORIUNDAS DA CLANDESTINIDADE | 155

de Lyon chamado Pedro Valdo. Na década de 1170, ele trocou a riqueza pela pobreza, começou a pregar nas ruas de Lyon e, a fim de entender melhor sua religião, contratou estudiosos para traduzir a Bíblia para o idioma local franco-provençal. Esse pouco conhecimento revelou-se algo perigoso. Seus ignorantes seguidores, os valdenses, entusiasmados com a descoberta de que conseguiam interpretar a Bíblia sozinhos, logo começaram a criticar a corrupção da Igreja. O movimento foi declarado herético e, embora tenha continuado a existir por mais três séculos, seus membros começaram a ficar cada vez mais preocupados – o que é compreensível – com as tentativas da Igreja de descobri-los e levá-los à fogueira. Assim, acabou se transformando em uma espécie de sociedade secreta: uma reunião de grupos perseguidos e clandestinos de leitura da Bíblia, a maioria deles escondida nos montes Cárpatos, cujos membros assassinavam qualquer um que desconfiassem que planejava traí-los.

Na mesma época, surgiu outro grupo com uma abordagem muito mais ambiciosa: pretendia *substituir a Igreja por outra*. Chegamos assim àquele que foi, certamente, o mais estranho movimento herético medieval: o catarismo, ramo europeu ocidental de um movimento que surgira na Bulgária no século X, o bogomilismo, que, embora se considerasse cristão, mal era identificável como tal. Chocados com a descoberta de que seu mundo estivesse tão tomado pelo mal, os bogomilos concluíram – como os zoroastristas, os maniqueístas e os cristãos gnósticos antes deles – que ele tinha sido criado não por um deus, mas por *dois* deuses: um bom e um mau. Para completar, também acreditavam que havia *dois* universos, *dois* Céus, *duas* Terras, *dois* mundos eternos e *duas* espécies de anjo.

No Languedoc e no Norte da Itália, o catarismo tornou-se, no final do século XI, uma Igreja rival, com estrutura própria, bispos e tudo. O que o tornava tão atraente? Parte de sua atração se deve ao fato de que ele *não era a Igreja*. Para todos aqueles que estavam desgostosos com o mundanismo do clero e duvidavam da afirmação da Igreja de que ela poderia ajudá-los a entrar no Céu, o catarismo oferecia o fascínio da *extrema virtude*. Os cátaros tinham uma elite, apropriadamente denominada Perfeitos, cujo desprendimento superava até o dos cristãos primitivos do tempo de Paulo. Eles estavam proibidos de ter qualquer espécie de atividade sexual. Se fossem casados, deviam deixar a esposa

156 | CRENÇA

ou viver com ela no mais rigoroso celibato. Jejuando constantemente – eram célebres pela magreza e pela palidez –, os Perfeitos não tinham permissão de ingerir alimentos que tivessem sido produzidos, mesmo indiretamente, por meio de atividade sexual, o que excluía carne, ovos e queijo (embora, graças a um parco conhecimento da reprodução, os Perfeitos *tivessem* a permissão de comer peixe, que, segundo sua crença, teriam sido criados de forma assexuada, pela água). Sua austeridade atraiu novos membros, que consideravam que qualquer um que conseguisse levar um estilo de vida tão lúgubre deveria ter a bênção de Deus.

De maneira inteligente, o catarismo também oferecia outro regime menos exigente para aqueles que não tinham uma mente tão puritana: os cátaros crentes, que podiam manter relações sexuais e comer carne sempre que desejassem, e ainda assim alcançar o Paraíso cátaro, desde que se tornassem Perfeitos no leito de morte, por meio de uma cerimônia conhecida como *consolamentum*. Mesmo que algo desse errado e eles morressem sem terem se iniciado na seita, ainda havia esperança, uma vez que acreditavam na reencarnação. Outra oportunidade esperava por eles na próxima vida.

No entanto, sob vários aspectos, o catarismo era uma religião insuportavelmente *perturbadora*. Sua popularidade se devia ao fato de ser cheia de segredos. Somente os Perfeitos tomavam conhecimento da totalidade do corpo doutrinário, o qual, para dizer o mínimo, era desencorajador. Mesmo um Perfeito inteiramente ascético não tinha um lugar garantido no Paraíso. A origem disso era a curiosa versão dos cátaros da história da criação. De acordo com esse relato – do qual havia inúmeras variações –, logo após a criação o deus mau, Satã, havia invadido o Céu e aprisionado anjos que até então não tinham identidade sexual, em corpos humanos providos dessa identidade. Os cátaros acreditavam que, quando recebiam o *consolamentum*, eles se libertavam de seus corpos humanos e voltavam a seu estado angelical de origem. Infelizmente, não podiam ter certeza de que tinham sido um dos anjos adulterados por Satã. Era possível que não tivessem sido anjos, mas diabos, feitos por Satã em sua maldosa criação. Se tivessem sido anjos criado pelo deus bom, iriam para o Paraíso cátaro após a morte. No entanto, se tivessem sido diabos, passariam a eternidade no inferno.

Esse não era o único medo que perturbava o sono dos Perfeitos. Eles também viviam preocupados com a possibilidade de serem excluí-

INVENÇÕES ORIUNDAS DA CLANDESTINIDADE | 157

dos do Paraíso por causa de algo *feito por outra pessoa*. Para os cátaros, o pecado tinha caráter definitivo. Os Perfeitos consideravam que todos os pecados tinham a mesma gravidade: qualquer transgressão impediria a entrada da pessoa no Céu, de assassinar alguém a comer um ovo. Esse rigor tornava-se mais inquietante com os preceitos religiosos cátaros. De acordo com eles, cada Perfeito só podia ser criado por outro Perfeito. Desse modo, os cátaros tinham uma linha de sucessão bastante parecida com a imposição de mãos pelos bispos da Igreja cristã. Diferentemente da Igreja, no entanto, acreditavam que, se um Perfeito se desviasse do verdadeiro caminho, então, numa espécie de reação em cadeia, todos os Perfeitos que ele criara – e nos quais os cátaros, por sua vez, tinham investido – *também cairiam em pecado*. Na verdade, toda uma ala da Igreja cátara podia perder legitimidade porque alguém, em algum lugar, havia comido um pedaço de queijo.

Algo assim aconteceu. Em 1167, cátaros da Itália e do Languedoc converteram-se a uma modalidade nova e radical da crença por meio de um bogomilo búlgaro chamado Nicetas. No entanto, logo em seguida chegou outro bogomilo trazendo a grave notícia de que o Perfeito que ministrara *consolamentum* a Nicetas fora pego em circunstâncias suspeitas com uma mulher. Com um único golpe, o catarismo da Europa Ocidental perdeu o rumo. Enquanto os cátaros do Languedoc optaram, de maneira inteligente, por simplesmente ignorar a notícia, os da Itália levaram-na bastante a sério. Delegações de cidades italianas viajaram para o leste para serem consoladas. Infelizmente, os rituais foram conduzidos por Perfeitos de diferentes ramos do bogomilismo. As cidades italianas, que já eram grandes concorrentes por outros motivos, agora também competiam no campo da heresia, acolhendo seitas cátaras rivais.

No entanto, não foram as divisões entre os cátaros que provocaram sua ruína, nem a campanha militar lançada contra eles – a Cruzada Albigense –, que foi mais brutal do que eficaz. Os cátaros foram derrotados porque a Igreja passou por um novo processo de purificação. Em 1210 e 1216 foram criadas duas novas ordens monásticas, ambas consagradas a uma vida de extrema pobreza: os franciscanos e os dominicanos. A imagem da Igreja logo começou a melhorar. A ordem dos dominicanos fora fundada especificamente para derrotar os cátaros. Além disso, no início da década de 1230, o papa Gregório IX criou

158 | CRENÇA

uma nova instituição, integrada por membros da ordem, que se dedicou a extirpar a heresia: a Inquisição. Lentamente, os habitantes do Languedoc e do Norte da Itália foram deixando de lado a expectativa do Paraíso cátaro, não tanto por causa das mortes na fogueira, que eram raras, mas por terem sua resistência vencida pouco a pouco. A Inquisição mantinha registros detalhados de suas atividades, prendia-os, confiscava suas propriedades, proibia-os de trabalhar e humilhava-os, obrigando-os a usar grandes cruzes amarelas nas roupas. Por volta de 1300, o catarismo estava em grande medida extinto.

Nessa época, as heresias estavam recuando em toda parte. No entanto, a autopurificação da Igreja não durou muito tempo. Em 1309, o papa Clemente V transferiu o papado de Roma para Avignon, onde clérigos de destaque viviam em um luxo acintoso. A autoridade da Igreja foi ainda mais abalada pelos acontecimentos relacionados ao Grande Cisma, quando, a partir de 1378, primeiramente dois, depois três indivíduos declararam ser, cada um deles, o verdadeiro papa.

Foi nesse mesmo momento que a Inglaterra – uma região da Europa que até então demonstrara apenas um conformismo religioso dos mais monótonos – por fim passou a tomar parte do combate herético. Nesse caso, o estudioso João Wycliffe seguiu o exemplo de Pedro Valdo, criticando a Igreja e traduzindo a Bíblia para o inglês. Wycliffe, que acabou morrendo de maneira tranquila em sua própria cama, mas foi depois denunciado como herege, inspirou um movimento – o lollardismo – que se assemelhava muito ao waldensianismo e resistiu na forma de pequenos grupos, secretos e perseguidos, de leitura bíblica. No entanto, as acusações que Wycliffe fez contra a Igreja tiveram outro impacto, muito mais explosivo. De maneira surpreendente, o movimento encontrou seguidores mil quilômetros a sudeste dali, na Boêmia, onde ajudou a provocar a mais importante explosão de heresia. A ira de Wycliffe teve grande repercussão entre os checos, que estavam exasperados com a venalidade do seu clero, composto em sua maioria de alemães. Quando o líder religioso checo João Huss foi enganosamente preso, processado e queimado pelos inquisidores da Igreja em 1415, a Boêmia separou-se da Igreja de Roma.

Sem uma Inquisição para controlá-lo, o país logo se transformou em uma espécie de *Estação ferroviária central da dissidência religiosa*, onde leitores da Bíblia valdenses conviviam com taboritas apocalípticos e igualitários, que haviam incendiado suas próprias fazendas para se libertar do pecado da riqueza. Um dos grupos, os adamitas, acreditavam, como os Refinados de Espírito, que eram divinos e superiores a Jesus. Em 1421, eles se instalaram em uma ilha do rio Nezarka, na qual, até serem mortos pelos aterrorizados taboritas, andavam nus, praticavam o amor livre e, tendo renunciado a todas as propriedades, invadiam os vilarejos próximos em busca de comida numa guerra santa autodeclarada, matando qualquer um que lhes caísse nas mãos.

Ainda assim, no século XV, quando a Igreja estava sofrendo os mais violentos ataques por parte dos dissidentes religiosos, a grande maioria dos europeus continuava a seguir seus preceitos, ignorando seus defeitos e aceitando silenciosamente seu caminho para o Céu. Muitos seguiam a Igreja com extrema devoção. Após o início da década de 1450, quando as últimas forças hussitas checas foram derrotadas, quase todos os europeus aceitavam a visão de mundo da Igreja. Os movimentos heréticos estavam encolhendo de tal maneira que a Inquisição perdeu a utilidade (com consequências funestas, como veremos no próximo capítulo). No alvorecer do século XVI, a Igreja estava mais confiante do que estivera havia séculos.

Essa confiança mostrar-se-ia imprudente.

Abre-se a Caixa de Pandora

Em 31 de outubro de 1517, Martinho Lutero caminhou até a porta da catedral de Wittenberg e pregou nela uma indignada denúncia das práticas da Igreja. Embora o gesto tenha sido celebrado posteriormente em milhares de manuais escolares, na época Lutero teria ficado chocado e profundamente espantado se lhe tivessem dito quais tinham sido as consequências de seu gesto.

Lutero é, sob vários aspectos, uma figura familiar. Ele possuía todas as características de um profeta: carismático, obstinado e extremamente agressivo com todos que se opunham a seus pontos de vista. Como outros profetas, Lutero tinha um grupo de discípulos fiéis que anotavam seus comentários mais notáveis feitos durante as refeições, os quais foram reunidos após sua morte em um livro intitulado *Conversas à mesa*.

160 | CRENÇA

Acima de tudo, ele tinha a desilusão de um profeta com o *establishment* religioso de sua época – a Igreja Católica –, que achava que havia se desviado perigosamente das expectativas divinas. Entretanto, de maneira diferente da maioria dos profetas mais antigos, ele conseguiu evitar uma morte violenta e prematura. Mas foi por pouco. Se tivesse tido uma chance, a Igreja de Roma sem dúvida o teria queimado na estaca.

Há muito atormentado pelo pânico com relação ao Paraíso e pelas dúvidas a respeito de sua própria adequação espiritual, Lutero foi posto no caminho do profeta em um momento-chave, quando se percebeu novamente surpreendido por uma passagem da Epístola de Paulo aos Romanos:

> [...] porque é o poder de Deus para a salvação de todo aquele que crê, primeiro do judeu e também do grego, visto que a justiça de Deus se revela no evangelho, de fé em fé, como está escrito: o justo viverá por fé. (Romanos, 1: 16-7)

Extático de alívio, Lutero concluiu que a *fé sozinha* era suficiente para levá-lo ao Paraíso. Pode-se dizer, contudo, que sua descoberta era menos radical do que imaginava. Ele havia descoberto uma justificativa teológica para aquilo que outros haviam feito durante séculos: descobrir um novo critério de entrada no Paraíso. Ao agir assim, estava contestando o papel da Igreja. Que importância teriam os preceitos eclesiásticos se a fé sozinha era suficiente para purificar alguém dos pecados? Era a mentalidade de um herege, e em tempos passados a carreira de Lutero teria sido breve. O fato de não ser devia-se, em grande medida, ao seu senso de oportunidade.

Desde a última grande revolta contra a Igreja na Boêmia hussita um século antes, a Europa tinha mudado bastante. Na época de Lutero, a técnica da impressão existia havia mais de duas gerações, e um número crescente de europeus podia adquirir livros e lê-los. Mais importante do que a cópia de suas *Noventa e cinco teses sobre o poder e a eficácia das indulgências*, que ele pregara na porta da catedral de Wittenberg, eram as que enviou, sem fazer tanto alarde, a conhecidos influentes. Mesmo Lutero ficou surpreso com o efeito que produziram. Apesar de escritas em latim, em duas semanas suas teses tornaram-se conhecidas em toda a Alemanha e, dentro de um mês, em toda a Europa.

INVENÇÕES ORIUNDAS DA CLANDESTINIDADE | 161

Quando as teses foram traduzidas para o alemão é que, para usar uma expressão moderna, elas *viralizaram*. Impressas inúmeras vezes em cidades de toda a Alemanha, eram vendidas nas ruas e lidas em voz alta nos bares e locais de trabalho. Embora a Igreja reagisse com seus próprios panfletos, os de Lutero – tão apaixonados, escritos com tanta simplicidade, tão irados – eram muito mais convincentes, trazendo para o seu lado o apoio de príncipes alemães, que o protegeram das autoridades eclesiásticas. A Igreja, que havia conseguido manter o controle da crença por mais de um milênio, perdeu-o em grande parte do Norte da Europa numa questão de meses. Sem o apoio dos governantes locais, ela se descobriu praticamente impotente.

Falamos bastante sobre *como* Lutero modificou as crenças na Europa. A questão principal para um livro como este é: *quais* crenças ele criou? Será que ele inventou conceitos realmente novos? Não era essa a sua intenção. Como muitos outros transformadores do mundo antes dele – de Confúcio e Jesus a Maomé –, ele se considerava um conservador que buscava conduzir a religião *para o passado*. Suas teses foram influenciadas pela repulsa diante de um esquema de coleta de fundos organizado pela Igreja que fora lançado em parte para financiar a reforma da Basílica de São Pedro, em Roma. Como uma espécie de monge e vendedor, Johann Tetzel viajou pela Alemanha oferecendo às pessoas a oportunidade de, mediante pagamento, retirarem seus parentes mortos do purgatório. Ele convencia as multidões com o *slogan*: "A cada moeda que no cofre cai, uma alma do purgatório sai!"

Lutero, desgostoso com a corrupção da Igreja – que, para ser justo, não era pior em 1517 do que tinha sido em muitas épocas anteriores –, procurou fazer que ela voltasse a um tempo de maior pureza. Essa esperança, no entanto, gerou um problema: até onde ela deveria voltar no tempo? Reduzir a Igreja à pregação de Jesus era, evidentemente, impossível, pois exigiria a amputação da maior parte do cristianismo. Voltar ao cristianismo da Bíblia? Isso também apresentava inúmeros problemas, pois excluía a complexa invenção do dogma da Trindade: assim que ele fosse eliminado, estaria novamente aberta a espinhosa controvérsia sobre o quão divino Jesus tinha sido. Lutero procurou uma solução conciliatória: aceitava a Bíblia, juntamente com os primeiros textos da Igreja, até por volta da época da queda de Roma, no século V.

162 | CRENÇA

Ainda assim, a visão que Lutero tinha da Igreja na verdade teria chocado os cristãos primitivos. Como todos os profetas, seu projeto religioso era extremamente *pessoal*. Tendo estudado teologia e sendo filho de um camponês que vencera na vida, orgulhava-se de sua origem simples, de ser alemão (e antissemita) e também de ser um homem de família. Em 1523 casou-se com Catarina von Bora, uma ex-freira simples mas fiel. Portanto, na Igreja de Lutero os sacerdotes passaram a ter a permissão de casar. Esse ajuste teria sido totalmente inaceitável para os cristãos primitivos, obcecados com o celibato. Eles também teriam ficado insatisfeitos com o Céu de Lutero – ao qual faltavam os requisitos rígidos de ingresso por eles estabelecidos –, que oferecia um agradável Paraíso camponês aberto a todos que tivessem fé.

Esse Céu era muito diferente do dos principais rivais de Lutero: o movimento protestante que surgiu na Suíça era profundamente influenciado por João Calvino e tornou-se conhecido como a Igreja Reformada. O Céu de Calvino era apenas para alguns eleitos escolhidos por Deus. Como entusiastas da ideia de que Deus já tinha escolhido quem seria admitido no Paraíso – a doutrina da predestinação –, os seguidores de Calvino não tinham mais certeza de uma vida feliz após a morte do que os cátaros Perfeitos. Os calvinistas acreditavam que nem a fé nem uma vida virtuosa poderiam garantir o lugar de alguém no Céu, uma vez que a vontade de Deus não era algo que pudesse ser controlado pelas ações de simples seres humanos. Deus havia escolhido quem quis. Embora esse sistema possa parecer muito pouco tranquilizador, os seguidores de Calvino eram otimistas: *acreditavam* estar na lista.

Além disso, para aumentar sua sensação de confiança, os calvinistas *manipulavam as provas*. Como acreditavam que uma vida confortável e opulenta era um sinal divino de que a pessoa tinha sido escolhida para o Paraíso, eles trabalhavam bastante para acumular riquezas, de modo a assegurar que o sinal da bênção estava sobre eles. Naturalmente, para eles isso não significava nenhum tipo de manipulação de prova, já que o sucesso material não era obra deles, mas também tinha sido predeterminado por Deus. Essa visão de mundo deu origem a uma característica duradoura da vida no Norte da Europa, que mais tarde ficou conhecida como ética protestante do trabalho.

A Reforma Protestante pode parecer, até aqui, um assunto meio enfadonho, ao menos em termos de imaginação religiosa. Não vimos

INVENÇÕES ORIUNDAS DA CLANDESTINIDADE | 163

nada de realmente novo. Não obstante, Lutero foi responsável, de modo indireto, por uma enorme expansão de criatividade, embora essa fosse a última coisa que pretendesse. Como vimos, seu objetivo não era prejudicar a Igreja, mas restaurá-la e conduzi-la por caminhos mais retos. No entanto, sua revolução teve consequências muito diversas. Ele quebrou o monopólio da Igreja: a Europa ficou dividida entre luteranos e seus rivais protestantes e a Igreja de Roma. O poder da Igreja Católica de impor sua visão a todos, por meio da Inquisição, acabou de vez. De repente, tudo passou a ser permitido.

Do vácuo surgiu uma série de pequenos movimentos que formaram a ala radical da Reforma. Foram chamados de anabatistas por seus inimigos, porque membros de alguns desses movimentos haviam se batizado novamente. Os grupos anabatistas em geral não tinham nada em comum uns com os outros, com exceção de uma vaga camaradagem, nascida do fato de serem todos perseguidos pelos católicos e pelos protestantes ortodoxos.

Foram os anabatistas que forneceram a verdadeira imaginação religiosa da Reforma Protestante, e seus minúsculos movimentos seguiam uma gama variada de crenças. Os anabatistas suíços pacifistas achavam que Lutero não havia ido longe o suficiente em sua marcha em direção ao passado, sustentando que as pessoas não deviam aceitar nenhuma autoridade além da Bíblia. Os anabatistas espiritualistas iam na direção oposta, buscando a Deus dentro de si mesmos e declarando que a Bíblia não era, de maneira nenhuma, a palavra de Deus, mas obra de seres humanos. Os anabatistas místicos acreditavam que podiam entrar em contato direto com Deus por meio de transes e visões em que o Espírito Santo falava com eles. Os anabatistas apocalípticos, como sempre, aguardavam com interesse o fim do mundo iminente. Os anabatistas comunitaristas esperavam reservar seu lugar no Paraíso vivendo como iguais e partilhando a propriedade. Tendo esse objetivo em vista, fundaram seus próprios assentamentos, primeiramente no Tirol austríaco e depois, após terem sido expulsos, na Morávia e na América do Norte. Como vimos em capítulo anterior, muitas dessas ideias estavam presentes na teocracia anabastista que governou, de forma breve e cruel, Münster, no Norte da Alemanha, e manchou a reputação do anabatismo durante séculos.

164 | CRENÇA

Foi na Inglaterra que essas ideias deram um salto. Jogado a contragosto nos braços da Reforma Protestante porque o papa Clemente VII se recusara a permitir que Henrique VIII se divorciasse de sua rainha, o país só embarcou numa verdadeira criatividade religiosa no século XVII. Durante as guerras civis das décadas de 1640 e 1650, quando a autoridade da Igreja entrou em colapso, a inovação irrompeu a partir de baixo, e a Inglaterra tornou-se o mais importante caldeirão da imaginação religiosa.

Um dos novos grupos mais estranhos – embora um dos menores – desse período extraordinário era o dos *muggletonianos*. Os adeptos dessa seita minúscula não afirmavam ter encontrado um novo caminho para o Paraíso, mas que *sabiam antecipadamente que chegariam lá*. O movimento foi fundado por dois alfaiates londrinos, John Reeve e seu primo Lodowicke Muggleton, que acreditavam ser as duas últimas testemunhas mencionadas no Livro do Apocalipse. Eles afirmavam que tinham o poder de saber, por meio de um simples olhar, quem seria arrebatado para o Céu após a morte e quem seria arrastado para as profundezas do inferno. Era uma ideia simples, mas eficaz. Os seguidores que recebiam o sinal de aprovação dos alfaiates podiam ter a certeza de que sua salvação estava garantida. Como era de esperar, em geral quem aceitava a autoridade dos primos era destinado ao Paraíso, enquanto aqueles que a recusavam eram condenados ao inferno. Às vezes mudavam de ideia após um desentendimento, condenando ao inferno aqueles que anteriormente haviam declarado salvos. Apesar do caráter local da seita, surpreendentemente os muggletonianos duraram bastante: o último membro conhecido do minúsculo movimento morreu não faz muito tempo, no século passado, em 1979.

Um dos ramos mais radicais da imaginação religiosa inglesa seguiu um caminho mais místico, de uma comunhão descontrolada e extática com Deus. O primeiro movimento a se envolver com esse tipo de prática surgiu três décadas antes do início da Revolução Inglesa, quando, em 1609, um ex-ministro da Igreja da Inglaterra chamado John Smyth voltou, com seu pequeno grupo de seguidores, de uma estadia de um ano na Holanda, onde haviam entrado em contato com anabatistas holandeses. Smyth fundou em Londres uma nova *Igreja Batista*, que foi reprimida de forma recorrente pela Igreja da Inglaterra, até que a Guerra Civil pôs um fim a todas as repressões desse tipo. Os batistas eram

INVENÇÕES ORIUNDAS DA CLANDESTINIDADE | 165

conhecidos pelas cerimônias religiosas muito longas e extremamente democráticas. Qualquer um podia pregar, mesmo as mulheres – algo chocante na Inglaterra do século XVII, dominada pelos homens. Nem mesmo se exigia que os oradores falassem a respeito da Bíblia. Eles podiam apenas demonstrar seus sentimentos e contar, numa profunda efusão emotiva, como o Espírito de Deus fora ter com eles.

No final da década de 1630 havia surgido um grupo afim, os *seekers**. Eles sentavam-se juntos, em silêncio, esperando que Deus assumisse o controle de um deles e o fizesse gritar de emoção. Não obstante, essa religião profundamente emotiva assumiu sua forma mais radical com a *Sociedade de Amigos*, conhecida depois como os *quakers*. Eles apareceram pela primeira vez em 1652, quando diversos pregadores religiosos, entre os quais George Fox, começaram a influenciar enormes multidões de ouvintes. O movimento dos *quakers* logo saiu de controle. Em cinco anos, já contava com 60 mil seguidores. Sem serem pacifistas, os *quakers* deixavam a conservadora Inglaterra bastante amedrontada com seu rápido crescimento e suas enormes reuniões ao ar livre carregadas de emoção.

No auge da radicalização, os *quakers* se tornaram uma *Igreja sem a Bíblia*. Muitos deles orgulhavam-se de sua pouca instrução e desconfiavam muito do clero com formação universitária, considerando os seus componentes como intrusos entre eles e Deus. Recusavam-se a tirar o chapéu diante dos supostos superiores, interrompiam as cerimônias religiosas da Igreja da Inglaterra e buscavam uma relação direta com Deus, na esperança de encontrar o que chamavam de *luz interior*. George Fox sustentava que Deus falava diretamente com ele, não por meio de nenhum livro, enquanto alguns *quakers* afirmavam que as Escrituras eram letra morta e queimavam suas Bíblias. Seus críticos afirmavam, com alguma razão, que ao rejeitar a Bíblia os *quakers* mal podiam ser identificados como cristãos. Certamente é difícil imaginar como o cristianismo poderia ter encolhido ainda mais sem destituir o próprio Jesus.

No entanto, o grupo que causou o maior impacto de todos era conhecido como os *ranters***. Os membros desse movimento efêmero,

---

* Buscadores. (N. do T.)
** Fanfarrões. (N. do T.)

166 | CRENÇA

composto por grupos minúsculos dispersos, eram famosos por satisfazer todos os seus desejos. Acreditavam que traziam a divindade dentro de si, enquanto alguns iam mais além e afirmavam que *eles próprios* eram Deus. Como consequência, achavam que os preceitos religiosos não se aplicavam a eles e que deviam fazer o que quisessem. Os *ranters* eram conhecidos pelo hábito de falar palavrões – mesmo em seus sermões –, de roubar, de se embriagar com frequência e de manter relações sexuais livremente com quem estivesse disposto. Como seu modo de vida repugnava a todos, com exceção deles próprios, conseguiram unir contra si todo o espectro de novos beatos da Inglaterra. Após terem sido declarados ilegais no verão de 1650, logo sumiram de vista.

Não estranhe se isso tudo lhe parecer familiar. A visão de mundo dos *ranters* reproduzia a dos anarquistas hereges medievais de quem falamos no início deste capítulo, os Adeptos do Espírito Livre. Será que havia uma relação direta entre eles? Não existe nenhuma prova. O mais provável é que, tendo partido da mesma premissa – de que eram divinos –, ambos os grupos tenham chegado à mesma conclusão agradável: deviam fazer o que bem entendessem.

No entanto, os *ranters* não eram, de maneira nenhuma, o único grupo da Reforma que pode ser considerado herdeiro dos movimentos heréticos da Idade Média. A maioria deles era. Em 1522, quando acabou com o monopólio de interpretação da Bíblia mantido pela Igreja e começou a traduzi-la para o alemão, Lutero estava reproduzindo os esforços de Pedro Valdo, de Lyon, e João Wycliffe, de Oxford. Do mesmo modo, a visão que os *diggers* tinham de um reino de Jesus na Terra igualitário e sem propriedade privada era uma repetição da visão de John Ball, durante a Revolta dos Camponeses Ingleses, e dos taboritas boêmios, que queimaram suas próprias fazendas. O verdadeiro caldeirão de criatividade religiosa foi o período medieval. A novidade da Reforma Protestante foi que ela permitiu que heresias se tornassem religiões, no momento em que a contracultura marginal tornou-se reconhecida como cultura.

No entanto, as novas Igrejas reformadas realizaram uma inovação que suas antecessoras medievais surpreendentemente não tinham conseguido realizar, algo que, pode-se dizer, foi a verdadeira novidade desse período: introduziram a *tolerância religiosa*. A tolerância com relação a outras ideias religiosas estava ausente do cristianismo desde os tem-

INVENÇÕES ORIUNDAS DA CLANDESTINIDADE | 167

pos de Paulo e talvez até desde os tempos de Jesus. Era algo em que os primeiros protestantes também não estavam interessados. Eles sonhavam com uma Igreja única e homogênea, mas que externasse *suas* ideias. Em 1525, um dos primeiros pregadores reformados, Ulrico Zuínglio, mandou afogar um dos primeiros anabatistas, Felix Mans, no rio Limmat, em Zurique. Na Saxônia, na década de 1580, luteranos mandaram para a fogueira vários protestantes reformados. Todos sabiam que a Igreja Católica achava difícil abandonar o sonho de Paulo do controle ideológico total. Mesmo os grupos anabatistas raramente demonstravam grande interesse pela tolerância, antevendo alegremente o momento em que todos, exceto eles, pereceriam no Apocalipse ou no Juízo Final. Pouco a pouco, porém, todas as religiões foram *obrigadas* a tolerar suas rivais. Elas não tinham escolha, pois não possuíam o poder de destruí-las. No século XVII, os cristãos, após insistirem que fossem toleradas, exigiram que a aceitação das várias visões fosse uma questão de princípio. Pela primeira vez os cristãos exigiam tolerância com relação a visões de mundo *diferentes da deles*. A era de perseguições no interior do cristianismo estava começando a chegar ao fim.

Mas a era das perseguições, não. Durante o século XVII, havia uma única questão a respeito da qual *todas* as igrejas cristãs estavam de acordo: fosse católica, luterana ou reformista, anabatista ou batista, quando se tratava de determinado fenômeno, todas se uniam impelidas pelo medo ou pelo ódio.

É uma pena.

9.

A INVENÇÃO DAS BRUXAS

Em julho de 1628, Joahnnes Junius, burgomestre da cidade de Bamberg, na Bavária, escreveu uma carta para sua filha.

Que você tenha centenas de milhares de noites agradáveis, minha mui amada filha Verônica. Inocente vim ter à prisão, inocente fui torturado, inocente devo morrer. Pois quem quer que adentre esta prisão feita para bruxas deve se tornar uma delas ou ser torturado até que invente algo de sua cabeça e – Deus tenha piedade dele – se lembre de algo.

Vou lhe contar como isso aconteceu comigo. Quando fui torturado pela primeira vez, meu cunhado, dr. Braun, dr. Kotzendorffer e dois médicos desconhecidos estavam presentes. dr. Braun me perguntou: "Como é que você veio parar aqui, meu parente?" Respondi: "Por causa da calúnia e do azar." "Ouça aqui", retrucou ele, "você é um feiticeiro. Vai confessar espontaneamente? Caso contrário, faremos entrar as testemunhas e o carrasco." Respondi: "Não sou feiticeiro; tenho a consciência tranquila a esse respeito. O fato de haver mil testemunhas não me preocupa, tenho o maior prazer de ouvi-las." Então o filho do reitor apresentou-se diante de mim, dizendo ter me visto. Pedi que ele fosse obrigado a jurar e que fosse examinado legalmente, mas o dr. Braun recusou-se a fazê-lo. Então o reitor, dr. George Haan, foi trazido, e repetiu as palavras do filho. Em seguida, Höppfen Ellse. Ela tinha me visto dançando em Hauptsmorwald, mas eles se recusaram a obrigá-la a jurar. Eu disse: "Nunca reneguei a Deus, e nunca o farei – Deus, em sua graça, poupou-me disso. Prefiro sofrer o que for preciso."

Então veio também – Deus no altíssimo Céu tenha misericórdia – o carrasco e, amarrando minhas mãos uma ao lado da outra, prendeu meus dedos em um aparelho que os esmagava, fazendo o sangue esguichar pelas unhas e por todos os lugares, de tal maneira que fiquei quatro semanas sem poder usar as mãos – como você pode comprovar pela minha letra.

Depois disso eles me despiram, amarraram minhas mãos para trás e me arrastaram até o alto da escada. Nessa hora eu pensei que o Céu e a

170 | CRENÇA

Terra estivessem chegando ao fim. Oito vezes eles me arrastaram para cima e me deixaram cair, para que eu sofresse uma terrível agonia. Disse ao dr. Braun: "Que Deus o perdoe por abusar desse modo de um homem inocente e honrado." Ele retrucou: "Você é um safado."

Percebendo que não conseguiria suportar a tortura por muito mais tempo, Junius inventou uma confissão. Disse que fora abordado por uma sedutora donzela que, em seguida, se transformara num bode, aterrorizando-o de tal maneira que ele concordou em renegar Deus e ser batizado em nome do diabo. Afirmou ter participado de reuniões de bruxas e cruzado os céus montado em um cachorro negro. Mesmo isso, no entanto, não foi suficiente para seus torturadores, e ele foi obrigado a dar o nome de outras bruxas, para que a caçada pudesse prosseguir.

Junius terminou a carta com alguns rabiscos escritos na margem.

> Amada filha, seis testemunharam contra mim ao mesmo tempo: o reitor, seu filho, Neudecker, Zaner, Hoffmaister Ursel e Höppfen Ellse – todos falsos testemunhos obtidos sob coerção, como eles me contaram, e pelo que me pediram perdão em nome de Deus antes de serem executados [...]. Todas as informações que eles têm a meu respeito são favoráveis. Eles foram obrigados a dar esse tipo de testemunho, exatamente como aconteceu comigo.[1]

A filha de Junius nunca chegou a ler a carta. Ela foi interceptada e acrescentada às provas a serem usadas contra seu pai.

É uma história comovente. Ainda assim, cabe a pergunta: o que a bruxaria está fazendo em um livro sobre crenças? Como qualquer historiador sério concordaria, na Europa medieval e renascentista *não havia bruxas*. Havia *magos* que às vezes eram acusados de bruxaria, mas eles eram muito diferentes. Magia era a noção de que havia elos invisíveis ligando todos os elementos da natureza. Isso significava que quem conhecesse esses assuntos poderia, por exemplo, causar dano a outra pessoa espetando agulhas num boneco, ou proteger as colheitas jogando ervas numa fogueira. A magia tinha uma presença tão univer-

---

1 BURR, George Lincoln (org.). *The Witch-Persecution at Bamberg. Translations and Reprints from Original Sources of European History*, vol. 3. Universidade da Pensilvânia, 1896, pp. 23-8.

A INVENÇÃO DAS BRUXAS | 171

sal em todas as culturas do mundo, que é provável que tenha sido uma das crenças mais antigas da humanidade, tendo se originado, possivelmente, do xamanismo. Na Europa medieval e renascentista, embora já em declínio, ainda era praticada por grande número de indivíduos. Embora alguns evidentemente gostassem da ideia de que estavam causando dano aos vizinhos, a maioria não parecia preocupada com a maldade, mas com a autoproteção. Eles faziam feitiços para pôr à prova e para neutralizar feitiços que os outros poderiam ter feito contra eles, numa espécie de *seguro sobrenatural*.

Por outro lado, apesar das alegações dos responsáveis pelas caças às bruxas, ninguém acreditava em bruxaria. Mas como explicar, então, o *medo das bruxas*? As histórias de bruxas, que em geral seguiam o mesmo roteiro, dificilmente poderiam ter sido mais bem calculadas para causar medo. Em sua maioria, as bruxas eram mulheres velhas. Podiam mudar de forma e voar. Eram amigas de animais astutos e inteligentes. Reuniam-se em grupos para dançar, fazer orgias e ser possuídas por espíritos malignos. E o mais inquietante de tudo, as bruxas entravam sorrateiramente nas casas das pessoas enquanto elas dormiam, chupavam seu sangue, mantinham relações sexuais com elas, devoravam sua carne, deixavam-nas doentes e matavam seus filhos. Esse fenômeno não parece uma crença, e sim uma versão criativa de temores humanos profundos.

Entretanto, não resta nenhuma dúvida de que esse medo de bruxas era uma *crença*. Sabemos isso porque, diferentemente da magia, o medo de bruxa estava longe de ser universal. Se tivesse sido um medo humano instintivo, o que se esperaria é que tivesse existido por toda parte. No entanto, foi encontrado de início somente em duas regiões do mundo: Europa e África. Da Escandinávia ao Sul da África, a imaginação religiosa das pessoas foi assombrada pela visão de mulheres más que voavam à noite, mas na China, na Índia, na Austrália e na América pré--colombiana as pessoas tinham de encontrar outras criaturas para povoar seus pesadelos.

Como a astrologia, as bruxas provavelmente eram um artigo exportado pela Mesopotâmia. A deusa mesopotâmica *Lamashtu*, que tinha cabeça de leão, dentes de jumento, patas de ave, unhas longas e apresentava-se acompanhada de duas serpentes, era conhecida por atacar as pessoas enquanto dormiam, matando homens, crianças e re-

172 | CRENÇA

cém-nascidos e bebendo seu sangue. Os judeus tinham um espírito feminino estéril chamado Lilith, que voava à noite, tendo corujas como assistentes, a seduzir homens, beber seu sangue e assassinar crianças. Os gregos também tinham um demônio feminino que comia crianças. Por que esse personagem perturbador migrou para o oeste – para a Europa e a África – e não para o leste, ninguém sabe.

Embora seja interessante que europeus e africanos partilhassem o medo desses monstros, isso não deveria causar espanto. O que *é* espantoso é que essa crença tenha sido levada a sério e que a bruxaria tenha sido considerada um tipo de atividade humana que representava uma grande ameaça à sociedade. Além do mais, essa visão era aceita pela grande maioria dos europeus, incluindo suas mentes mais brilhantes.

Como isso aconteceu? Para responder a essa pergunta, precisamos voltar ao episódio examinado no último capítulo, no qual, em 1022, o cavaleiro Arefasto desmascarou um pequeno círculo de dissidentes religiosos de Orleans. Embora as concepções religiosas do grupo já bastassem para condená-los, essas não foram as principais acusações apresentadas contra eles. Foram acusados de se reunir secretamente à noite, invocar o diabo, participar de orgias sexuais, assassinar os bebês nascidos dessas orgias e queimar seus corpos para fazer um pó que, ao ser consumido pelas pessoas, lhes garantiria o apoio do diabo.

Por que o grupo de Orleans foi acusado de bruxaria? Embora só possamos conjecturar, é possível fazer uma suposição bastante razoável. Como mencionei, Estêvão, o líder do círculo, tinha sido confessor da rainha da França. Havia, portanto, um perigo real de que a mancha de heresia marcasse tanto ela como o marido. Em consequência, parecia uma política acertada argumentar contra o círculo da forma mais arrasadora possível. Os bispos presentes também podem ter favorecido essa abordagem, já que ela desestimularia qualquer um dos circunstantes a levar a sério as opiniões dos dissidentes. Seus conceitos religiosos seriam abafados pelos crimes horrorosos dos quais eles eram acusados e a heresia seria contida. Se foi esse o raciocínio dos membros da Igreja, ele mostrou-se extremamente eficaz. Como vimos, os sentimentos contra os integrantes do círculo eram tão evidentes que eles tiveram de ser escoltados até o local da execução para impedir que fossem mortos ali mesmo pelos enfurecidos habitantes do lugar.

A INVENÇÃO DAS BRUXAS | 173

Parece que o julgamento estabeleceu um precedente infeliz. Tendo se mostrado tão eficazes em Orleans, as acusações de bruxaria logo se tornaram uma prática comum no número crescente de julgamentos por heresia que vieram depois. Cátaros e valdenses eram sistematicamente acusados de se reunir à noite para invocar o diabo. Ainda assim, seria um erro considerar que essas acusações fossem calculadas de maneira fria. Aos olhos dos condutores desses casos, heresia e bruxaria eram coisas muito parecidas. Como ambas eram obra do diabo, se a pessoa fosse culpada de uma, praticamente era culpada da outra.

Aos poucos, à medida que um número maior de dissidentes religiosos, junto com algumas bruxas, passou a ser considerado culpado de manter relações sexuais com o diabo e de voar durante a noite montado numa vassoura, começou a ocorrer uma mudança de opinião na Europa. Uma quantidade crescente de pessoas passou a imaginar que esse tipo de crença no bicho-papão devia ser *real*. A coisa avançou – ou retrocedeu – um pouco mais na década de 1230, quando a Igreja criou a Inquisição, que perseguiu ativamente hereges e bruxas. As acusações de bruxaria eram tão difíceis de desmentir e despertavam tamanha emoção que também eram convenientes em julgamentos políticos, como a destruição dos riquíssimos Cavaleiros Templários no início do século XIV. No final do século, enquanto o papado consentia na farsa do Grande Cisma e as heresias proliferavam, havia tantos tipos de acusações de bruxaria que, por uma questão de praticidade, elas foram padronizadas. Como a tortura era utilizada de forma sistemática, os inquisidores receberam listas de perguntas a serem feitas, sendo que todas elas – como "Há quanto tempo você é uma bruxa?" – pressupunham, em grande medida, a culpa. Todavia, durante a Idade Média era relativamente raro que as pessoas fossem acusadas de bruxaria se *não* fossem adeptas de movimentos heréticos. Muitos europeus duvidavam da existência de bruxas, e a questão ainda podia ser discutida com calma.

Isso tudo iria mudar. É preocupante saber que o auge do medo das bruxas não ocorreu no período medieval, tão frequentemente associado à superstição e à ignorância. Ocorreu durante o Renascimento, um período associado ao conhecimento, à descoberta da impressão e a um novo processo de aprendizado, um período que compreendia e amava o mundo clássico, que produziu obras magníficas nos campos da literatura, da arte e da música, além de descobertas científicas. Como isso

174 | CRENÇA

aconteceu? Em parte devido ao recuo dos movimentos heréticos. Como vimos, por volta da década de 1450 a explosão herética na Boêmia hussita tinha perdido força, e a Europa passava por um período de paz religiosa inexistente havia dois séculos. A Inquisição ficou praticamente sem ter o que fazer. Como qualquer profissional nessa situação, os inquisidores foram procurar outra ocupação. Sabiam que havia algo esperando por eles, pois o diabo não tinha se aposentado. Se seus seguidores não podiam mais ser encontrados nas seitas heréticas, então deveriam estar em outro lugar. A Inquisição, portanto, começou a procurar ativamente as bruxas.

Não tardou a encontrá-las. Após séculos conduzindo julgamentos por heresia, a Inquisição havia aperfeiçoado bastante seus métodos para obter confissões, utilizando a humilhação, a tortura e a ameaça de acusar os outros membros da família. As mesmas abordagens passaram a ser empregadas, com enorme sucesso, contra os suspeitos de bruxaria. Bastante ativo a partir da década de 1470 foi um inquisidor dominicano alemão chamado Heinrich Kramer, que havia adotado o nome erudito de Institoris. Em 1486, Kramer – que viria a ser condenado posteriormente pela própria ordem religiosa por fraude – publicou um livro, *Malleus Maleficarum* [*O martelo das feiticeiras*]. Nele apresentava ao mundo todas as informações que havia recolhido a respeito das atividades das bruxas e como elas poderiam ser descobertas e apanhadas. Surgiu assim a estranha ciência da *demonologia*, que o historiador Lyndal Roper definiu como "um novelo confuso de imagens, convicções mal articuladas e posições contraditórias".

Aprovado pelo papa, o livro de Kramer encontrou um público ávido. Graças à invenção recente do processo de impressão e ao avanço da alfabetização, ele atingiu grande número de leitores. As pessoas passaram a se familiarizar com cada detalhe da vida das bruxas, o que lhes permitia ficar à espreita de sinais reveladores de bruxaria entre os vizinhos. Entre esses sinais estavam o peso (qualquer pessoa que pesasse menos do que um exemplar da Bíblia certamente era uma bruxa), pintas claras no corpo onde o diabo deixara sua marca e caroços que eram considerados mamilos extras nos quais os demônios secundários mamavam. Em um continente cujos habitantes tinham um monte de cicatrizes, verrugas e doenças de pele, a possibilidade de encontrar bruxas era grande.

A publicação de *O martelo das feiticeiras* deu início ao que ficou conhecido como *obsessão pelas bruxas*. Guiados pelo manual de Kramer, os inquisidores começaram a caçar bruxas com grande entusiasmo. Os métodos que utilizavam para obter confissões parecem grosseiramente manipulativos aos olhos de hoje, e é provável que alguns inquisidores – como o próprio Kramer – desejassem conseguir grande número de condenações. Uns poucos também podem ter procurado confiscar as propriedades de suas vítimas. No entanto, é questionável que um número muito grande de inquisidores tenha agido de maneira cínica. A maioria parecia acreditar que estava agindo em prol do bem da humanidade. Para eles, Deus nunca permitiria que inocentes fossem punidos. Portanto, se ele não intercedia para salvar um suspeito, então *deveria ser culpado*.

Muitas vezes, os acusados também pareciam acreditar que Deus viria em sua ajuda. Quando ficava claro que, afinal, isso não aconteceria, a maioria das pessoas se confessava culpada, admitindo ter mantido relações sexuais com o diabo, matado e comido crianças, e assim por diante. É difícil censurá-las. Elas confessavam para evitar que membros da família fossem acusados ou que elas próprias fossem torturadas. Nesse aspecto, a casa das bruxas de Bamberg era particularmente bem equipada, com rodas, uma estrapada para içar a pessoa no ar pelos braços, que ficavam amarrados atrás das costas, esmagadores de dedos, banhos de cal e muito mais. Às vezes os inquisidores também ofereciam *iscas* tentadoras, como morrer estrangulado em vez de na estaca. Como era sabido que as bruxas agiam em grupo, costumava-se exigir que os investigados, uma vez tendo admitido sua culpa, apontassem o nome de outras bruxas. Desse modo, o simples fato de lançar um feitiço ou de espalhar um boato maldoso podia levar grande quantidade de bruxas à fogueira. Naturalmente, à medida que um número cada vez maior de bruxas era descoberto, ganhou corpo a hipótese de que a Europa devia estar infestada delas. Cresceu a exigência de que se lançassem campanhas mais vigorosas para lidar com aquela ameaça, o que, por sua vez, produziu mais bruxas confessas. A obsessão ganhou vida própria. Tendo começado no Nordeste da Europa, espalhou-se lentamente para todos os lados, uma vez que – como conta o historiador Jeffrey B. Russell – as bruxas não eram consideradas apenas um problema local, mas "parte de um grande complô contra os cristãos"[2].

---

2 RUSSELL, Jeffrey B. & ALEXANDER, Brooks. *A New History of Witchcraft:* Sorcerers, Heretics and Pagans. Londres, Thames and Hudson, 2007, p. 113.

176 | CRENÇA

Fatores externos agravaram o problema. Um deles – quem diria! – foi o tempo. Nas palavras do historiador Lyndal Roper, para muitos europeus a bruxaria era "uma experiência extremamente palpável". Eles contavam que "o leite secava, os bebês adoeciam e definhavam diante deles, que eram subitamente empurrados para baixo enquanto dormiam. Os animais ficavam doentes e as colheitas minguavam"[3]. Hoje sabemos que tais impressões estavam longe de ser imaginárias. Com o início de uma era de frio intenso conhecida como Pequena Era do Gelo, entre as décadas de 1420 e 1480, o clima da Europa começou a mudar. Os agricultores europeus, muitos dos quais já viviam com recursos mínimos, sofreram ainda mais com as safras medíocres. Alguns, em vez de aceitarem passivos seu destino, escolheram o caminho mais conveniente de procurar um culpado. É revelador que a obsessão com bruxas tenha sido muito mais intensa a partir da década de 1560, quando a Pequena Era do Gelo atingiu o auge e muitas regiões da Europa sofreram crises alimentares. Para aumentar ainda mais as tensões, a Europa também foi atingida pelo pior surto de peste desde a Peste Negra, duzentos anos antes. Tanto em Milão como em Genebra, as pessoas eram acusadas – e executadas – como bruxas que haviam espalhado a doença.

Outro fator foi a Reforma Protestante. Poderíamos imaginar que o fato de Lutero haver rompido o monopólio religioso de Roma teria diminuído o interesse em encontrar bruxas. Ao contrário, isso só piorou as coisas. Como a Europa havia se tornado um viveiro do medo e da inimizade religiosos, o medo das bruxas explodiu. Além disso, os líderes das novas Igrejas protestantes mostraram-se tão zelosos em erradicar as bruxas como seus rivais católicos. O próprio Lutero acreditava piamente em bruxas, e Calvino não ficava muito atrás. A expansão da Reforma estimulou guerras violentas, aumentando o clima de medo. As autoridades públicas, em geral as mais eficazes em conter os descobridores de bruxas excessivamente zelosos, tinham preocupações mais urgentes. As expectativas do fim do mundo deixaram o ambiente mais pesado, pois os apocalípticos ansiavam impressionar Deus limpando a sociedade dos indesejáveis.

---

3 ROPER, Lyndal. *Witch Craze:* Terror and Fantasy in Baroque Germany. Londres, Yale University Press, 2004, p. 9.

A INVENÇÃO DAS BRUXAS | 177

Quem eram esses infelizes? Alguns eram magos, e as acusações contra eles passaram em momento posterior a incluir bruxaria. A maioria deles, no entanto, não passava de inocentes sem sorte. Eram acusados por vizinhos maldosos ou escrupulosos que haviam se equivocado ou – como Johannes Junius, cuja carta abriu este capítulo – por pessoas que já tinham confessado a prática de bruxaria e que eram obrigadas a fornecer outros nomes. O verdadeiro crime de muitos dos acusados era ser *impopular*. Por exemplo, viúvas idosas ou parteiras que, tendo participado de um parto malsucedido, haviam feito inimigos, ou era gente que não se encaixava. Qualquer um que fugisse à norma podia ser acusado, de mendigos e bêbados a pessoas "estranhas", geniosas ou de comportamento sexual diferente. O curioso, porém, é que entre as vítimas também havia pessoas *boas demais*: gente extraordinariamente virtuosa, talvez a ponto de causar irritação, como professores e juízes. O mais seguro era ser simplesmente *comum* ou – mas isto é óbvio – poderoso.

Por que, podemos perguntar, não se apelou ao bom senso? Por que, num período em que o pensamento se renovava, ninguém protestou que era improvável que a Europa estivesse cheia de adoradores do diabo que assassinavam crianças e cruzavam os céus montados numa vassoura? Embora alguns o fizessem, foram em pequeno número. Em 1563, no auge da obsessão pelas bruxas, o estudioso holandês Johann Weyer publicou o livro *On the Illusions of Demons, on Spells and Poisons* [Sobre as ilusões dos demônios, sobre feitiços e venenos], no qual atacava *O martelo das feiticeiras*, argumentando que as acusadas de bruxaria eram na verdade, em sua maioria, mulheres que sofriam de melancolia ou de doença mental. Por essa tentativa, o próprio Weyer acabou sendo acusado de bruxaria. Era perigoso pôr à prova essa poderosa onda de pânico e opor-se a ela.

A sorte de uma parteira rabugenta e verrugosa costumava depender da eficácia dos caçadores de bruxas locais. Ela corria mais perigo nos lugares em que as autoridades estavam obcecadas pelo medo das bruxas, ou em que os inquisidores confiavam demais nas crianças, pois estas, mais do que os adultos, tendiam a misturar fantasia e realidade. Havia duas regiões da Europa em que os processos eram muito mais moderados do que em outros lugares. Nas montanhas do Jura, no Sul da França, os caçadores de bruxas relutavam em empregar a tortura, seguiam a lei e evitavam fundamentar os casos em testemunhos de crianças. Eles condenavam poucas pessoas por bruxaria. O mesmo

178 | CRENÇA

acontecia na Espanha, graças – o que não deixa de causar certa surpresa – ao bom senso da Inquisição espanhola, que concentrava seus esforços nos casos de magia.

Então, a obsessão terrível simplesmente desapareceu. No final do século XVII, esse crime desmedido – pelo qual cerca de 50 mil pessoas foram executadas e 50 mil foram torturadas – gradualmente chegou ao fim, terminando onde havia começado, no Noroeste da Europa. Em 1687, Luís XIV da França criou uma legislação nova e razoável sobre bruxaria. Por certo tempo, a obsessão pelas bruxas continuou ecoando à distância, com casos na Escandinávia, além do famigerado caso dos julgamentos das bruxas de Salém, em Massachusetts, em 1692. Então acabou. Desde o começo e em grande medida, foi um *fenômeno cristão*. Surgiu da mistura fatal de antigos medos de fantasma com um temor bastante concreto que os dirigentes do cristianismo sentiam: o medo de opiniões diferentes.

O que pôs fim à obsessão com as bruxas? Dito de maneira simples, a Europa *superou-a*. Ao mesmo tempo horrorizados com as violentas guerras religiosas do século XVII e encantados com as novas descobertas científicas, os europeus se cansaram das crenças religiosas extremadas e ficaram cada vez mais atraídos pelo racional. Havia um novo interesse em aplicar a abordagem científica – a comprovação por meio da experiência – às questões humanas. No momento em que se aplicou a lógica aos casos de bruxaria, eles viraram pó.

No século XVIII, o pensamento europeu começou a passar por uma transformação verdadeiramente radical: tornou-se possível questionar não apenas diferentes formas de cristianismo, mas o *próprio cristianismo*. Pela primeira vez em quase 1.500 anos, pessoas como Voltaire podiam pôr em dúvida a existência de Deus. No final do século XVIII, o cristianismo estava sendo atacado em duas frentes: pelas descobertas geológicas, que punham em dúvida as afirmações da Bíblia de que a Terra tinha apenas alguns milhares de anos de idade, e pelos revolucionários franceses agnósticos. Em 1859, uma nova frente se abriu com a publicação por Darwin de *A origem das espécies*, que produziu um estrago considerável na noção de que o mundo e a humanidade tinham sido criados por Deus.

Terminava assim, finalmente, o período áureo de uma religiosidade profunda e tranquilizadora. Será?

10.

A INVENÇÃO DE NOVOS CONSOLOS

Alívio para novos traumas

Certo dia, no ano de 1837, um professor primário chinês de 23 anos de idade chamado Hong Xiuquan viajou para a movimentada capital regional de Cantão para prestar, pela terceira vez, o exame de acesso ao serviço público chinês. Enquanto estava na cidade, chegou-lhe às mãos um panfleto protestante intitulado "Good Words for Exhorting the Age" [Palavras verdadeiras de exortação às gerações]. Embora mal tenha passado os olhos no panfleto, Hong levou-o consigo para sua aldeia natal. Ali, ao tomar conhecimento de que mais uma vez fora reprovado nos exames – sua incapacidade de pagar propina não ajudava –, mergulhou durante vários dias em um estado de delírio no qual acreditava estar na presença de dois homens. Um, de meia-idade, disse a Hong que era seu irmão. O outro, mais velho e de barba, deu a ele uma espada e lhe disse para livrar o mundo dos demônios. O significado dessas visões só ficou claro para Hong seis anos depois, quando, ao ser reprovado nos exames para o serviço público pela *quarta* vez, de modo inesperado encontrou o panfleto de novo.

"Palavras verdadeiras de exortação às gerações" oferecia uma interpretação atípica do cristianismo. Fora escrito por Liang Fa, uma convertida ao protestantismo muito mais impressionada com o Antigo Testamento que com o Novo. Liang considerava o cristianismo uma religião da revolta triunfante, que proclamava como os judeus, com a ajuda de seu Deus, haviam derrotado seus opressores estrangeiros (os egípcios). Para muitos chineses, o seu povo também tinha opressores estrangeiros: os governantes manchus, que dois séculos antes haviam conquistado o país vindos do Norte. Ultimamente, o regime manchu

180 | CRENÇA

havia se tornado tão decrépito que em Guangdong, a região natal de Hong, o país tinha sido derrotado de forma humilhante por um tipo de bárbaro muito mais estranho: os britânicos.

Ao ler e reler o panfleto, Hong teve uma epifania: chegou à conclusão de que em suas visões de seis anos atrás estivera no Céu. O homem idoso era Deus e o homem de meia-idade, Jesus. Portanto, Hong era o *irmão mais novo de Jesus*. Ele enxergou seu destino. Após destruir os textos de Confúcio na escola de aldeia na qual ensinava e ser demitido, começou a viajar pela zona rural, pregando e conquistando adeptos para seu novo movimento: a Sociedade dos Adoradores de Deus.

Embora influenciada por Liang Fa, a versão de Hong do cristianismo trazia uma marca bem pessoal. Na verdade, ele reinventou o cristianismo como uma religião chinesa. Hong afirmava que, no tempo das primeiras dinastias chinesas – muitos séculos antes de os judeus terem aceitado uma divindade única –, os chineses já adoravam o único e verdadeiro Deus do Antigo Testamento. Só mais tarde é que, desencaminhados por dinastias estrangeiras, eles se esqueceram de seu deus único. Se a ele retornassem, ele lhes traria glória. Hong prometeu libertar a China do domínio manchu e conduzir o país a uma nova idade de ouro, o Reino da Paz Celestial (*Taiping Tianguo*).

Apesar de sua esquisitice, o ramo de Hong do cristianismo nacionalista chinês mostrou-se atraente. Após sete anos de pregação, ele reuniu um exército de 20 mil camponeses, contrabandistas e tríades guerreiras insatisfeitos e lançou sua campanha no início de 1851. Teve início então uma guerra violenta conhecida como Revolta de Taiping, que só terminou treze anos depois, quando os exércitos de Taiping foram finalmente derrotados pelos manchus e o próprio Hong morreu, de doença ou por suas próprias mãos. A Revolta de Taiping, que ocorreu na mesma época da Guerra Civil americana, foi descrita como o último conflito importante do mundo nos moldes tradicionais. Enquanto na América os exércitos se enfrentavam usando ferrovias, rifles de alta capacidade, artilharia e navios encouraçados, nas campanhas de Taiping as armas usadas em geral eram a espada e a fome.

No entanto, se as táticas militares de Hong eram ultrapassadas, o Estado que ele governou durante um breve período na China central não se parecia, no auge da revolta, com nada que o país havia conhecido até então. Na capital, Nanjing, ele fez o possível para impressionar

A INVENÇÃO DE NOVOS CONSOLOS | 181

seu pai, Deus. Os inúmeros templos taoistas e budistas foram incendiados e seus funcionários foram perseguidos ou executados. Os habitantes da cidade foram obrigados a orar pela manhã e ao anoitecer, e Hong, que introduzira o calendário solar ocidental, determinou que o sábado seria um novo *sabbath chinês*, quando ocorriam gigantescas cerimônias religiosas (cuja presença era obrigatória).

Hong também procurou agradar a Deus por meio de uma certa *transformação social*. O Reino Celestial levou as noções de castidade a um novo patamar. Implantou-se a segregação total entre os sexos, e Nanjing foi dividida em distritos masculinos e femininos independentes. Ao mesmo tempo, promoveu-se a igualdade sexual – algo que nunca foi uma prioridade bíblica. As mulheres eram indicadas para os cargos públicos e também realizavam tarefas físicas pesadas. Na zona rural – cuja maior parte, felizmente, os rebeldes de Taiping nunca conseguiram controlar – a rigidez assumiu uma forma mais sanguinária, na medida que se estimulava os camponeses pobres a assassinar seus senhorios e seus vizinhos mais ricos Um século depois de Hong Xiuquan ter iniciado sua rebelião, outro híbrido sino-ocidental – o maoismo – iria adotar todas as suas políticas sociais, com exceção da segregação de gênero.

Mas estamos nos antecipando muito. O que levou Hong Xiuquan a acreditar que ele era o irmão mais novo de Jesus e que o cristianismo era uma religião nativa da China? Mais importante, o que tornou suas ideias tão atraentes a ponto de ele ser capaz de recrutar um exército imenso sob seu comando, além de envolver o país no que seria o mais terrível conflito em sua longa história, no qual morreu mais gente do que o conjunto de mortos da Primeira Guerra Mundial? Para responder a esta pergunta, é melhor dar uma olhada antes em outros dois movimentos.

À espera da revolução

No final de janeiro de 1848, um homem de 29 anos de idade sentou-se na sala de estudos de sua casa, localizada no número 42 da rua de Orleans, em Bruxelas. Fumava charutos para se manter acordado, enquanto escrevia furiosamente. Precisava escrever furiosamente. No mês de novembro anterior, na sala do primeiro andar de um *pub* londrino, ele participara de uma reunião de revolucionários alemães exila-

182 | CRENÇA

dos. Deixou-os tão impressionados que eles o contrataram para redigir seu programa político.

No entanto, ao voltar para Bruxelas, o escritor, que nunca fora dos criadores mais rápidos, passara a postergar a tarefa, fazendo quase tudo, exceto dedicar-se ao trabalho. Após terem transcorrido dois meses, sem nenhum sinal de progresso, os revolucionários expatriados ficaram impacientes, ameaçando que, se o programa não fosse entregue em uma semana, "outras medidas" seriam tomadas. Estimulado por fim a tomar uma atitude, o escritor cumpriu o prazo, mas não de todo, de modo que a última parte do trabalho parece inacabada, fazendo-nos perguntar se ainda a estaria esboçando no trem que o levaria ao porto de onde tomaria o navio para Londres. A narrativa é interrompida de forma precipitada com uma conclusão triunfal.

> Que as classes dominantes tremam diante da revolução comunista. Os proletários nada têm a perder senão seus grilhões. Mas têm um mundo a ganhar.[1]
> PROLETÁRIOS DE TODO O MUNDO, UNI-VOS!

Será que existe lugar para o marxismo neste tipo de livro? Afinal de contas, o marxismo não era uma religião, e sim uma filosofia política. Seu apelo – embora tenha caído em descrédito há muito tempo, ele *foi* genuinamente popular, sobretudo na Rússia, durante e após a Primeira Guerra Mundial, e na China, na década de 1940 – reside em sua aparente modernidade. Para os membros desiludidos das elites da Rússia e da China, que se desesperavam ao ver que seus países pareciam presos para sempre na armadilha do atraso, Marx não oferecia apenas socialismo, mas *socialismo científico*: uma análise à prova de erro baseada na interpretação especializada que ele fizera da filosofia alemã, da política revolucionária francesa e da economia inglesa. Marx havia interpretado a história como ninguém jamais o fizera, mostrando que ela era um longo processo de luta de classes. Melhor ainda, era capaz de prever o futuro. O *Manifesto comunista* de Marx ecoava a certeza dos profetas. As classes médias baixas jamais seriam capazes de "fazer a roda da his-

---

1 "Let the ruling classes tremble at a communist revolution. The proletarians have nothing to lose but their chains. They have a world to win." MARX, Karl & ENGELS, Friedrich. *The Communist Manifesto*, introdução de Eric Hobsbawn. Londres, Verso, 1998, p. 77.

A INVENÇÃO DE NOVOS CONSOLOS | 183

tória girar para trás". Com o proletariado, a burguesia produziria "seus próprios coveiros". Sua queda e a vitória do proletariado seriam "igualmente inevitáveis".

O próprio *Manifesto comunista* era um elemento importante da atração que a ideologia tinha. Embora atribuído a Marx e Engels, parece que Marx o escreveu praticamente sozinho. Parte de sua força deve-se ao fato de ser breve. Marx sabia ser verborrágico, mas o *Manifesto*, que ele escreveu em janeiro de 1848, com apenas 29 anos de idade, era bem curto, chegando a doze mil palavras ou cerca de vinte páginas. Muitos textos que mudaram o mundo eram curtos. A Epístola de Paulo aos Romanos e sua Primeira Epístola aos Coríntios, que definiram o núcleo de sua versão de cristianismo, contam juntas menos de 20 mil palavras. O Sonho de Daniel, que assombrou o mundo ocidental durante 2 mil anos, é muito menor ainda, com meras 5.500 palavras, ou o tamanho de um artigo de revista longo. Mesmo os Analetos de Confúcio têm o tamanho de um romance, com 27.500 palavras. Obras curtas e vigorosas cativam os leitores. Se Marx tivesse transmitido suas ideias apenas por meio de sua obra de vários volumes *O capital*, é duvidoso que alguém ainda se lembrasse do seu nome.

Assim como era curto, o *Manifesto comunista* era *eletrizante*. Como Lutero dois séculos antes dele, Marx possuía um estilo apaixonado, agressivo e muito agradável. Seu texto era um reflexo dele. Como Lutero, tinha uma personalidade muito parecida com a de um profeta: opiniões fortes e rudes com quem ousava discordar dele. Até parecia perfeito para o papel, com o "volumoso cabelo bem preto e as mãos peludas", gestos "sóbrios e altivos" e "voz metálica aguda" que era "maravilhosamente adaptada aos julgamentos que ele fazia das pessoas e das coisas..."[2]

Ei-lo aqui, trovejando como um bispo contra supostos críticos burgueses que alegam que os comunistas abalariam a instituição da família:

> O palavreado vazio burguês acerca da família e da educação e acerca da sacrossanta relação entre pais e filhos torna-se ainda mais repulsivo pelas ações da indústria moderna: todos os laços de família entre os pro-

---

2 Extraído de: ANNENKOV, Pavel. "A Wonderful Tem Years", em *Reminiscences of Marx and Engels*. Moscou, Foreign Languages Publishing House (s.d.), pp. 269-72.

184 | CRENÇA

letários são rompidos, e seus filhos são transformados em simples merca-
doria e instrumentos de trabalho.[3]

No entanto, eu diria que talvez a atração maior que o marxismo
exerceu em russos, chineses e outros povos não foi sua aparente modernidade nem seu estilo, nem mesmo sua mensagem de que a história
era um processo de luta de classes que levaria à vitória do proletariado,
mas a sua visão do *fim do mundo*.

Marx apocalíptico? Claro que, como pensador político, ele estava
muito longe desse perfil. Ou será que não? Ele dividia a história em três
eras. Primeiramente, havia o *passado ruim*, a era aristocrática, quando a sociedade havia sido dirigida por uma nobreza ociosa e privilegiada. Depois veio o *presente pior*, quando ela passou a ser controlada
por capitalistas gananciosos e insensíveis. Em breve, porém, viria um
futuro glorioso, quando, após uma revolução violenta, o poder finalmente seria entregue aos operários das fábricas e a exploração chegaria
ao fim. Parece familiar? Pois é, Zoroastro teve uma visão semelhante.
Isso também ocorreu, mais recentemente, com Joaquim de Fiore, o
monge e ermitão calabrês do século XII que dividiu a história da humanidade em um passado insatisfatório – a Era do Pai –, um presente
igualmente insatisfatório – a Era do Filho – e uma jubilosa e iminente
Era do Espírito. Assim como Marx profetizara que a revolução proletária seria liderada por uma vanguarda de intelectuais inspirados
(como ele), Joaquim afirmava que o caminho para a Era do Espírito
seria preparado por um movimento de monges dedicados (como *ele*).
Como inúmeros apocalípticos antes dele, Marx e seu colega revolucionário Engels esperavam impacientes pelo grande dia. Durante a
década de 1850, Marx, estimulado por algum acontecimento promissor do noticiário, declarou diversas vezes que *agora* a revolução estava
de fato chegando. Engels chegou até a se juntar aos caçadores de raposa de Cheshire para aperfeiçoar suas habilidades de cavaleiro, prepa-

---

3 "The bourgeois clap-trap about the family and education, about the hallowed co-relation
of parent and child, becomes all the more disgusting, the more, by the action of modern
industry, all families tiés among proletarians are torn asunder, and their children transfor-
med into simple articles of commerce and instruments of labour." MARX, Karl & EN-
GELS, Friedrich. *The Communist Manifesto*, p. 57.

A INVENÇÃO DE NOVOS CONSOLOS | 185

rando-se assim para liderar uma enorme *carga de cavalaria proletária* por toda a Europa.

Como o Sonho de Daniel e o Livro do Apocalipse, o apocalipse marxista não somente recompensava os merecedores, mas também punia os transgressores. Na versão marxista do Reino de Jesus na Terra (a ditadura do proletariado), os pecadores perversos (capitalistas) seriam lançados em seu lago de fogo (a lata de lixo da história). Não deve causar surpresa que o fim do mundo marxista fosse popular entre os povos que achavam que seus países estavam sendo amplamente prejudicados. O apocalipse havia surgido no mundo como uma resposta a esses sentimentos, quando, no século II a.C., patriotas judeus − entre eles o autor do Sonho de Daniel − viram seu país e sua cultura ameaçados pela opressão externa grega.

No entanto, o apocalipse marxista diferenciou-se de seus inúmeros antecessores em um aspecto importante: para alguns povos, ele realmente *cumpriu sua promessa*. De Jesus a Jan Bockelson, de Münster, os líderes apocalípticos haviam assegurado a seus seguidores que, como crentes, eles se tornariam grandes senhores de um novo reino sobre a Terra. É claro que tais promessas sempre haviam se revelado um pouco decepcionantes, mas os afortunados marxistas fiéis viram-se, *de fato*, promovidos, se não a grandes senhores, pelo menos a quadros privilegiados do novo regime. É o caso desse homem, com quem o general russo Bruislov, da Primeira Guerra Mundial − que o salvara de ser morto por um pelotão de fuzilamento −, era agora obrigado a dividir o apartamento.

Vulgar, insolente e permanentemente embriagado, com o corpo coberto de cicatrizes, naturalmente ele era agora uma pessoa importante, próximo de Lênin etc. Hoje eu me pergunto por que salvei sua vida! Nosso apartamento, limpo e agradável até sua chegada, entrou num processo de degradação causado por bebedeiras e brigas, furtos e um linguajar obsceno. Às vezes ele se ausentava durante alguns dias, e quando voltava trazia sacos com comida, vinho e frutas. Nós estávamos literalmente morrendo de fome, mas eles tinham farinha, manteiga e tudo mais que desejassem.[4]

---

4 FIGES, Orlando. *A People's Tragedy:* The Russian Revolution, 1891-1924. Londres, Jonathan Cape, 1996, p. 695.

186 | CRENÇA

Avanço para o passado

Em 28 de agosto de 1966, uma noite quente de verão, dois membros da Irmandade Muçulmana do Egito e um homem frágil de 59 anos de idade chamado Sayyid Qutb foram postos num carro e conduzidos pelas ruas silenciosas do Cairo até o quartel da polícia, em Bab al-Khalq. Ali chegando, os três foram imediatamente levados para o patíbulo, onde os encapuzaram e passaram uma corda no pescoço de cada um. Em seguida, o chão abriu-se debaixo de seus pés e eles ficaram balançando no ar.

Por que deveríamos nos interessar pelo destino infeliz de Sayyid Qutb? Porque, se podemos dizer que Osama bin Laden e seus seguidores da al-Qaeda tiveram um equivalente ao *Manifesto comunista* de Marx – uma espécie de *manual* filosófico de ação –, foi o pequeno livro que Qutb havia escrito dois anos antes de ser executado: *Os marcos*.

Ele escreveu essa obra na famigerada prisão de Tura, no Cairo, para onde fora mandado pelo regime do general Nasser, seu ex-colaborador político e governante do Egito, que o considerava um perigoso intelectual revolucionário. De onde veio o radicalismo de Qutb? Parece ter vindo mais *de dentro* dele do que *de fora*. Ele mostrou poucos sinais desse radicalismo durante a juventude. Nascido em 1906 numa família pobre, em um remoto vilarejo do Sul do Egito, saiu-se bem nos estudos – tendo evitado a escola religiosa local – e foi para o Cairo em busca de um emprego de funcionário público. Começou então a escrever poemas, romances, resenhas de livros, matérias jornalísticas e comentários. Passou a integrar a elite literária do Cairo, fazendo coro às críticas contra as injustiças do controle britânico sobre o Egito, tendo sido o primeiro patrono do grande escritor Naguib Mahfouz.

Foi na década de 1940 que Qutb começou a mudar. Aos poucos, de início até de forma um pouco reservada, ele se convenceu de que o Egito estava se afastando de suas raízes islâmicas e se tornando ocidentalizado demais. Ele achava que os egípcios estavam perdendo o senso de justiça social e que as mulheres estavam sendo exploradas. Embora essa transformação tenha começado dentro dele, ela foi favorecida por acontecimentos da época. Qutb ficou chocado quando o Ocidente e a União Soviética apoiaram a criação de um Estado judeu na Palestina em 1948. No mesmo ano, quando fez uma viagem aos Estados Unidos patrocinada pelo governo, diferentemente de outros egípcios que voltaram da viagem cheios de admiração, aumentou ainda mais a atitude de desprezo de Qutb. Ao retornar, ele atacou os Estados Unidos, acusando-o se ser um país tomado pelo preconceito racial, pela permissividade sexual e pela ausência de espiritualidade. O ex-amigo Mahfouz, que não simpatizava com islâmicos puritanos, passou a enxergá-lo como uma pessoa sinistra, com seus olhos saltados e sérios.

Oito anos mais tarde, o radicalismo de Qutb tomou nova direção. Tendo se afastado do dirigente egípcio Nasser quando, para desgosto de Qutb, ele implantou um regime extremamente secular, passou a se aliar cada vez mais ao movimento egípcio Irmandade Muçulmana, tendo sido preso em 1958 juntamente com vários membros da organização. Sua vida anterior, rodeada de livros, não o preparou para o que viria a seguir: prisão e espancamento. Alguns anos mais tarde, no hospital da brutal prisão de Tura, no Cairo, onde fora admitido em razão de seu precário estado de saúde, ele testemunhou a entrada de dezenas de companheiros da Irmandade Muçulmana, mortos ou feridos, após levarem um tiro em suas celas por terem se recusado a executar trabalhos forçados numa pedreira.

As marcas pode ser considerado a resposta de Qutb, ou sua vingança. Escrito como parte de um longo comentário sobre o Corão, ele era, na verdade, o pior pesadelo do islã radical que cada ocidental e muçulmano secular poderia ter. Qutb afirmava que todos os países, do Ocidente ao Japão, da União soviética à Índia e à China, eram "idólatras". Seu rigor com relação aos países muçulmanos não era menor, descrevendo-os como "mergulhados na *jahiliyyah*"[5]. Com o significado aproximado de "irreligiosidade", *jahiliyyah* era a palavra usada para descrever a ignorância religiosa dos povos da Arábia antes de terem sido convertidos por Maomé. Qutb afirmava que o verdadeiro islã estivera extinto durante "alguns séculos". Na verdade, dizia que nenhum país tinha o direito de se chamar muçulmano. Até mesmo vários de seus aliados políticos da Irmandade Muçulmana ficaram incomodados com essa posição. Sua *jahiliyyah* parecia incomodamente próxima de uma

---

5 QUTB, Sayyid. *Milestones*, tradução para o inglês do Islamic Book Service, 2001, pp. 10-1.

188 | CRENÇA

prática islâmica que há muito caíra em descrédito, a *takfir*, semelhante à excomunhão cristã por heresia.

Como resolver essa situação infeliz? Qutb via motivo de esperança. Segundo ele, o mundo se encontrava numa situação semelhante à do século VII, quando Maomé estava prestes a levar a palavra de Deus para os árabes. Naquela época, eles estavam cercados por dois impérios poderosos – Bizantino e Persa –, porém, com o advento do islã, haviam derrotado os dois. O mesmo aconteceria novamente, prometia Qutb, dessa vez com os impérios ocidental e comunista. Para dar início à renovação do islã, escreveu:

> É preciso haver uma vanguarda que se ponha em marcha com determinação pelo vasto oceano de *jahiliyyah* que tomou conta do mundo inteiro, e que depois se mantenha no caminho. Durante seu percurso, ela deve manter certa distância dessa *jahiliyyah* abrangente, ao mesmo tempo que conserva alguns laços com ela.[6]

Essa vanguarda, a quem *Os marcos* era dirigido, deveria começar bem pequena e permanecer inicialmente clandestina, para não ser destruída pelas forças da *jahiliyyah*. Quando estivesse forte o suficiente, esse exército de "verdadeiros muçulmanos" teria o direito de travar uma guerra não apenas defensiva, para proteger o islã, mas também agressiva, sem provocação, em tempo de paz. Citando, como sempre, o Corão, Qutb também justificava o martírio, sustentando que a morte em defesa do islã seria algo vantajoso, pois conduziria o mártir direto para o Paraíso.

A vanguarda por fim se expandiria de tal maneira que conseguiria lançar uma *jihad* – guerra santa – contra todos os países não muçulmanos, o que, para Qutb, significava *todos os países*, pois pensava que nenhum regime de sua época era realmente muçulmano. Sustentava que o islã precisava "se mexer" e se expandir, exatamente como os primeiros muçulmanos haviam feito. Ele também tinha o dever de "aniquilar" as potências não muçulmanas, porque só então a humanidade estaria livre para "escolher" se aceitava ou não o islã – uma escolha que, segundo ele, os governantes não muçulmanos jamais permitiriam. Por fim, o mundo inteiro seria conquistado e governado pela lei da *sharia*,

---

6 Ibid.

A INVENÇÃO DE NOVOS CONSOLOS | 189

algo que, para ele, todos *deveriam* aceitar, pois era a única lei que vinha de Deus. Dessa forma, argumentava Qutb, a humanidade conquistaria uma sociedade mais simples e moralmente mais justa, semelhante àquela existente na Arábia nos primórdios do islã.

Essa visão logo encontrou defensores. Um dos primeiros a ser convencido foi o jovem de quinze anos Ayman al-Zawahiri: ao tomar conhecimento da execução de Qutb, ele jurou criar uma pequena vanguarda secreta para renovar o islã, exatamente como Qutb insistira. Posteriormente, o grupo de al-Zawahiri passou a fazer parte da *jihad* islâmica, e mais tarde ainda, no Afeganistão, juntou-se à organização de Osama Bin Laden, que também fora bastante influenciado pelo livro *Os marcos*. As ações de 11 de setembro – um *ataque inicial* ao coração do Ocidente por meio de uma pequena organização clandestina – seguiram com rigidez as sugestões de Qutb. No momento em que escrevo este livro, em 2013, Zawahiri é o líder da al-Qaeda.

No entanto, o qutbismo não conseguiu uma quantidade maciça de seguidores no mundo muçulmano do modo como aconteceu, durante certo tempo, com o pensamento marxista na Rússia e na China. O que *era* popular, ao menos entre alguns muçulmanos, eram as ações dos grupos influenciados por seus textos. Pois algumas das atividades da al-Qaeda ofereciam um alívio, ainda que passageiro, ao ultraje cultural. Mesmo assim, é duvidoso que muitos muçulmanos anseiem pela volta dos costumes do início da Idade Média.

Quanto às prescrições de Qutb, elas não dão nenhum sinal de que vão se tornar realidade. Seu sonho de um retorno aos valores da época de Maomé parece mais distante do que nunca. Não existe nenhuma indicação de que um importante movimento guerreiro de genuínos muçulmanos esteja prestes a eclodir. Aqueles que seguiram sua orientação continuam sendo uma vanguarda pequena e clandestina. A lei da *sharia* não dá nenhum sinal de que vai se tornar um produto de exportação mundial. Ocidentais, chineses e russos continuam teimosamente fora do islã. Enquanto isso, em vez de ficar mais simples e ortodoxo, o mundo islâmico tem se tornado cada vez mais complexo, incluindo hoje cidadelas da modernidade como Dubai. É o pesadelo de Qutb, não o do Ocidente, que se tornou mais real.

Por outro lado, Qutb tinha a desvantagem de oferecer um programa político concreto, pois, apesar de suas citações do Corão, ele não passava disso: um programa de ação militar para derrubar regimes que ele desprezava. É facílimo avaliar sonhos políticos. A revolta de Hong Xiuquan – outro movimento religioso com propósito políticos – não conseguiu realizar sua promessa de derrotar os manchus. O marxismo também ficou desacreditado por sua folha de serviços quando, em vez de criar uma justiça social generosa, seus regimes produziram estagnação econômica e pobreza generalizada. Em comparação, um programa religioso que prometa o Paraíso pode ficar a salvo de julgamento, pois ao menos a decepção será menos evidente.

Se estivesse vivo, Qutb teria ficado chocado com o rumo que o mundo tomou? Não tenho tanta certeza. Uma leitura atenta de *Os marcos* revela, por trás dos apelos à ação, um fundo de pessimismo. O livro contém um pequeno trecho sobre as "invenções materiais" europeias no qual Qutb admira as conquistas do Ocidente e parece tristemente resignado com as limitações do mundo islâmico, observando que "a mente criativa europeia está muito à frente nessa área, e ao menos durante os próximos séculos não podemos pensar em competir com a Europa e superá-la nesses campos". Mais adiante, sustenta que o islã deve estar aberto ao progresso científico, mas exorta os muçulmanos a se limitarem ao "estudo de temas puramente científicos e tecnológicos". Ele os adverte para que estejam alertas contra as "especulações filosóficas" científicas do Ocidente, que são "em geral contra a religião e em particular contra o islã", e que "uma leve influência delas pode macular a fonte límpida do islã".

Qutb tinha razão de desconfiar das teorias científicas ocidentais. Ele tinha identificado aquilo que certamente era a maior ameaça a suas crenças. Podemos considerá-lo o último de uma extensa linhagem de pensadores devotos que durante mais de 2 mil anos lutaram para conservar suas crenças diante da razão. Alguns dos intelectos mais notáveis da Idade Média, incluindo o cristão Tomás de Aquino, o judeu Maimônides e o muçulmano Abu ibn Sina, tentaram adaptar suas religiões à filosofia grega. Os resultados, no entanto, nunca foram muito satisfatórios. Por mais que se rearranjassem as peças do quebra-cabeça, a razão e a fé recusavam-se com teimosia em se encaixar. A resposta de Qutb era instar os muçulmanos a aceitar a prática científica ocidental, mas manter distância da teoria. Tal sugestão, no entanto, era dificilmente exequível: a ciência prática ocidental nascera da teoria científica ocidental. Não era possível ter uma sem a outra.

A INVENÇÃO DE NOVOS CONSOLOS | 191

John Calvert, biógrafo de Qutb, o vê, nos anos de juventude, como um "tipo bem caracterizado da literatura romântica e existencialista europeia" e "um jovem inconformado com a banalidade da vida, que busca e às vezes capta um vislumbre de uma verdade espiritual superior". Os românticos costumam ter certo potencial incendiário. Quando seus sonhos são frustrados, a insatisfação logo aparece. Um toque de cinismo produz uma mistura mais segura. Quando o mundo não conseguiu viver de acordo com os ideais de Qutb, ele o rejeitou e imaginou um programa que o substituiria inteiramente.

Seu crescente desgosto deixou-o determinado até o fim. Em 1965, após ser solto da prisão, Calvert conta que, "por baixo da aparência cansada e abatida, ele continuava um homem cheio de entusiasmo". Em vez de pôr o ativismo em segundo plano, fez o contrário, passando a falar para plateias islâmicas de todo o mundo muçulmano e tornando-se o líder informal de um grupo revolucionário egípcio mal armado. Em seu último dia de liberdade, em um chalé de praia no litoral mediterrâneo egípcio, ele pressentia que logo seria preso. Seu biógrafo acredita que ele já estava concentrado no martírio. Quanto a isso, pelo menos, não ficaria decepcionado.

Portanto, para dar uma resposta definitiva à pergunta feita anteriormente: o que o marxismo, o qutbismo e o Reino da Paz Celestial de Hong Xiuquan têm em comum? Os três ofereciam curas para a mesma doença: o patriotismo ferido. Não que o patriotismo fosse um fenômeno novo. Como vimos, na década de 160 a.C., ele estava bastante presente na mente dos resistentes judeus à ocupação grega, entre eles o autor do Sonho de Daniel. No entanto, a partir da época da Revolução Francesa, o nacionalismo tornou-se uma força mais poderosa e consciente. Como o orgulho nacional passou a ocupar um espaço maior no pensamento das pessoas, a sensação de trauma ao ver o país ser humilhado também aumentou.

Exatamente um ano após Hong Xiuquan ter começado a pregar sua versão chinesa do protestantismo, a China foi derrotada de forma vergonhosa pelos britânicos na Primeira Guerra do Ópio. É como se, ao adotar a religião do inimigo, ele esperasse *se apropriar um pouco de sua magia*. Tanto a Rússia como a China adotaram o marxismo após serem humilhadas: a Rússia pelos exércitos alemães do *Kaiser*, a China pelos colonialistas ocidentais e pelo Japão imperial. Embora tenha sido

192 | CRENÇA

adotado apenas por um número relativamente pequeno de pessoas, o qutbismo rejeitou por completo os últimos séculos da história islâmica, quando o mundo muçulmano viu-se diante da agressão europeia, dos avanços científicos ocidentais e da perda de território para o novo Estado israelense.

No entanto, o trauma nacional não foi, de maneira nenhuma, a única nova fonte de inquietação que fez com que, durante os dois últimos séculos, as pessoas procurassem o consolo de uma crença radical. Muitas ficaram inquietas com outros temores que perturbavam sua tranquilidade pelo menos tanto quanto ele.

O preenchimento do grande vazio

Certa noite, em setembro de 1827, um jovem chamado Joseph Smith subiu o monte Cumorah, que ficava próximo a sua casa, no estado de Nova York. Smith afirmou mais tarde ter sido guiado nessa subida por um anjo chamado Morôni, que lhe havia aparecido diversas vezes em visões durante a adolescência. Segundo o relato de Smith, ao chegar ao topo do monte ele levantou um bloco de rocha, embaixo do qual encontrou uma espécie de receptáculo de pedra. Dentro dele havia um conjunto de placas douradas cheias de caracteres de aparência antiga. Também encontrou, de maneira conveniente, dois dispositivos que permitiram a tradução do texto: um era composto de duas pedras chamadas "intérpretes", o outro era uma pedra de vidente.

Smith pôs-se a trabalhar durante os dias e meses que se seguiram. De início, utilizou os intérpretes, examinando-os detidamente e consultando as palavras misteriosas que era capaz de decifrar. Mais tarde pôde dispensar tudo, até mesmo as placas escritas, e usar apenas a pedra de vidente. Com sua ajuda, ele chegava a registrar 3.500 palavras em um único dia.

Era um nível de progresso que encantaria a maioria dos escritores de ficção, e as 140 páginas resultantes pareciam mais um romance. *O livro de Mórmon*, como veio a ser conhecido, apresentava aventura e heroísmo, traição e fuga, uma grande viagem e batalhas renhidas, juntamente, às vezes, com lições de moral um tanto maçantes. Assim como a Bíblia, era composto por uma série de livros atribuídos a diversos

A INVENÇÃO DE NOVOS CONSOLOS | 193

autores. Diferentemente de seus correspondentes bíblicos, porém, os profetas mórmons se apresentavam e até explicavam qual era a relação que mantinham entre si, criando uma narrativa coerente muito mais agradável do que a da Bíblia.

O estilo do livro lembrava bastante o da Bíblia inglesa padrão de seu tempo, a Versão Autorizada do Rei Jaime, e, em especial, o do Livro de Isaías, com grande quantidade de frases começando com as palavras "Sucedeu que". (Mark Twain, de maneira um tanto indelicada, observou que aquilo parecia "clorofórmio em letra de forma".) Embora *O livro de Mórmon* afirmasse contar a verdadeira história de alguns dos primeiros habitantes da América do Norte, ele começa, de maneira um tanto surpreendente, no Oriente Médio. Em 600 a.C., o primeiro protagonista do livro, um rico morador de Jerusalém chamado Leí, teve visões de Deus e, o que é mais extraordinário, de Jesus, seis séculos antes do seu nascimento. Leí foi informado de que em breve Jerusalém seria atacada e destruída pelos babilônios (como de fato aconteceria). Quando seus compatriotas judeus se recusaram a dar ouvidos a suas advertências, ele fugiu com a família para a Arábia. Ali, seu filho Néfi encontrou, do lado de fora da tenda, um dispositivo chamado "Liahona", uma espécie de bússola direcional e moral:

> E agora, meu filho, tenho algo a dizer a respeito daquilo que nossos pais chamam de esfera ou guia — ou que nossos pais chamaram de Liahona, que é, por interpretação, uma bússola, e o Senhor preparou-a. E eis que nenhum homem poderia fazer uma obra tão esmerada. E eis que foi preparada para mostrar a nossos pais o caminho que deveriam seguir no deserto. (Alma 37: 38-9)

A Liahona conduziu o pequeno clã para longe, através dos oceanos, até uma América do Norte aparentemente desabitada, onde os descendentes de Leí viveriam durante os próximos mil anos. Divididos em duas tribos rivais, uma virtuosa e outra perversa, eles lutariam entre si e, no caso dos nefitas virtuosos, se esforçariam para conservar sua fé. Essa fé seria renovada quando Jesus, após ter sido crucificado, fez uma breve visita aos nefitas, para pregar, curar e louvá-los por conservar a fé nele durante os longos séculos que antecederam seu nascimento. O relato termina, de maneira um pouco apressada, com o desaparecimento dos nefitas no século V d.C., o qual é descrito em dois livros atribuídos a Mórmon e seu filho Morôni, o qual apareceria

194 | CRENÇA

1.300 anos mais tarde como o anjo que guiou Smith até as placas de ouro escondidas e escreve como o último sobrevivente de seu povo, para contar como tudo tinha dado errado.

> E o exército que está comigo é fraco, e os exércitos dos lamanitas separam-me de Serriza e todos os que fugiram para o exército de Aarão caíram, vítimas de sua espantosa brutalidade. (Morôni 9:17)

Joseph Smith foi o primeiro *profeta americano* de verdade, e sua carreira espelhou as de outros profetas que examinamos. Ele granjeou seguidores e inimigos, conquistou vitórias e enfrentou hostilidades, foi exilado várias vezes e, finalmente, teve uma morte violenta. Como outros profetas, as ideias de Smith invariavelmente divergiam da religião na qual ele fora criado. Em 1832, após líderes de outras igrejas cristãs insistirem teimosamente que *O livro de Mórmon* era uma fraude, Smith declarou que Deus o enviara à Terra para criar uma nova e verdadeira Igreja que substituísse todas as outras, que havia muito tempo estavam desorientadas por falsas crenças.

Em seguida, passou a fazer pronunciamentos mais radicais. Em 1833, Smith disse a seus seguidores que eles deveriam se abster de qualquer estimulante, de tabaco e álcool a café e chá. Também apresentou uma concepção de *pré-mortalidade* semelhante à do hinduísmo: que as pessoas têm uma vida anterior ao nascimento, como "crianças espirituais". Essas inovações, além do próprio *Livro de Mórmon*, fizeram com que o movimento de Smith fosse denunciado como estranho ao cristianismo, granjeando um fluxo constante de inimigos. Ele e seus seguidores passaram a ser expulsos por vizinhos furiosos e empurrados cada vez mais para o oeste. Quando Smith passou a defender a poligamia no início da década de 1840, alguns de seus próprios seguidores se voltaram contra ele e, em 1844, ele foi assassinado por uma multidão enraivecida em Carthage, Illinois.

Sua religião, contudo, sobreviveu. Apenas três anos após sua morte, seus adeptos fundaram um lar novo e permanente em Salt Lake City, Utah, que continua sendo até hoje seu principal reduto. Quanto ao *Livro de Mórmon*, embora tenha ficado em segundo plano no interior da religião durante certo tempo, é hoje mais importante do que nunca, sendo citado e ensinado nas escolas mórmons tanto quanto a própria Bíblia.

A INVENÇÃO DE NOVOS CONSOLOS | 195

Qual era o apelo da visão de mundo de Joseph Smith – um apelo suficientemente forte para manter a fidelidade de seus seguidores, muito embora eles fossem obrigados a abandonar suas casas e vissem seus irmãos na fé serem mortos? O mormonismo oferecia um novo caminho para o Paraíso num momento por demais conturbado. As décadas de 1820 e 1830 foram um período em que os americanos ficaram desnorteados com as transformações rápidas ocorridas no país, à medida que o mercado ficava mais difícil e a política mais brutal, a imigração se multiplicava por dez em vinte anos e a vida dos pobres se tornava cada vez mais dura. Os americanos também se sentiam profundamente orgulhosos de sua nova nação. Smith ofereceu-lhes um *cristianismo americano* único, cheio de anjos americanos, Escrituras americanas antigas e, naturalmente, um profeta nascido na América, enviado por Deus para destruir as corruptas e decrépitas igrejas do Velho Mundo.

No entanto, o mormonismo também tinha outro tipo de apelo. Para entendê-lo, devemos examinar rapidamente algumas outras novas crenças que surgiram durante o século seguinte. Em primeiro lugar, gostaria de dar uma olhada em um movimento que foi fundado pela primeira *profetisa* deste estudo. Helena Petrovsky Blavatsky, mais conhecida simplesmente como Madame Blavatsky, parece ter encontrado muito cedo a inspiração para sua visão de mundo bastante incomum. Nascida em 1831 em Ekaterinoslav, na Ucrânia, passou grande parte da infância lendo livros da vasta biblioteca sobre ocultismo do bisavô. Em seguida, levou uma vida extremamente não convencional para a época. Tendo se casado aos dezessete anos de idade com um aristocrata vinte anos mais velho, abandonou-o na lua de mel (embora tenha mantido seu sobrenome, Blavatsky). Dali em diante, tornou-se uma intrépida viajante do mundo, chegando até a participar de uma guerra: em 1865, foi ferida na batalha de Mentana, na Itália, quando apoiava a luta de Garibaldi pela unificação italiana. Também ganhou admiradores pela habilidade em entrar em contato com os espíritos dos mortos e pela aparente capacidade de provocar ruídos estranhos e fazer os móveis se moverem.

Segundo o que afirmou mais tarde, no final da década de 1860 ela fez uma descoberta realmente extraordinária. Em 1868, recebeu uma ordem de seu "mestre" Morya, um hindu alto que conhecera na Grande Exposição de Londres, dizendo que deveria viajar com ele para o Tibete.

196 | CRENÇA

Por decisão própria, ela passou dois anos no mosteiro tibetano de Tashi Lhunpo, em Shigatse, na companhia de Morya e de outro mestre, Koot Hoomi. Ela não poderia ter ficado em melhor companhia, pois ambos dispunham de poderes extraordinários e não estavam sujeitos às normas dos monges comuns. Com a ajuda deles, Blavatsky teve acesso, como ocorrera na infância, a uma biblioteca bastante incomum.

Antes de analisar o que ela contou ter encontrado ali, gostaria de fazer uma breve interrupção e uma análise rápida de outras crenças que surgiram naquela época, pois não é fácil entender a religião de Madame Blavatsky sem elas. Por volta de 1850, ocorreu uma espécie de explosão de novas teorias. Embora essas ideias com frequência contradissessem umas às outras, os panfletos que as promoviam eram muitas vezes vendidos nas mesmas bancas e lidos pelas mesmas pessoas. Embora esses leitores tivessem em geral uma formação razoável, se sentiam excluídos de um mundo mais privilegiado. Em outras palavras, não se diferenciavam dos pobres artesãos e alfaiates independentes que haviam apoiado as novas crenças radicais na Europa nos últimos mil anos, de Tanquelmo aos muggletonianos. No que diz respeito a isso, foi justamente esse tipo de gente que em tempos recentes havia encarregado Marx de escrever o *Manifesto comunista*.

Embora as crenças dessa nova onda muitas vezes não fossem de natureza religiosa, elas tinham algo em comum com as religiões: numa era de transformações rápidas e de insegurança, elas ofereciam confiança. Europeus e norte-americanos ficaram fascinados com a possibilidade de cuidar da saúde por meio do vegetarianismo, da cura pelo hipnotismo e da higiene da população. Tornaram-se adeptos da Igreja de Cristo, Cientista, de Mary Eddy Baker e pararam de ir ao médico, satisfeitos por terem descoberto que a dor, a doença e até a morte *não existiam*. Acreditavam ter uma ligação invisível com todo o cosmo por meio do magnetismo animal e que eram capazes de conversar com seus entes queridos mortos por meio do espiritismo. Esperavam descobrir que os aguardava um futuro brilhante por meio da quiromancia e daquela antiga piada, a astrologia. Acreditavam que a medição cuidadosa do relevo craniano – a frenologia – demonstraria que eram moralmente superiores aos aristocratas e aos monarcas. Ou contentavam-se em acreditar que eles e seus compatriotas pertenciam a uma raça superior.

A INVENÇÃO DE NOVOS CONSOLOS | 197

Praticamente no mesmo momento em que Marx corria para escrever o *Manifesto comunista*, Roberto Knox, um cirurgião escocês desacreditado que fora ladrão de túmulos, trabalhava no correspondente racista da obra de Marx: *The Races of Men: A Fragment* [As raças humanas: um fragmento]. Publicado em 1850, o livro afirmava que os europeus do Norte eram mais avançados do que as outras raças porque seu período de gestação era mais longo. Knox argumentava que o casamento inter-racial estava condenado, ao mesmo tempo que demonstrava um desprezo particular pelos membros da "raça normanda", a quem denunciava como governantes parasitas da Inglaterra (e a quem, desconfio, culpava por ter sido expulso da profissão médica). Segundo sua profecia, haveria um amplo conflito racial, culminando com uma guerra racial apocalíptica e purificadora que estabeleceria a dominação branca do mundo. Diferentemente do *Manifesto comunista*, a obra *The Races of Men: A Fragment* foi um sucesso instantâneo.

Quando, em 1875, Madame Blavatsky expôs em Nova York seu novo credo, o Movimento Teosófico, ela o anunciou como sendo uma "religião perpétua": uma união definitiva de antigas doutrinas provenientes do mundo inteiro. Tratava-se, no entanto, de uma afirmação enganosa. A teosofia era, certamente, fruto de sua época, baseando-se em muitas das novas crenças que acabamos de descrever, do racismo ao espiritismo. Blavatsky contou que a principal fonte de seus *insights* era um espírito com o qual ela estivera em contato chamado John King que mantinha relações amistosas com um grupo de mestres egípcios da "Misteriosa Irmandade de Luxor", que fazia parte de uma sociedade maior chamada "Irmandade Mística Universal".

Contando com a habilidade dele para ajudá-la, Bravatsky escreveu, em seu apartamento de Nova York, um delirante ataque de 1.300 páginas ao racionalismo e ao materialismo ocidentais, intitulado *Ísis sem véu*. Críticos maldosos observaram que trechos extensos de seu texto revelaram uma fantástica semelhança com os livros de sua estante. Uma década mais tarde, Blavatsky produziu sua obra seminal, *A doutrina secreta*, com 1.500 páginas. Publicado em 1888, a autora afirmava que ele se baseava bastante em um admirável texto antigo e secreto que ela descobrira durante sua visita ao mosteiro de Tashi Lhunpo, no Tibete: *Estâncias de Dzyan*.

198 | CRENÇA

Estâncias de Dzyan fez *O Livro de Mórmon* parecer absolutamente sério. Ele contava nada menos do que *toda a história da humanidade*, desde o início dos tempos. Ao retransmitir essa narrativa perdida a um público mais amplo, Blavatsky contou que havia sete tipos de planetas e sete terras, sendo apenas uma delas visível ao olho humano. Ela elencou sete "raças fundamentais", cada uma das quais havia gerado sete raças secundárias. A primeiríssima, a raça fundamental Astral, vivera numa região sagrada, inextinguível e invisível, enquanto a raça fundamental da Atlântida criara edifícios muito altos e belos, até que seu país desapareceu debaixo do Oceano Atlântico. Embora as raças primitivas fossem compostas por gigantes sobre-humanos, um episódio de cruzamento inter-racial acabou transformando a maioria da humanidade em seres inferiores corrompidos. A esperança, no entanto, ainda não estava perdida, pois uma raça pouco numerosa e pura, descendente de reis-sacerdotes, sobrevivera: a raça ariana. Os seres humanos ainda podiam ter a esperança de alcançar os níveis mais altos de desenvolvimento, como seres espirituais.

A visão de Blavatsky pode parecer excêntrica, para dizer o mínimo. No entanto, ela era, à sua maneira, bastante influente, tendo inspirado inúmeras imitações, notadamente a de dois autoproclamados aristocratas vienenses, que deram à invenção épica de Blavatsky um direcionamento muito mais germânico. Um deles era Guido List, filho de um artesão de couro que ficara numa situação difícil na esnobe Viena ao acrescentar *von* a seu nome. Com a barba comprida e emaranhada e o olhar fixo, List pode ser considerado uma versão moderna do fenômeno atemporal do profeta errante, embora, em vez de se perder no deserto, fosse um exímio caminhante dos Alpes. Como Blavatsky, ele afirmava ter redescoberto uma religião perdida: o culto do deus pagão germânico Wotan.

Embora não se conheça quase nada a respeito da religião primitiva germânica, isso não desencorajou List, como relata Nicholas Goodrick-Clarke no livro *As raízes ocultistas do nazismo*. Tácito, o autor clássico romano, que é praticamente a única fonte sobre o assunto, mencionou que os antigos alemães haviam se dividido em três tribos. List afirmava que, na verdade, tratava-se de três castas sociais, das quais a superior – para Tácito, os hermiones, que List germanizou para *armanens* [armanistas] – havia sido aquela composta pelos sacerdotes do rei

A INVENÇÃO DE NOVOS CONSOLOS | 199

sol, Wotan. A compreensão de ser ele próprio um herdeiro direto dessa antiga aristocracia foi que o levou a acrescentar *von* a seu nome.

A partir de 1900, List passou a desenvolver com regularidade sua reinvenção da antiga Alemanha, que narrava em artigos de jornal. De vez em quando ele "interpretava" nomes de lugares germânicos ou canções e ditados antigos. Na maioria das vezes, recorria à própria imaginação ou à imaginação de Madame Blavatsky. Os gigantes da Atlântida de Madame Blavatsky encontraram um lugar na visão de List, assim como a raça ariana e a predileção que ela tinha por um símbolo hindu descoberto durante as viagens à Índia e que incluíra no brasão da Sociedade Teosófica: a suástica. List também adotou algumas teorias de outro reinventor do passado distante, originário de Berlim: Max Ferdinand Sebaldt von Werth, que afirmava que, para manter a pureza racial, os antigos arianos praticavam uma *religião sexual*.

Em seguida, List reconstruiu a desafortunada história posterior da religião dos armanistas. De acordo com seu relato, os seguidores de Wotan tinham sido brutalmente atacados pela Igreja de Roma, com o apoio de Carlos Magno. Privados de sua religião sexual, a preciosa pureza racial dos germanos havia se degradado. Porém, nem tudo estava perdido. A antiga crença dos armanistas tinha sido preservada secretamente por diversos grupos, entre eles os Cavaleiros Templários da Idade Média, os humanistas do Renascimento e os maçons livres.

Enquanto reinventava o passado, List também previa o futuro. Ele advertia sobre uma grande conspiração contra os alemães por aquilo que chamava de Grande Partido Internacional. Apesar de desprezar o cristianismo, adotou entusiasticamente uma de suas principais ideias: a teoria do fim do mundo. Previu um apocalipse racial iminente, que conduziria a um mundo purificado, governado pelos arianos, no qual a religião armanen enfim retomaria sua antiga glória. Ele profetizou o surgimento de um novo império pan-germânico, governado por uma elite sacerdotal com poderes ilimitados. Nessa nova Alemanha, as famílias arianas teriam de manter registros que comprovassem sua pureza racial, e os membros das raças inferiores seriam reprimidos brutalmente por meio da realização de tarefas subalternas, para que os alemães puros pudessem desfrutar de um modo de vida condizente com sua posição. Para ajudar a transformar essa visão em realidade, List fundou em 1911 uma nova elite, a Eminente Ordem do Armanismo ou HAO (acrônimo do nome em alemão Hoen Armanen Orden).

200 | CRENÇA

As ideias de List foram levadas mais adiante ainda por nosso próximo visionário, um amigo de List chamado Jörg Lanz von Liebenfels. Outro autoproclamado aristocrata, Lanz afirmava ter nascido na Sicília e ser filho de um barão, embora na verdade fosse filho de um professor primário do subúrbio de Viena. Se List era uma versão moderna do profeta do deserto, Lanz também era um personagem familiar, que encontramos em Tanquelmo de Flandres e Martinho Lutero: o ex-monge profeta. Após passar seis anos no Mosteiro Cisterciense da Santa Cruz, próximo a Viena, Lanz retomou o convívio social cheio de novas ideias. Em 1905, ele as relatou em um livro com o surpreendente título de *Teozoologia, ou a ciência dos simioides-sodomitas e do elétron divino*.

Como Guido List, Lanz reconstruiu o passado distante a partir de fragmentos de provas incompletas e grandes doses de pura imaginação. Ele afirmava que relevos e inscrições descobertos na Mesopotâmia revelavam que o rei assírio Assurbanipal II recebera, certa vez, várias criaturas de aparência estranha como tributo do governante de um pequeno país próximo ao Mar Vermelho. Baseando-se em citações do Antigo Testamento, Lanz concluíra que essas criaturas – que Assurbanipal mantinha em seu zoológico particular – eram, na verdade, pigmeus africanos. Lanz insistia que os assírios arianos, até então puros, tinham cometido o grave erro de sodomizar aqueles sub-humanos, dando origem assim a uma nova raça inferior. Lanz sustentava que o Antigo Testamento inteiro havia sido escrito como uma advertência aos arianos contra tal comportamento.

Outra de suas descobertas referia-se ao poder especial dos arianos. Lanz afirmava que os arianos originais e puros tinham sido capazes de se comunicar telepaticamente entre si por meio de sinais eletrônicos. Ele argumentava que Jesus, por ser um ariano importante, realizara os milagres recorrendo a seus poderes eletrônicos. No entanto, esses atributos sobre-humanos tinham sido cada vez mais corroídos, à medida que os arianos cruzaram com seres humanos inferiores. Às vezes esse cruzamento era imposto aos arianos, e Lanz afirmava que o relato das últimas horas de Jesus feito pelos Evangelhos não narra, como em geral se supõe, seu julgamento e sua execução pelas autoridades de Jerusalém, e sim a tentativa de estuprar Jesus por parte de sodomitas pigmeus satânicos.

Embora a situação dos arianos fosse grave, Lanz ainda tinha muitas esperanças no futuro. Em seu livro e, posteriormente, em artigos de

A INVENÇÃO DE NOVOS CONSOLOS | 201

sua revista, *Ostara*, ele insistia que os arianos poderiam recuperar seus antigos poderes eletrônicos se tivessem o cuidado de procriar apenas entre si, acentuando, assim, sua pureza racial. As coisas também poderiam ser facilitadas por meio de uma guerra apocalíptica iminente, na qual os seres humanos inferiores seriam destruídos e depois da qual Jesus voltaria para presidir um reino composto por uma população rejuvenescida. Enquanto isso, Lanz instava o extermínio imediato de todas as raças pigmeias inferiores. No conflito épico entre os louros e os de cabelo escuro, ele recomendava que as raças inferiores fossem castradas, esterilizadas, escravizadas, transportadas para Madagascar ou simplesmente incineradas como oferendas a Deus. As mulheres alemãs, que, por serem do sexo fraco, eram propensas a achar seus inferiores pigmeus sexualmente atraentes, deviam ser totalmente subjugadas pelos maridos arianos.

Lanz, como List, estava ávido por fazer sua parte na criação de uma nova elite ariana que liderasse os alemães em sua cruzada racial. Em 1907, quatro anos antes de List criar sua cópia HAO, Lanz fundou a Ordem dos Novos Templários, uma espécie de sociedade de monges racistas. Os membros da ordem tinham de aceitar um exame racial rigoroso – por meio de métodos que Lanz delineara na revista *Ostara* –, após o qual lhes era fixado um lugar numa hierarquia rígida, de acordo com seu grau de pureza. Entre os membros dos Novos Templários estavam Guido von List e também, o que é mais surpreendente, o dramaturgo sueco August Strindberg. Com a ajuda de ricos patrocinadores vienenses, Lanz adquiriu um castelo em ruínas – Burg Werfenstein – para sua nova aristocracia racial. Após tê-los classificado e alojado, inventou rituais que eles deveriam praticar, salmos que deveriam entoar e vestimentas suntuosas que deveriam usar. Em cima do castelo hasteou uma bandeira com a suástica.

Finalmente, houve um terceiro visionário vienense, Karl Maria Wiligut. Soldado de carreira, Wiligut não era escritor, e suas afirmações foram registradas por um membro da Ordem dos Novos Templários de Lanz, Theodor Czepl, que o entrevistou em 1920-21. Wiligut não sentia necessidade de procurar provas de sua visão do passado remoto da Alemanha, confiando apenas no que Goodrick-Clarke denomina de

202 | CRENÇA

sua "clarividente memória ancestral"[7]. As afirmações de Wiligut superaram facilmente as de List. Suas recordações chegavam até 22 8000 a.C., quando, conforme seu relato, o mundo tivera três sóis e fora habitado por gigantes e anões. Também contou que era um representante de uma religião alemã muito mais antiga que a dos pretensiosos armanistas: o sacerdócio dos irministas. Instituída em 12 500 a.C., mais tarde ela foi atacada pelos wotanistas e, após um conflito de 10 mil anos entre as duas religiões, seguido pela guerra contra a Igreja de Roma, os ancestrais de Wiligut – entre os quais se contavam, coincidentemente, grande quantidade dos personagens mais famosos da história alemã – espalharam-se pela Europa. No entanto, eles haviam conservado a chama da antiga fé.

Infelizmente, Wiligut era extremamente sensível à suposta perseguição de seus ancestrais. Morando em Salzburgo após a Primeira Guerra Mundial, convencera-se de que, por ser um sacerdote irminista, fora vítima de uma conspiração dos judeus e dos maçons livres, a quem culpava tanto pelo fracasso de um empreendimento comercial como pelo colapso do Império Habsburgo. Em 1924, passou a ameaçar a mulher de maneira cada vez mais violenta. Em novembro desse ano, ela conseguiu interná-lo em um hospital psiquiátrico de Salzburgo, onde permaneceu durante dois anos, diagnosticado com delírio de grandeza e esquizofrenia paranoide. Como veremos, porém, ainda ouviríamos falar muito dele.

De onde vinham essas estranhas teorias a respeito do passado distante da Alemanha? Certamente, não se originavam da pré-história alemã, como se alegava. Não obstante, suas raízes eram, no geral, mais antigas do que se poderia supor, e muito mais antigas do que a teosofia de Madame Blavatsky. Sob certos aspectos, elas brotavam da *heresia medieval*. Vimos anteriormente como os textos apocalípticos desenvolveram a noção de um imperador cristão sobre-humano que seria o prenúncio do reino de Jesus na Terra. Na Alemanha do século XIII, alguns consideravam que Frederico II, *à época* no poder, fosse esse imperador cristão. A crença continuou existindo após a morte de Frederico, e a partir da década de 1280 surgiu grande quantidade de falsos Fredericos, inspirando grupos de seguidores efêmeros e apaixonados.

---

7 GOODRICK-CLARKE, Nicholas. *The Occult Roots of Nazism:* Secret Aryan Cults and Their Influence on Nazi Ideology. Londres: I. B. Taurus, 1992, p. 46.

A INVENÇÃO DE NOVOS CONSOLOS | 203

No século XV essas crenças adquiriram um caráter mais xenófobo. Um texto chamado *Gamaleon* profetizou que Frederico II derrotaria o papa e o rei da França, esmagaria os eslavos, os húngaros e os judeus, exterminaria todos que estavam a serviço da Igreja de Roma e governaria, de Mainz, como uma espécie de papa-imperador. Um texto do início do século XVI, "O livro dos cem capítulos", foi ainda mais longe: ele afirmava que os alemães tinham sido o povo escolhido de Deus, mas haviam se corrompido por influências estrangeiras – o Antigo Testamento e a Igreja de Roma – que os haviam deixado submetidos ao jugo dos povos latinos inferiores.

Felizmente nem tudo estava perdido, pois uma figura chamada Imperador da Floresta Negra logo restabeleceria a ordem das coisas exterminando os ricos e depravados, em seguida liderando os exércitos alemães contra os turcos, o rei da França e o papa, conquistando Jerusalém e governando durante mil anos, mais uma vez tendo a cidade de Mainz como sede. Embora "O livro dos cem capítulos" tenha permanecido inédito em sua época, sobrevivendo apenas como um texto manuscrito, acumulando poeira numa estante da biblioteca de Colmar, ele foi redescoberto na década de 1890, justamente quando Guido List começou a esboçar sua nova visão de mundo. As ideias de List, como as de Lanz e Wiligut, parecem ter lançado mão de uma remota predisposição mental que misturava confiança na superioridade nacional com um profundo medo do estrangeiro.

É o bastante quanto à origem dessas teorias. A questão fundamental é: alguém deu alguma atenção a elas? Diferentemente de List e Lanz, a maioria dos austríacos não estava interessada em um império pan-germânico. Eles eram leais ao Estado habsburgo. Do mesmo modo, como católicos fiéis, certamente não consideravam que a Igreja de Roma fosse uma influência perniciosa e estrangeira que tivesse destruído a religião genuína dos alemães. A maioria dos vienenses sensatos não dava ouvidos a Lanz nem a List, considerados por eles como os excêntricos que de fato eram. Quando, em 1903, List enviou um manuscrito contendo o esboço de algumas de suas teorias para a Academia Imperial Austríaca, ele foi devolvido, com desprezo, sem ao menos um comentário.

No entanto, embora os seguidores de List e de Lanz não fossem numerosos, eram influentes: a rejeição do manuscrito de List foi motivo de denúncia no Parlamento. Em 1905, foi fundada a Sociedade List,

204 | CRENÇA

contando, tanto na Áustria como na Alemanha, com antissemitas de destaque em seu quadro de membros, de políticos e acadêmicos a editores de jornal. Como vimos, os Novos Templários de Lanz também incluíam muitos vienenses de destaque, cujas contribuições permitiram a compra de Berg Werfenstein.

Podemos perguntar: como *alguém* poderia levar a sério as alegações de que uma casta de altos sacerdotes germânicos pagãos havia sobrevivido secretamente durante mil anos, ou que Jesus tinha sido um ariano com poderes eletrônicos sobre-humanos?

Como Hong Xiuquan e Marx, List e Lanz ofereciam segurança diante do pânico *nacional*. Não que o Império Austro-Húngaro tivesse sido humilhado pela ocupação estrangeira, mas alguns austríacos estavam extremamente inquietos com relação ao futuro. Os falantes do alemão, que durante séculos haviam composto a classe dirigente do Império Habsburgo, percebiam que sua preponderância estava diminuindo. Húngaros e checos, entre outros, estavam exigindo – com um sucesso cada vez maior – a igualdade plena de direitos, e o império ameaçava se transformar em algo parecido com uma União Europeia do centro da Europa. List ficou furioso quando, no final da década de 1890, os falantes do checo ganharam o direito de acesso a cargos do governo em sua terra natal. A vitória da Alemanha em uma guerra racial apocalíptica resolveria esse problema de uma vez por todas.

Após a derrota na Primeira Guerra Mundial, a Alemanha experimentou um sentimento similar de pânico nacional. As ideias de List e de Lanz encontraram novos adeptos. Existem alguns indícios de que o próprio Hitler teria sido um leitor atento da revista de Lanz, *Ostara*, durante o período em que tentava se firmar como artista em Viena. No entanto, se isso de fato aconteceu, ele não o mencionou quando ascendeu ao poder. No entanto, o interesse de outra figura pelos visionários vienenses é bastante evidente: trata-se de Heinrich Himmler, o Reichsführer-SS*.

Sabemos isso porque Himmler arranjou um emprego para um dos elementos do trio vienense. Em 1933, ele empregou Karl Maria Wiligut na SS. Após a humilhação no asilo de Salzburgo, ele adotara o pseudônimo de Karl Maria Weisthor, e nele ficou encarregado do Escritório Cen-

---

* Comandante supremo da SS. (N. do T.)

A INVENÇÃO DE NOVOS CONSOLOS | 205

tral de Raça e Reassentamento. Pediram a Wiligut que narrasse suas lembranças da pré-história da Alemanha e também contasse a admirável história de sua família, os restauradores da religião perdida dos irministas. Consultado regularmente por Himmler, com quem trocava presentes de aniversário, Wiligut apresentou-o a um aliado que partilhava suas opiniões, Günther Kirchhoff, que apresentou suas próprias revelações do passado – por exemplo, como a Europa fora governada outrora por três grandes reis, um dos quais foi "Artur de Stonehenge". Himmler pediu que Wiligut desenhasse o anel *Totenkopf** da SS e o ajudou a conceber novos rituais religiosos irministas para a SS, para celebrar casamentos de SS, nascimentos de bebês filhos de SS, além dos solstícios. Até que, em 1938, os dias de glória de Wiligut chegaram subitamente ao fim quando um membro do estado-maior de Himmler foi no encalço da mulher de Wiligut. Informado de que ele fora diagnosticado como louco, Himmler afastou-o de modo discreto.

As ideias de Wiligut não foram as únicas que fizeram sucesso entre os nazistas. A SS de Himmler – um grupo hierárquico composto apenas de homens alemães supostamente de raça pura, cujo objetivo era regenerar a raça e esmagar os inferiores – era, na verdade, uma mistura da Eminente Ordem do Armanismo, de List, com a Ordem dos Novos Templários, de Lanz, embora sem as influências católicas desta última. Himmler ficou tão convencido com as afirmações de Blavatsky e List acerca de um antigo império mundial ariano que enviou expedições para a Finlândia, a Islândia, o Irã e o Tibete, em busca de provas.

Como vimos, List sugerira uma série de medidas para preservar a pureza racial alemã: os alemães deveriam ser proibidos de ter filhos com não arianos e conservar prova documental de sua pureza racial, enquanto os membros das raças inferiores deveriam ser relegados às tarefas degradantes. Com o nazismo, todas essas medidas viraram lei. Lanz instara que as raças inferiores fossem castradas, esterilizadas, escravizadas, transferidas para Madagascar ou incineradas como oferendas a Deus. Todas essas possibilidades foram consideradas pelos líderes nazistas e, com exceção da transferência para Madagascar, todas foram postas em prática, levando à morte milhões de judeus, ciganos, eslavos e homossexuais.

---

* Caveira. (N. do T.)

206 | CRENÇA

Se as consequências não tivessem sido tão terríveis, essa série de acontecimentos teria sido ridícula. Na verdade, as políticas do governo da segunda economia mais poderosa do mundo foram inspiradas em parte por um ex-lunático, pelo editor de uma revista minúscula e perniciosa equivalente ao *National Enquirer** e por um homem que se considerava membro de uma casta secreta de altos sacerdotes germânicos pagãos e cujas visões pareciam uma espécie de Tolkien venenoso.

Será que a reinvenção épica do passado terminou com o colapso do Estado nazista em 1945? De modo algum. O mais extraordinário e pitoresco exemplo desse tipo de visão de mundo apareceu logo depois. Diferentemente de qualquer uma das crenças que encontramos até o momento, nesse caso a *propaganda foi feita antes*. No final de 1949, um número da revista *Astounding Science Fiction*** anunciou que um de seus principais colaboradores – o escritor de livros de faroeste, histórias de aventuras e ficção científica L. Ron Hubbard – estava finalizando um novo sistema que erradicaria por completo todas as neuroses. O sistema foi inteiramente descrito na primavera seguinte, no livro *Dianética: a ciência moderna da saúde mental*, de Hubbard.

A vida de L. Ron Hubbard – o último de nossos profetas – é um pouco complicada. Ele disse a seus seguidores que cresceu no rancho do avô, que ocupava um quarto do estado de Montana. Com catorze anos de idade, andou pela China e pelo Pacífico, convivendo com mágicos e bandidos e às vezes aprendendo um novo idioma numa única noite. Na Segunda Guerra Mundial, lutou nos cinco teatros de operações e recebeu 21 medalhas, até que, gravemente ferido, foi transferido para o Hospital Naval de Oak Knoll, na Califórnia, onde permaneceu até o fim do conflito. Mutilado, cego e abandonado pelos amigos e pela família, recuperou a saúde apenas por meio da autoconfiança.

Russell Miller, o biógrafo não autorizado de Hubbard, apresenta uma descrição bastante diferente (que é vigorosamente contestada por seus seguidores, a Igreja da Cientologia). Em seu impiedoso relato, *Bare-Faced Messiah: The True Story of L. Ron Hubbard* [Messias desmascarado: a verdadeira história de L. Ron Hubbard], Miller conta que o avô

---

* Tabloide britânico sensacionalista. (N. do T.)

** Revista de ficção científica americana lançada em 1930. Teve vários nomes, entre os quais esse (entre 1938 e 1960), que significa "ficção científica assombrosa". (N. do T.)

dele não era dono de um quarto do estado de Montana, e sim de uma clínica veterinária e de uma empresa de aluguel de cavalos e charretes. Do mesmo modo, o conhecimento que Hubbard tinha da China não se devia a anos de perambulações quando era adolescente, e sim a umas poucas viagens como turista na companhia dos pais, quando seu pai servia a Marinha no Pacífico como oficial de intendência. Quanto à carreira em tempo de guerra, Hubbard comandara por um curto período um caça-submarino, sendo dispensado de suas funções após algumas semanas por ir no encalço de navios japoneses inexistentes e disparar, de modo inadvertido, contra a costa do México. Ele ganhou quatro medalhas, não 21, duas das quais foram concedidas a todos que serviram durante a guerra. Embora tivesse *de fato* terminado a guerra no Hospital Oak Knoll, não estava cego e mutilado devido a ferimentos de guerra, tendo dado entrada no hospital em razão de uma enfermidade gástrica secundária, provavelmente uma úlcera.

Felizmente, quando se trata das *crenças* do movimento criado por Hubbard, o quadro é muito mais claro. Elas se desenvolveram a partir da dianética, que, como vimos, dizia ter a cura para todos os problemas de saúde mental. A principal ideia da dianética era que, inconscientemente, os seres humanos se lembravam de absolutamente *tudo*, mesmo antes do seu nascimento. Hubbard afirmava que as pessoas eram capazes de se lembrar de acontecimentos a partir de 24 horas após sua concepção. Porém, das lembranças nasciam os traumas. Durante os momentos de estresse, a mente analítica deixava de funcionar, e as lembranças ficavam presas no que Hubbard – cujas teorias eram repletas de uma terminologia estranha e de acrônimos – chamava de *mente reativa*, onde elas ficavam à espreita como *engramas*, causando posteriormente as neuroses. No entanto, a ajuda estava ao alcance da mão. Um *auditor* dianético poderia fazer que os pacientes (chamados, de maneira otimista, de *preclaros**) se lembrassem de seus engramas, após o que essas lembranças traumáticas ocupariam o lugar apropriado na mente analítica e parariam de causar problemas. Hubbard dizia conseguir cem por cento de êxito com o novo sistema.

---

* No original em inglês, *preclear* ("pré-limpo"), ou seja, estágio anterior ao de "limpo" (*clear*). (N. do T.)

208 | CRENÇA

Apesar de ter sido ferozmente combatida pelo *New York Times*, pela *Scientific American* e pela Associação Psiquiátrica Americana, a dianética foi um enorme sucesso. Era fácil entender por quê. Como relata Russell Miller: "As técnicas eram fáceis de aprender, eram acessíveis a todos e, o melhor de tudo, *funcionavam sempre!*"[8] O livro de Hubbard ocupou o primeiro lugar na lista dos mais vendidos do *LA Times* durante vários meses em 1950, enquanto multidões de americanos – muitos deles fãs de ficção científica – auditavam uns aos outros, trazendo para fora momentos dolorosos do passado. Entusiastas cruzavam o país para participar de palestras caras sobre auditoria no novo Centro de Pesquisa Dianética, em Elizabeth, Nova Jersey.

Conforme o livro de Hubbard explicava, muitas vezes os engramas dolorosos originavam-se do comportamento imoral da mãe. Hubbard relatava casos que ele próprio havia auditado em que preclaros, quando ainda eram fetos, haviam escutado suas mães enquanto tinham relações sexuais adúlteras ou, muito mais traumatizante, quando tentavam se livrar do bebê indesejado usando agulhas de tricô. Hubbard explicava que essas lembranças reprimidas eram a causa de todos os tipos de problemas posteriores, de úlceras (motivo de aflição para ele no final da guerra) à depressão, da queda de cabelo ao fato de ter um nariz muito comprido.

No entanto, a dianética não prometia apenas a solução dos problemas individuais. Em um mundo dominado pela angústia, ela também propunha *melhorar a sanidade do mundo*. Portanto, praticamente desde o início a dianética possuía um elemento profético. Como outros profetas que lutavam para se firmar, Hubbard começou convertendo um grupo pequeno mas dedicado de seguidores, entre os quais havia um clínico geral, um editor de livros e, o mais conveniente de tudo, o editor da revista *Astounding Science Fiction*. Com a ajuda deles, logo passou a influenciar um grupo entusiasmado de seguidores.

No início da primavera de 1952, o movimento passou por uma completa transformação. Bem no momento em que a dianética estava começando a perder seu caráter de novidade e seus adeptos, Hubbard anunciou a uma assembleia de seguidores reunida em um hotel de Wichita,

---

8 MILLER, Russell. *Bare-Faced Messiah*: The True Story of L. Ron Hubbard. Londres, Michael Joseph, 1987, p. 201.

A INVENÇÃO DE NOVOS CONSOLOS | 209

Kansas, que ele agora havia inventado outra ciência inteiramente nova, muito mais abrangente que a dianética: nascia a cientologia.

O que diferenciava a cientologia da dianética? O livro de L. Ron Hubbard, *Scientology: What to Audit* [Cientologia: o que auditar], que logo teve seu título mudado para *Cientologia: uma história do homem*, esclarecia tudo. A introdução do livro começava com uma frase impressionante: "Um relato desapaixonado e factual dos seus últimos 60 trilhões de anos." Em poucas palavras, a cientologia ampliou imensamente o alcance das lembranças esquecidas das pessoas. Hubbard afirmava que os seres humanos tinham a capacidade de recordar não apenas a totalidade de suas vidas, mas também vidas passadas, que ele denominou de *o caminho completo*. Essas vidas tinham várias origens distintas. Em primeiro lugar, as pessoas podiam se lembrar de sua vida anterior como uma *entidade genética* ou *EG*. As EGs, que penetravam no corpo do preclaro vários dias antes da concepção e se localizavam na região do estômago, haviam habitado os corpos dos ancestrais das pessoas durante milhões de anos. Assim, um preclaro poderia recordar seu período de EG como um aristocrata medieval ou, voltando ainda mais no tempo, como um macaco ou um peixe.

No entanto, comparado ao que povos diferentes podiam lembrar, essas recordações distantes eram como se fossem nada. Hubbard explicou que entre 70 mil e 35 mil anos atrás a Terra recebera a visita de uma forma extremamente superior de seres chamados *tetas*, os quais haviam habitado milhões de seres em todo o universo ao longo de trilhões de anos. Eles podiam viajar em alta velocidade através do espaço sem a ajuda de nenhum instrumento ou maquinário, comunicar-se pela telepatia e, embora em geral fossem pacíficos, às vezes lutavam entre si usando jatos de energia. Entediados com sua vida eterna, haviam ficado fascinados com a ideia de habitar os mortais inferiores (*seres MEST**), entre eles, os humanos.

Essas revelações – que, segundo Hubbard, haviam reescrito inteiramente as teorias de Darwin – ofereciam uma infinidade de novas lembranças causadoras de doenças e de neuroses que deveriam ser descobertas. Assim, se um preclaro tinha medo de altura, isso era um reflexo

---

* Acrônimo em inglês das palavras *matter, energy, space, and time* [matéria, energia, espaço e tempo]. (N. do T.)

210 | CRENÇA

de sua lembranças EG de bicho-preguiça com medo de cair da árvore. A incapacidade de um preclaro de chorar era o reflexo de ele ter sido, numa vida anterior, um tipo específico de molusco chamado "chorão", o qual, de acordo com a explicação de Hubbard, era "originalmente conhecido como *'chorão sombrio' ou 'buu'*", que "está sempre enfrentando dilemas ridículos". Quando o chorão se abria para ingerir comida existente na água do mar, era atingido por uma onda violenta. Bem no momento em que tentava pôr a água para fora para respirar, vinha outra onda. "Era a ansiedade."[9]

Preclaros com comportamento masoquista recordavam-se do momento no qual, em vidas passadas, eram comidos sem oferecer resistência. Preclaros que fumavam lembravam-se da época em que o mundo sofrera bastante com erupções vulcânicas. Preclaros com paralisia parcial devido a um derrame cerebral estavam, na verdade, sendo explodidos pela "arma meio clara, meio escura de um teta que disparava uma onda" que os dividia em dois (um *halver*). O preclaro que sofria de frio nas mãos e nos pés lembrava-se de estar sendo transportado dentro do gelo através do universo, antes de ser jogado no oceano para descongelar. Quanto às questões mais complexas, os preclaros podiam estar traumatizados por recordações que não se referiam ao seu próprio passado, e sim ao *passado de outra pessoa*. Os tetas eram brincalhões, e às vezes roubavam as vidas passadas do hóspede humano de outro teta só por diversão, "exatamente como um *Homo sapiens* gostar de TV". Até mesmo uma única célula do corpo de alguém podia conter lembranças traumáticas de vidas passadas: "A polpa dentária, por exemplo, localiza, célula por célula, antigos engramas. Quando eles são aliviados, [...] é praticamente impossível ter dor de dente."[10]

Portanto, tal como a fundadora da Ciência Cristã, Mary Eddy Baker, oitenta anos antes, L. Ron Hubbard acreditava que as indisposições físicas não existiam. No prefácio de *Cientologia: uma história do homem*, ele declarou que: "Trata-se de um conhecimento benéfico. Com ele os cegos recobram a visão, os coxos andam, os enfermos se recuperam, os loucos ficam sãos e os sãos ficam ainda mais sãos." No entanto, o que

---

9 HUBBARD, L. Ron. *Scientology:* A History of Man, ed. de 1998, p. 34.

10 Ibid., p. 12.

A INVENÇÃO DE NOVOS CONSOLOS | 211

Hubbard oferecia a seus seguidores ia muito além de questões de saúde. Por meio de um curso de auditoria intensivo e do uso cuidadoso de um aparelho chamado *e-meter* (uma espécie de estetoscópio psíquico composto de duas latas metálicas ligadas a um mostrador que media as alterações elétricas da pele), o preclaro podia ser curado de sofrimentos físicos e mentais e até ficar mais alto. Ele poderia até se tornar um *Mest Claro**, que, como Hubbard explicou, era "cerca de um arranha--céu mais alto que o *Homo sapiens*". Isso, no entanto, era apenas o começo. A próxima etapa era tornar-se um *Teta Claro***: uma criatura sobre-humana capaz de arrancar chapéus das cabeças a quinhentos metros de distância e "ler livros estando em outro país". Por fim, havia a posição mais elevada de todas, a de *Teta Claro sem Mácula****, que era simplesmente inimaginável.

Não obstante, apesar das promessas deslumbrantes, a história da Igreja da Cientologia mostrou-se cheia de altos e baixos. Durante certo tempo, ela prosperou tanto que Hubbard conseguiu adquirir uma mansão inglesa em East Grinstead, Sussex, onde assustava os empregados interpretando-os com seu *e-meter*. Os bons tempos, porém, não duraram muito. Como tantos profetas antes dele, Hubbard viu-se acossado por inimigos — embora, diferentemente de Zoroastro ou Jesus, não se tratasse de sacerdotes, e sim de funcionários do governo americano. A Receita Federal passou a se interessar cada vez mais pelos impostos de Hubbard. Apesar de ele ter patrioticamente denunciado grande número de pessoas como prováveis simpatizantes comunistas — entre elas, sua ex-mulher e sua amante —, o FBI também começou a olhar Hubbard com crescente interesse.

Após um comitê de investigação australiano ter denunciado a cientologia como uma ameaça à sociedade e o estado de Vitória tê-la banido inteiramente, Hubbard adquiriu vários navios e levou seu movimento para os oceanos, com o nome de *Sea Organization*****. Por vezes, ele indicava seguidores sem nenhuma experiência marinha para comandar

---

* No original, "Mest Clear". (N. do T.)

** No original, "Theta Clear". (N. do T.)

*** No original, "Cleared Theta Clear". (N. do T.)

**** Sociedade marinha. (N. do T.)

212 | CRENÇA

os navios, confiando em suas recordações náuticas de vidas passadas. Russell Miller conta que, afastado do mundo, Hubbard começou a ter cada vez mais explosões de cólera e de paranoia. Ordenou a punição de qualquer um suspeito de ser uma *pessoa supressiva*, ou *SP**. Além disso, tendo chegado à conclusão de que seus cachorros eram *claros*, passou a acreditar que qualquer um para quem eles latissem devia ter cometido um *overt* (ato mal-intencionado) contra ele e sua família.

Embora tenha escapado da morte violenta de tantos outros profetas, Hubbard terminou seus dias de maneira estranha. Passou os últimos anos de vida, em meados da década de 1980, numa fazenda no interior da Califórnia, que pôs abaixo e reconstruiu inúmeras vezes. No entanto, o movimento criado por ele sobreviveu à sua morte e continua vivo. Qual era – e qual é – seu poder de atração? Porque não existe quase nenhuma dúvida de que ele tem um poder de atração. De acordo – é bem verdade – com o site oficial, a Igreja da Cientologia é hoje a religião que mais cresce no mundo e, no momento em que escrevo este livro (2013), quase quinhentos templos e centros em seis continentes divulgam a mensagem de Hubbard para o mundo.

Não é difícil perceber quais foram as incertezas que levaram as pessoas a se aproximar de Hubbard no começo. O início da década de 1950 era um período de grande ansiedade. Era a época da Guerra da Coreia, do macartismo e da suspeita de que existiam conspirações comunistas secretas. Acima de tudo, as pessoas temiam uma guerra atômica. Pela primeira vez na história, elas tinham razão de se preocupar com o fim do mundo. A União Soviética detonou sua primeira bomba atômica em agosto de 1949. Hubbard anunciou sua nova ciência da dianética no final do mesmo ano. Tirando partindo do fascínio contemporâneo pela psicanálise, a principal pretensão da dianética era a cura das neuroses das pessoas, mas também, como vimos, a promessa de aumentar a racionalidade do mundo. Numa época em que o mundo parecia tudo, menos racional, essa era uma perspectiva atraente. A cientologia *tirava a importância* da guerra atômica. Que importava a guerra atômica se o ser dentro de cada um tinha o poder de viajar autonomamente pelo espaço, comunicar-se por telepatia e sobreviver a praticamente qualquer cataclismo? Que importava a bomba se a pessoa existia há

---

* Abreviatura do termo em inglês *supressive person*. (N. do T.)

A INVENÇÃO DE NOVOS CONSOLOS | 213

trilhões de anos e continuaria existindo por outros trilhões de anos? Hubbard oferecia a *confiança total*.

No entanto, eu diria que a cientologia também procurou responder a outra inquietação mais profunda. Joseph Smith, Madame Blavatsky, List, Lanz, Wiligut e Hubbard, todos eles ofereceram outros passados imaginários, cada um mais épico e extravagante do que o anterior. Pode-se dizer que todos procuravam substituir outra grande visão do passado que estava perdendo rapidamente sua aura de confiabilidade: a Bíblia. Todos esses movimentos procuravam *preencher um grande vazio*.

Por ter controlado de maneira tão absoluta a imaginação das pessoas ao longo de tantos séculos, o cristianismo deixou um sentimento inquietante de vazio quando sua influência, por fim, se reduziu. Não foi por acaso que os novos movimentos, do mormonismo à cientologia, apresentaram substitutivos para a história bíblica da criação, pois foi justamente com relação a essa crença que o cristianismo sofreu seu primeiro golpe importante, quando a geologia e o darwinismo subverteram sua cronologia. Cada uma das novas religiões oferecia como conforto provas aparentemente irrefutáveis da veracidade de suas afirmações. Segundo Joseph Smith, a história de Leí e de seus descendentes fora descoberta num recipiente de pedra em uma colina da Nova Inglaterra, ao qual ele fora guiado por um anjo vindo do Céu. Madame Blavatsky dizia ter tido acesso a um documento secreto em um remoto mosteiro tibetano. List, Lanz e Wiligut baseavam seus relatos em inúmeras fontes, em particular suas supostas memórias ancestrais. L. Ron Hubbard foi ainda mais longe, extraindo suas provas de lembranças esquecidas por meio de um *e-meter*.

É o bastante quanto às crenças do passado, distante e recente. E o que dizer do futuro? Será que a grande era da imaginação religiosa chegou ao fim? Hoje, ouvimos dizer às vezes que a humanidade está prestes a entrar em um mundo pós-religioso. Certamente, ao menos em algumas partes do Ocidente, a religião é vista hoje com enorme suspeita. No passado, as pessoas temiam a religião dos outros. Na época atual, em algumas regiões da Europa, muitos desconfiam de *todas* as crenças religiosas profundas, que consideram uma espécie de loucura. Na Grã-Bretanha, mesmo um político com uma crença religiosa moderada é visto com extrema desconfiança. Um número crescente de pessoas prefere hoje passar pela vida sem acreditar em forças sobrenaturais. Acham que podem se virar com os consolos mais ponderados da ciência. Mesmo em regiões do mundo consideradas profundamente religiosas, como o Oriente Médio, o mundo está se tornando teimosamente mais complexo, e as antigas certezas, mais elusivas.

Será que seguiremos por esse caminho? Ao longo deste livro, defendi que as pessoas adotam crenças profundas porque desejam ser reconfortadas, porque desejam se livrar das inseguranças. É claro que essas inseguranças mudaram bastante desde o tempo dos caçadores-coletores, que temiam o mau tempo, a doença e a falta de caça. No entanto, as inseguranças continuam muito presentes em nossas vidas e, sem dúvida, continuarão existindo no futuro. Desconfio, portanto, de que algumas novas visões de mundo serão inventadas. A que temores elas responderão? Isso dependerá de nós, dependerá de *quão seguro nos pareça o mundo*.

E isso, não preciso dizer, ninguém sabe.

Agradecimentos

Se um livro deste tipo se justifica, é porque reúne diversas crenças de uma forma que, espero, os leitores possam achar esclarecedora e surpreendente. Pesquisas a respeito de todas essas crenças foram obra de historiadores profissionais, que fizeram a parte difícil do trabalho, cavando na mina da história e apresentando ao mundo o ouro encontrado. Não é preciso dizer que, sem o empenho deles, eu não poderia ter escrito uma única página.

Gostaria de agradecer a todos aqueles cujas obras estão relacionadas no final do livro como fontes bibliográficas e leitura complementar. Gostaria também de fazer um agradecimento especial a alguns deles, pelas descrições extraordinárias e muitas vezes divertidas. Gostaria de agradecer a Jean Bottéro, pela magnífica pesquisa sobre a antiga religião mesopotâmica; a Robin Lane Fox, por sua fascinante análise da Bíblia, bem como do paganismo clássico e dos primórdios do cristianismo; a E. P. Sanders, pelo relato maravilhosamente lúcido da vida de Jesus; a Norman Cohn, pela pesquisa admirável acerca dos movimentos apocalípticos durante a Idade Média; a Christopher Hill e a Andrew Bradstock, pela esmerada descrição dos grupos religiosos radicais durante a Guerra Civil Inglesa; e, finalmente, a Nicholas Goodrick-Clarke, pela extraordinária revelação da religião ocultista pré-nazista.

Também gostaria de agradecer a Bryan Ward-Perkins e Gervase Rosser, pelas preciosas sugestões relativas à revisão; à minha agente, Deborah Rogers, tanto pelo profundo conhecimento do mundo dos livros como por sempre ter me apoiado, nos bons e nos maus momentos; e especialmente a meus editores da Bodley Head, Stuart William, Jörg Hensgen e Katherine Ailes, pela dedicação, pelas opiniões criteriosas e pelo impressionante conhecimento sobre esse vasto tema.

Finalmente, gostaria de agradecer a minha esposa Shannon, pela imensa ajuda com as provas, e a nossos filhos, Alexander e Tatiana, por me aguentarem enquanto estava tão envolvido com a escrita deste livro.

Bibliografia e leitura complementar

ARNOLD, John H. *Inquisition & Power:* Catharism and the Confessing Subject in Medieval Languedoc. Filadélfia, University of Pennsylvania Press, 2001.

BARBOUR, Hugh, *The Quakers in Puritan England*. Londres, Yale University Press, 1964.

BENNETT, Judith M. & HOLLISTER, C. Warren. *Medieval Europe:* A Short History. Londres, McGraw-Hill, 2006.

BERKEY, Jonathan P. *The Formation of Islam:* Religion and Society in the Near East 600-1800. Cambridge, Cambridge University Press, 2003.

BOTTÉRO, Jean. *Religion in Ancient Mesopotamia*. Londres, University of Chicago Press, 2001.

BOYCE, Mary. *A History of Zoroastrianism*. Leiden e Nova York, E. J. Brill, 1975.

BRADSTOCK, Andrew. *Radical Religion in Cromwell's England:* A Concise History from the English Civil War to the End of the Commonwealth. Londres, I. B. Tauris, 2011.

BUSHMAN, Richard Lyman. *Mormonism:* A Very Short Introduction. Oxford, Oxford University Press, 2008.

CALVERT, John. *Sayyid Qutb and the Origins of Radical Islamism*. Londres, Jurst, 2010.

CANTOR, Norman E. *The Civilization of the Middle Ages*. Nova York, HarperCollins, 1993.

CHADWICK, Owen. *The Reformation*. Harmondsworth, Penguin Books, 1964.

CLOTHEY, Fred W. *Religion in India*: A Historical Introduction. Londres, Routledge, 2006.

COE, Michael D. & KOONTZ, Rex. *Mexico:* From the Olmecs to the Aztecs. Londres, Thames and Hudson, 2002.

COHN, Norman. *The Pursuit of the Millennium:* Revolutionary Millenarians and Mystical Anarchists of the Middle Ages. Londres, Secker & Warburg, 1957.

218 | CRENÇA

COOTER, Roger. *The Cultural Meaning of Popular Science:* Phrenology and the Organization of Consent in Nineteenth-Century Britain. Cambridge, Cambridge University Press, 1984.

DALTON, Rex. "Lion Man Takes Pride of Place as Oldest Statue". *Nature*, 4 de setembro de 2003.

DAVID, Rosalie. *The Ancient Egyptians:* Beliefs and Practices. Londres, Routledge & Kegan Paul, 1982.

DREW, David. *The Lost Chronicles of the Maya Kings.* Londres, Weidenfeld & Nicolson, 1999.

DUBOIS, Thomas David. *Religion and the Making of Modern East Asia,* Cambridge, Cambridge University Press, 2011.

DUNBAR, Robin. *The Human Story:* A New History of Mankind's Evolution. Londres, Faber and Faber, 2004.

FAIRBANK, John King & GOLDMAN, Merle. *China:* A New History. Londres, Belknap Press, 1998.

FIGES, Orlando. *A People's Tragedy:* The Russian Revolution, 1891-1924, Londres, Jonathan Cape, 1996.

FISCHER, Steven Roger. *A History of Writing.* Londres, Reaktion, 2001.

FOREIGN Languages Publishing House. Moscou: *Reminiscences of Marx and Engels* (s.d.).

FREND, William H. C. *The Rise of the Monophysite Movement:* Chapters in the History of the Church in the Fifth and Sixth Centuries. Cambridge, Cambridge University Press, 1972.

GASKILL, Malcolm. *Witchcraft:* A Very Short Introduction. Oxford, Oxford University Press, 2010.

GIVENS, Terryl L. *The Book of Mormon:* A Very Short Introduction. Oxford, Oxford University Press, 2009.

GOODMAN, Martin. *Rome and Jerusalem:* The Clash of Ancient Civilizations. Londres, Allen Lane, 2007.

GOODRICK-CLARKE, Nicholas. *Helena Blavatsky.* Londres, North Atlantic Books, 2004.

_____ *The Occult Roots of Nazism:* Secret Aryan Cults and Their Influence on Nazi Ideology. Londres, I. B. Tauris, 1992.

HEUN, Manfred et al. "Site of Einkorn Wheat Domestication Identified by DNA Fingerprinting", *Science*, 278, 5.341, 14 de novembro de 1977, pp. 1312-4.

HILL, Christopher. *The World Turned Upside Down:* Radical Ideas during the English Revolution. Londres, Temple Smith, 1972.

BIBLIOGRAFIA E LEITURA COMPLEMENTAR | 219

HOURANI, Albert. *A History of the Arab Peoples.* Londres, Faber and Faber, 1991.

HUBBARD, L. Ron. *Scientology:* What to Audit /A History of Man, Phoenix, Arizona, Scientific Press, 1952.

JONES, Brian. *The Emperor Domitian.* Londres, Routledge, 1992.

KARLEN, Arno. *Man and Microbes:* Disease and Plagues in History and Modern Times. Nova York, Putnam, 1995.

KUHN, Dieter. *The Age of Confucian Rule:* The Song Transformation of China. Londres, Belknap Press, 2009.

LAMBERT, Malcolm. *Medieval Heresy:* Popular Movements from the Gregorian Reform to the Reformation. Londres, Edward Arnold, 1977.

LNANE FOX, Robin. *Pagans and Christians in the Mediterranean World from the Second Century AD to the Conversion of Constantine.* Harmondsworth, Viking, 1986.

_____. *The Unauthorized Version:* Truth and Fiction in the Bible. Harmondsworth, Viking, 1991.

LEWIS, Bernard. *The Arabs in History.* Londres, Hutchinson, 1950.

_____. *The Jews of Islam.* Princeton, NJ, University of Princeton Press, 1984.

LEWIS, Mark Edward. *China Between Empires:* The Northern and Southern Dynasties. Londres, Belknap Press, 2009.

_____. *China's Cosmopolitan Empire:* The Tang Dynasty. Londres, Belknap Press, 2009.

_____. *The Early Chinese Empires:* Qin and Han, Londres, Belknap Press, 2007.

LEWIS-WILLIAMS, David & PEARCE, David. *The Neolithic Mind:* Consciousness, Cosmos and the Realms of Gods. Londres, Thames and Hudson, 2005.

LIVI-BACCI, Massimo. *A Concise History of World Population.* Oxford, Blackwell, 1992.

LOEWE, Michael & SHAUGHNESSY, Edward L. (orgs.). *The Cambridge History of Ancient China:* From the Origins of Civilization to 221 BC. Cambridge, Cambridge University Press, 1999.

LONSDALE, Henry. *A Sketch of the Life and Writings of Robert Know, the Anatomist.* Londres, Macmillan, 1870.

MARX, Karl & ENGELS, Friedrich. *The Communist Manifesto* [1848], com introdução de Eric Hobsbawm. Londres, Verso, 1998.

MIEROOP, Marc van de. *A History of the Ancient Near East, c. 3000-323 BC.* Oxford, Blackwell, 2004.

MILLER, Russell. *Bare-Faced Messiah:* The True Story of L. Ron Hubbard. Londres, Weidenfeld & Nicolson, 2001.

220 | CRENÇA

MÜNZEL, Susanne C. & CONARD, Nicholas J. "Cave Bear Hunting in the Hohle Fels, a Cave Site in the Ach Valley, Swabian Jura", *Revue de Paléobiologie, Genève*, 23, 2 de dezembro de 2004, pp. x-xx.

NEWBY, Gordon Darnell. *A History of the Jews of Arabia:* From Ancient Times to Their Eclipse under Islam. Colúmbia, SC, University of South Carolina Press, 1988.

PAGELS, Elaine. *The Gnostic Gospels*. Londres, Widenfeld & Nicolson, 1981.

PAYTON, Jr, James R. *Getting the Reformation Wrong:* Correcting Some Misunderstandings, Downers Grove, Il., IVP Academic, 2010.

PENTON, M. James. *Apocalypse Delayed:* The Story of Jeovah's Witnesses. Toronto, University of Toronto Press, 1985.

PINKER, Steven. *The Bland Slate*. Londres, Allen Lane, 2002.

POEWE, Karla. *New Religions and the Nazis*. Londres, Routledge, 2006.

PORTIER-YOUNG, Anathea E. *Apocalypse Against Empire:* Theologies of Resistance in Early Judaism. Cambridge, William B. Eerdmans, 2011.

PRINGLE, Heather. *The Master Plan:* Himmler's Scholars and the Holocaust. Londres, Fourth Estate, 2006.

QUTB, Sayyid. *Milestones*, 1964.

ROPER, Lyndal. *Witch Craze:* Terror and Fantasy in Baroque Germany. Londres, Yale University Press, 2004.

ROWE, William T. *China's Last Empire:* The Great Qing. Londres, Belknap Press, 2009.

RUSSELL, Jeffrey B. *A History of Witchcraft*. Londres, Thames and Hudson, 1980.

SANDERS, E. P. *The Historical Figure of Jesus*. Harmondsworth, Penguin Books, 1993.

SARDESAI, D. R. *India:* The Definitive History. Boulder, Co: Westview Press, 2008.

SAUNDERS, J. J. *A History of the Mongol Conquests*. Londres, Routledge & Kegan Paul, 1972.

SHÄFER, Peter. *The History of the Jews in the Greco-Roman World:* The Jews of Palestine from Alexander the Great to the Arab Conquest. Londres, Routledge, 2003.

SCHIFFMAN, Lawrence H. *Reclaiming the Dead Sea Scrolls:* The History of Judaism, the Background of Christianity, the Lost Library of Qumran. Filadélfia, Jewish Publication Society, 1994.

SHAW, Ian (org.). *The Oxford History of Ancient Egypt*. Oxford, Oxford University Press, 2000.

BIBLIOGRAFIA E LEITURA COMPLEMENTAR | 221

SKILTON, Andrew. *A Concise History of Buddhism*. Birmingham, Windhorse, 1994.

SMITH, Huston & NOVAK, Philip. *Buddhism:* A Concise Introduction. Nova York, Harper, 2003.

STEPAN, Nancy. *The Idea of Race in Science:* Great Britain 1800-1960. Londres, Macmillan, 1982.

TACITUS. *The Histories*. Trad. de Kenneth Wellesly, Harmondsworth, Penguin Books, 1975.

THE ECONOMIST. "Social Media in the 16th Century: How Luther Went Viral", 17 de dezembro de 2011.

THOMAS, Keith. *Religion and the Decline of Magic*. Londres, Weidenfeld & Nicolson, 1971.

TWITCHETT, Denis & LOEWE, Michael. *The Cambridge History of China:* The Ch'in and Han Empires. Cambridge, Cambridge University Press, 1986.

ULLMANN, Walter. *A Short History of the Papcy in the Middle Ages*. Londres, Methuen, 1972.

VANDERKAM, James & FLINT, Peter. *The Meaning of the Dead Sea Scrolls:* Their Significance in Understanding the Bible, Judaism and Christianity. Londres, HarperCollins, 2002.

VINE, Aubrey R. *The Nesotiran Churches:* A Concise History of Nestorian Christianity in Asia from the Persian Schism to the Modern Assyrians. Londres, Independent Press, 1937.

WHEEN, Francis. *Karl Marx*. Londres, Fourth Estate, 1999.

WIGRAM, W. A. *The Separation of the Monophysites* [1923]. Nova York, AMS Press, 1978.

Índice remissivo

A origem das espécies (Darwin) 178
A Última Ceia 62, 67, 110
Abraão 118, 119
Abu Bakr 117, 127, 128
adamitas 159
Adão 83, 84, 109, 142, 159
adeptos do Espírito Livre 151-2, 154, 159, 166
adultério 48, 101, 103, 113, 208
agricultura: como um subproduto da religião organizada 12-3; deuses 17, 145; riscos de incitar a adoração religiosa 19, 22, 29, 35, 145; taboritas põem fogo em suas fazendas 83, 159, 166; caça às bruxas e 176
Ahura Mazda 33, 34
Aisha 117
al-Hakim 127
al-Mamun, califa 125
al-Qaeda 186, 189
al-Zawahiri, Ayman 189
Alá 117, 118, 124, 125, 126
Alá Ubayd 127
Alemanha 1, 3, 71, 82, 83, 158, 161, 162, 163, 166, 174, 181, 182, 191, 198-205, 206
Alexandre, o Grande 54
Ali 127
América, do Norte: movimentos religiosos na 85-6, 191-5, 206-14
anarquismo 152
ancestrais, chineses, importância dos 131-2

Angra Mainyu 33
Anticristo 77, 78, 80-1
Antigo Testamento 43, 179, 180, 200, 203
Antíoco IV, rei 53, 55, 57, 58, 110
Antioquia da Pisídia 98, 100
antissemitismo 71, 81, 161, 204
Anyang, Shang, reino de 131
aplacar os deuses 18-21, 23, 35, 41-52
Apocalipse das Semanas 55, 59
Aquenáton 45-6
Aquino, Tomás de 190
Arábia 29, 118, 119, 120, 121, 122, 123, 125, 126, 187, 189, 193
Arefasto 149, 150, 151, 172
arianismo 77, 78, 115
arianos 37, 198-206
armanismo 198, 199, 205
arquitetura, religiosa 14, 25-8, 147
As raízes ocultistas do nazismo (Goodrick-Clarke) 198, 201
Asoka 39
Assaradão, rei 22-3
astecas 2, 34, 83, 143, 144, 146
Aton 45
Atos dos Apóstolos 92, 98, 100, 101
autodivindade 151
autoflagelação 82

Ba (força espiritual) 26, 28
Babilônia 49-50, 53, 54, 56, 193
Bagdá 15, 128, 139

224 | CRENÇA

Balam, Itzam 140
Ball, John 83, 166
Bare-Faced Messiah: The True Story of L. Ron Hubbard (Miller) 206-7, 209, 212
Bento IX, papa 153
Berkey, Jonathan 119
Bíblia 55, 85, 154-5, 158, 159, 163, 165, 166, 174, 193, 194, 213; *ver também os livros individuais*
bin Laden, Osama 186, 189
bispos 79, 96, 104, 107, 108, 109, 113, 116, 150, 151, 155, 172, 183
Blavatsky, Madame (Helena Petrovsky Blavatsky) 195-6, 197-9, 202, 205, 213
Bockelson, Jan 83-4
bodisatva 39, 137
Boêmia 83, 158, 160, 166, 174
bogomilistas 155, 157
Bottéro, Jean 18, 20
Brâmanas 37-8
brâmanes 37-8
bruxas: invenção 169-78; feiticeiras e 171; medo das 171-2; como um produto de exportação da Mesopotâmia 171; gregas 172; origem do medo dos europeus das 171-3; Inquisição e 173-4; *Malleus Maleficarum (O martelo das feiticeiras)* (Kramer) 174-5, 177; caça às bruxas 174-8; julgamentos de Salém (1692) 178
Buda (Sidarta Gautama) 36-40, 136; oposição ao hinduísmo 37-8; vida 38; mudança de movimento após a morte 38-40; torna-se um ser transcendente após a morte 39, 40, 94; assassinado 117
budismo 36-40, 147, 181; cisma no 36-40; vida após a morte e 36-40, 136, 137; mahayana 36-40, 91, 136--40; reencarnação e 38, 136, 137;

mudanças de Buda após a morte 38-40; bodisatva 39, 137; na China 135-40; e o desenvolvimento da impressão 136-7
budismo theravada 39-40

Caaba 120
Caifás 67, 68, 72
Calakmul 141
califa abássida 128
Calvert, John 191
Calvino, João 162, 176
Camping, Harold 86
Carlos I, rei 84
Carlos Magno 199
Carma 37, 38
Çatalhöyük 14, 146
cátaros 155-7, 162, 173
Cauvin, Jacques 13
cavaleiros templários 173, 199
caverna de Hohle Fels 3-4, 6
Çayönü 13, 14, 146
celibato 84, 103, 104, 113, 156, 162
Cerimônia da Abertura da Boca 26, 29
Céu: primeira aparição do 4, 26-32; conceito inexistente na Mesopotâmia 4, 16-7; egípcio 26--32; Zaratustra e a democratização do 34, 35, 37; budista 38-40, 136, 137-8; cristão 62-3, 89-116; humilde, invenção do 89-116; islâmico 118; ideias chinesas de 133, 136, 137-8, 180; mesoamericano 147; a Reforma e as nova concepções de 153, 155, 156, 157, 159, 162-3, 164, 169, 180; *ver também* Paraíso
Chan Chan, Peru 147
Chang Wen Chong 133
China 116, 131-40, 145; dinastia Chang 132, 133; deuses 132; ancestrais, importância dos 132-3; importância do pensamento racional na 132-3; controle da religião pelo Estado

ÍNDICE REMISSIVO | 225

133-4, 139; confucionismo e a 133,
139, 161, 180, 183; taoismo e a 133-5,
136, 137; budismo mahayana e a
137-40; "Três Doutrinas" 139; Mao e
a 139; intolerância religiosa
moderna na 139-40; cristianismo
protestante na 179-81, 191, 192;
Sociedade dos Adoradores de Deus
na 179-81; Revolta de Taiping 180-1;
marxismo e a 182, 189; Primeira
Guerra do Ópio 191
cientologia 206-13
Cipriano de Cartago, bispo 96, 113
circuncisão 55, 72, 98, 100, 101, 124
Ciro 50, 51, 123
Clemente de Roma, bispo 97, 107
Clemente V, papa 158
Clemente VII, papa 164
coleção de ossos 97
Conard, Nicolas 3
confiança, religião oferece 4, 19, 23, 30,
35, 46-7, 76, 125, 133, 147, 153, 156,
162, 164, 178, 196, 204, 212, 213
Confúcio 133, 139, 161, 180, 183
Constância, rainha 150, 172
Constâncio, imperador 77, 78
Constantino, imperador 75, 89, 90, 115
Constantinopla 90
controle da religião pelo Estado 133-4,
139
Conversas à mesa (Lutero) 159
conversões / convertidos:
zoroastrismo e as 32, 33, 50;
conversões de governantes 32, 76,
89; convertidos cristãos 33, 75, 78,
79, 81, 89, 90, 98-102, 115, 149;
convertidos budistas 38, 39, 138;
judaísmo e 60, 78, 79, 81;
convertidos islâmicos 118, 119-20,
122, 123-4, 129, 149, 187; convertidos
cátaros 157; convertidos
protestantes 179; convertidos
mórmons 194

Corão 119, 121, 125, 128, 187, 189-90
coríntios 92, 106, 107, 115, 183
Corinto 104
Cristãos gnósticos 92, 93, 95, 108-9,
110, 152, 155
cristianismo ortodoxo 110
cristianismo: convertidos 32, 75, 78, 79,
81, 89, 90, 98-102, 115, 149; mártires
75, 95-8, 99, 104, 107, 108, 113, 115;
inclinação pelos ricos e famosos 75;
fim do mundo e 75, 76-87, 110-1;
Espírito Santo e 79, 94, 151; Roma
adota o 75, 89-90, 115; crescimento/
transformação após a morte de
Jesus 89-116; supera o obstáculo da
morte de Jesus 90-8; ideia de
ressurreição e 91-4; gnóstico 93, 95,
108-9, 110, 152; missa 93; Santíssima
Trindade e 94, 112, 126, 161; estados
de êxtase dos seguidores 94; culto
da morte 95; perseguições 96, 97,
99, 113, 114-5, 123, 129;
recrutamento de gentios para o
98-102, 110; igreja paulina, *ver*
Paulo, São; culto da modéstia 103,
113; sexo como pecado 104, 105;
veneração das virgens 104;
rivalidades dentro do 105; perdão
dos pecados 104; jejum 105, 113;
poder das mulheres dentro do 105,
108, 109; intolerância com crenças
diferentes 106-7; bispos 107-8;
visionários 108; falha da ocorrência
do fim do mundo e 110-1;
introdução do conceito de Paraíso
no 111; empréstimo da ideia do trio
familiar do culto de Osíris 111;
nascimento virginal e 111-2; diluição
da doutrina draconiana 112-3;
confissão 113; dividido entre rigor e
frouxidão 113-4; venda de
indulgências 113; vence o poder
romano 114-6; divide-se acerca da

226 | CRENÇA

divindade de Jesus 115-6; perseguições de cristãos por cristãos 116, 158, 163, 166; heresias e Reforma Protestante 149-78; questionamento da própria religião 178, 181-5; *ver também* Jesus de Nazaré, papado *e* Reforma Protestante

Cruzada Albigense 157

"Cruzada do Povo" 81

cruzadas 80, 81, 128, 157

Czepl, Theodor 201

Dama Xoc 140, 143

Daniel, Livro de (Sonho de Daniel) 53-9, 60, 62, 63, 66, 73, 76, 77, 78, 79, 84, 91, 95, 110, 183, 185, 191

Darwin, Charles 178, 209, 213

Davi, rei 63, 66, 111

Décio 113

demonologia 174

deserto do Sinai 43, 45, 50

Deus amoroso e clemente, ideia de um 61, 102

deuses: por que os povos os inventaram? 1; invenção 3-23; mesopotâmicos 15-6, 17, 18, 19, 20, 22, 23; do antigo Egito 26, 27, 28, 29, 31; zoroastrismo 33, 34; tribunal de 34; budismo e 38, 39; invenção de transações com 41-52; judaísmo e 41, 42, 43, 44, 45, 47, 48, 49, 50, 51, 52, 71, 72; gregos 55; cristianismo e 112; chineses 131, 132, 133, 134, 139; mesoamericanos 140, 142, 143, 144, 145, 146, 147; cátaros 155

Deuteronômio 48

dez tribos perdidas de Israel 47-8, 62

Di 132

Dianética 206, 207-9, 212

dinastia Han 134

dinastia Ming 139

dinastia Tang 135, 138

Dio, Cássio 74, 75

Diocleciano, imperador 115

divisão do mundo entre o bem e o mal 33, 51, 109

Documento de Damasco 60

Domiciano, imperador 75, 76, 77, 115

dominicanos 157, 174

Domitila 75, 76

doutrina secreta, A (Blavatsky) 197

doze tribos de Israel 62, 77

drusos 127

duofisitas 116

Eddy Baker, Mary 196, 210

Egito: conceito de Paraíso no antigo 25-32, 33, 34, 37; culto de Osíris 29, 30, 31, 35, 111, 112; judeus escapam da escravidão no 43, 44-5, 48, 49, 50; revolta dos judeus no 74; exércitos árabes invadem 123; fatímidas no 127; Irmandade Muçulmana no 186-9

Engels, Friedrich 183, 184

Enlil 15-6, 18, 50, 132

epicuristas 95

epopeia de Gilgamesh 16, 51

escrita, surgimento da 15, 16

escultura humana com cabeça de leão, Baden-Württenberg 3-4, 6, 18

esculturas, entalhadas 3-4, 7, 10

Espírito Santo 79, 94, 112, 151, 163

espíritos dos animais, culto dos 5, 6-7, 17, 145, 151

espíritos: dos animais 5, 6, 7, 9, 17, 145, 151; entrar em transe para alcançar 5, 6, 7, 9, 94, 151; demônios 64; crença chinesa em 131, 132; maias 141, 142; bruxas e 171

espiritualismo 163, 197

essênios 59, 60, 61, 65, 93, 106

Estêvão, Santo 99, 150, 172

Evangelhos 61, 63, 64, 65, 66, 67, 68, 76, 91, 95, 99, 103, 109, 111, 200

ÍNDICE REMISSIVO | 227

exílio, profeta e conceito de 32, 33, 38, 53, 54, 56, 75, 76, 101, 120
Êxodo, Livro do 43, 45
Ezequiel 50, 51, 54, 56, 66

falsificação de textos sagrados 53-4, 56, 57, 58, 76, 110
Falun Gong 139
faraós do Egito 26-30, 38, 43, 45-6, 97, 133, 151
fariseus 99, 106
fatímidas 127
feiticeiras 171, 173, 177
Felicidade (mártir) 96
fim do mundo: invenção do 53-87; Livro de Daniel e 53-9, 62, 63, 66, 73, 74, 76, 78, 79, 91, 95, 110; besta dos dez chifres e 58, 59, 76, 84; grande ressurreição e juízo final 77, 119, 167, 190; características dos movimentos 56-7, 63, 65, 79-80; Manuscritos do Mar Morto e o 59-62; Jesus e 61-9, 87; momento decisivo do 65-6; insurreições judaicas contra os romanos e o 69-75; Livro do Apocalipse e 76-7, 78, 79, 80, 81, 164; Tiburtina e 77-8, 80; Pseudometódio e o 78-9, 80; milênio e 77; preparação para a chegada do 77, 81; Maomé e o 79; Cruzada do Povo 80-1; joaquimitas e o 82; apocalipsismo masoquista e o 81-2; Schmid e o culto apocalíptico do sangue 82-3; Revolta Camponesa e apocalipse comunista 83; anabatistas e 83-4, 163; movimento da Quinta Monarquia e o 84; movimento dos escavadores e o 84-5, 166; mileritas e o 85, 86; Testemunhas de Jeová e o 85-6; Ramo Davidiano e o 86; atração por fazer parte de uma elite de sobreviventes 86; islamismo e

118; taoismo e 134-5, 136; Reforma Protestante e 154, 163, 176-7; Marx e 184, 185; cientologia e 209, 213
Fischer, Steven Roger 16
Floro, Géssio 72
Fox, George 165
franciscanos 157
Frederico II, imperador 202

Gabriel, anjo 57, 119
Galileia 62, 64, 66, 69, 80, 91, 92, 99
Gamaleon 203
Ghazan 129
Gizé, Egito 25-8
Göbekli Tepe 9-11, 12, 13, 15, 25-6
"Good Words for Exhorting the Age [Palavras verdadeiras de exortação às gerações]" (Liang Fa) 179-80
Goodman, Martin 71
Goodrick-Clarke, Nicholas 198, 201
Grande Cisma 158, 173
Grande Desapontamento (1844) 85
Grande Partido Internacional 199
Grande Revolta Judaica (66-70 d.C.) 71-4
Grécia 17, 23, 32, 53, 54, 57, 58, 74, 78, 95, 100, 101, 114, 125, 132, 146, 152, 160, 172, 185, 190, 191
Gregório IX, papa 157-8
guerra apocalíptica 74, 201

Hanufa 118
Hasw Chan Ka'wil 141
Henrique VIII, rei 164
heréticos: primeira execução de, Orleans, França 149-51, 152, 172; "heresia do Espírito Livre" 151; os Refinados de Espírito 152, 154, 159; autodivindade e 151-2; motivos para juntar-se a grupos de 151-3; ansiedade com relação ao Paraíso e 153, 154; papas/padres depravados e 153; Tanquelmo 154; tradução da

228 | CRENÇA

Bíblia como inspiração para os 154-5, 166; valdenses 155, 158, 159, 166, 173; cátaros 155-8; Inquisição 158, 159; Grande Cisma e os 158, 173; Wycliffe como 158, 166; lollardos 158; taboritas 83, 159, 166; adamitas 159; Huss e os 158, 160, 174; Martinho Lutero e os 159-62, 163, 166, 167, 176, 183; protestantismo e 159-67; calvinismo e 164, 177; muggletonianos e 164; Igreja batista e 164-5; *seekers* e 165; *quakers* e 165; *ranters* e 165; feiticeiras e 169-78
Heriberto, 149
hermiones 198
hicsos 29, 44-5
Himmler, Heinrich 204-5
hinduísmo 37, 40, 145, 147, 194, 195, 199
Hitler, Adolf 46, 204
Hong Xiuquan 179-81, 190, 191-2, 204
Hórus 29, 111
Hourani, Albert 124
Hubbard, L. Ron 206-13
Hügelü 129
Huitzilopochtli 143, 144
humanistas, Renascimento 199
Huss, João 158, 160, 174
Hutaosa 32

Iavé 42, 43-4, 45, 47, 48-9, 50, 51, 54, 55, 57, 60, 66, 67, 69, 70, 73, 75, 98, 101
ibn Hanbal, Ahmad 125
ibn Sina, Abu 190
iconoclastia 125
Idade do Pai / Idade do Filho / Idade do Espírito 78-9, 82, 184
Igreja Batista 164
Igreja Católica; *ver* cristianismo
Igreja de Cristo, cientista / ciência cristã 196, 210
Igreja Reformada 163, 166

imãs 127, 128
Império Assírio 22-3, 46, 47, 49, 56, 200
Império Austro-Húngaro 202, 203, 204
Império Bizantino 80, 118, 122, 123, 125, 188
Império Romano 23, 57, 59, 60; Livro de Daniel e 57, 59, 78; Teudas e 60; Jesus e 67, 68, 111, 112; revoltas judaicas contra 69-75; Livro da Revelação e 76; cristianismo torna-se religião preferida do 79, 89, 90; perseguição de cristãos 95, 97, 114-5; culto de Osíris espalha-se por todo 111
Império Sassânida 122
impressão, desenvolvimento da 136-7
incas 2, 144-5, 147
Índia 2, 31, 36-40, 78, 116, 136, 137, 140, 171, 187, 199
Inquisição 83, 158, 159, 163, 173-5, 178
Irã / iranianos 32, 33, 34, 37, 50, 116, 118, 125, 128-9, 139, 140, 205
Irineu, bispo de Lyon 109
Irmandade Muçulmana 186-7
irministas 202, 205
Ísis 29, 111, 197
Ísis sem véu (Blavatsky) 197
Islamismo 79, 117-29; orar cinco vezes por dia 33, 119, 124; *jihad* 48, 106, 188-9; morte de Maomé 117-8; segredo do sucesso 118; ideias do 118-20; vida de Maomé e Islamismo 119-23; Corão e 119, 121, 125-6, 189; tentativas de atrair os judeus 120-1; Ramadã 121, 124; tolerância religiosa e crescimento do 123-4; oferece fim do pagamento de impostos aos seguidores 123; facilidade de aderir 123-4; Cinco Pilares do 124-5, 126; *Haj* 125, 147; sentimento de pertencimento no

124; Movimento de Tradução e 125; *Mu'tazilis* e 125-6; cisões genealógicas no 126-7; intolerância com outras religiões 128-9; *hadiths* 128; radical, origem do 185-92; *jahiliyyah* 187-8; *takfir* 188; martírio 188; radical de Qutb 186-91; lei da *sharia* 189; al-Qaeda 189; anseio pelo retorno à Idade Média 189-90; teoria científica e 190-1; *ver também* Maomé
islamismo sunita 127, 128
islamismo xiita 127, 128
Ismael 127
ismaelitas 127
Israel 41, 42, 43, 45, 46, 47, 48, 49, 62, 67, 73, 99, 111, 192

jainismo 32, 36
Japão 187, 191, 207
Jardim do Éden 109
jejum 38, 103, 105, 113, 156
Jericó 14-5, 44, 146
Jerusalém 48, 49, 50, 53, 54; templo de 48, 49, 50, 93, 98; Jesus conduz seguidores a 2, 66, 67, 68, 99; queda de (70 d.C.) 69, 73; Florus ordena massacre dos moradores judeus 72; Grande Revolta Judaica (66-70 d.C.) e 71-4; Revolta de Bar Kokhba e (132-5 d.C.) 74; Nova Jerusalém, conceito de 77, 79, 81; reino do Anticristo em 80; Cruzadas e 80, 81; queda de (1099) 81, 128; Jesus visto após a morte em 91; Paulo e 99, 100, 101, 106; mormonismo e 193; arianos e 200, 203
Jesus de Nazaré: promoção divina póstuma 38, 111, 112-3, 115-6, 126; fim do mundo e 60, 62-3; Manuscritos do Mar Morto e 61, 66, 93; A Última Ceia e 62, 67, 110; Reino dos Céus e 61-2, 103; como

Messias 63, 94; entra em Jerusalém 63, 66; fidelidade dos seguidores, que só devem segui-lo 63, 65, 66, 102; amor e perdão, conceito de 63, 64; carreira de pregador 64, 65-6, 69; cura 64; momento decisivo do movimento do fim do mundo e 66; no templo de Jerusalém 66, 67; intenção de provocar acontecimentos 66-7; prisão e julgamento 68, 72; crucificação 68, 90, 93, 94, 95, 118; movimento como um fracasso 69; cristianismo supera a barreira da morte 90-7; ressurreição 90-3, 149; "morreu por nossos pecados" 93-4; elevação póstuma a criatura sobre-humana 94; arrependimento dos pecados e 138; nascimento virginal e 111-2; mormonismo e 193; arianos e 200, 201, 202, 204
jihad 48, 106, 188-9
Jihad Islâmica 189
João Batista 61, 64
Joaquim de Fiore 78, 79, 82-3, 184
José (pai de Jesus) 111
Josefo 44, 69-70, 72-3
Josias 47-8, 49
Judá 46, 47, 48-9, 50
Judeus / judaísmo: profecias de Oseias 41-3, 44, 45, 46-7, 49, 50, 51-2, 57-8; história dos 42-52, 53-60; história do êxodo 43, 44-5, 48, 49, 50; Dez Tribos Perdidas de Israel 47, 62; retorno à terra natal e reconstrução do templo de Iavé 51; restrições alimentares 51, 98, 120; proibição da homossexualidade 51; proibição de que mulheres judias se casem com estrangeiros 51; adota ideias zoroastristas 51, 56; Livro de Daniel e 53-9, 62, 63, 66, 73, 76, 78, 79, 91, 95, 110; revolta contra os selêucidas

230 | CRENÇA

54-5; falsificação de textos sagrados 53-4, 55, 56, 57, 58; Manuscritos do Mar Morto e 59-62, 66, 93; Jesus e *ver* Jesus de Nazaré; Deus amoroso e clemente e 61-2; Páscoa 66, 67, 68, 70; Doze Tribos de Israel 67; queda de Jerusalém (70 d.C.) 69-70, 71, 74; antissemitismo 71, 81, 162, 204; rebeliões contra os romanos, crenças no fim do mundo e 70-5; Grande Revolta Judaica (66-70 d.C.) 71-4; Revolta de Bar Kokhba (132-5 d.C.) e 74; judaísmo moderno 75; massacre dos judeus de Jerusalém (1099) 81, 128; Paulo recruta gentios para o cristianismo dispensando-os de obedecer às leis judaicas 98-102, 110; cisão no judaísmo 106; Maomé adota práticas do 118-9, 120-1; arianismo germânico e 202, 203, 205

Juízo Final / Dia do 77, 119, 167, 190

Junius, Johannes 169-70, 177

Justiniano, imperador 116

K'an Hoy Chitam II 144

Keightley, David N. 132

Kenyon, Kathleen 14-5

Kha 30, 111

Khoiak (festival religioso) 29

Kirchhoff, Günther 205

Kramer, Heinrich 174-5

Kublai Khan 139

Lago de Fogo 77, 79, 185

Lamashtu 171

Lane Fox, Robin 49, 104-5, 115-6

Lanz von Liebenfels, Jörg 200-1, 203-4, 205, 213

Lao-tsé 134, 136

Leão X, papa 113

Leí 193, 213-4

Levítico 51

Lewis-William, David 7, 17, 18

Lewis, Bernard 121

Liahona 193

líderes carismáticos 57, 60, 61, 62, 65, 80, 81, 92, 93, 152, 159, 165

List, Guido 198, 199, 200, 201, 202, 203-4, 205, 213

literatura edificante 31

Livi-Bassi, Massimo 12

Livro da Vida 77

Livro de Mórmom, O 192-4, 198

lollardos 158-9

Lucas: Evangelho de 62; autor de Atos 92

Luís XIV, rei 178

Lutero, Martinho 83, 159-61, 163, 166, 167, 176, 183

maçons 199, 202

Madalena, Maria 92, 106

Mahdi 127

Mahfouz, Naguib 187

maias 2, 34, 83, 140-2, 147; calendários 141, 146; inferno sombrio 142; jogos de bola 138, 142; sacrifício de sangue 142-4; deuses 145

Maidhyoimanha 32

Maimônides 190

Mainz 81, 152, 203

Malleus Maleficarum (*O martelo das feiticeiras*) (Kramer) 174-5, 177

Mani / maniqueísmo 32, 115, 117, 119, 123, 124, 138, 150, 155

Manuscritos do Mar Morto 59-62, 64, 66, 93

Mao Tsé-Tung 139, 153, 181

Maomé 63, 101; como pregador do fim do mundo 79; humano 111, 117-8, 126; interpreta erroneamente a Trindade cristã 112; morte de 117, 125; triunfo da fé durante a vida de 118, 119-20; ideias de 118-9; trajetória religiosa 119-23; apropria-se de

ÍNDICE REMISSIVO | 231

ideias de outras religiões 119-20, 121; adapta o sermão para cair nas boas graças do público 119, 120; ataca ídolos em Meca 120; exílio 120; tentativa de converter os judeus de Medina 120-1; torna-se líder político e militar 121-2; como primeiro rei da Arábia 122; genealogia 126-7

Mar Vermelho 200

Márcion 108

Marcos, Evangelho de 62, 67, 68-9, 92, 99, 111

Maria, mãe de Jesus 92, 111, 112

Martinho de Mainz 152

mártires: cristãos 75, 95-7, 99, 104, 107, 108, 113; islamismo radical e os 188, 191

Marx, Karl 181-5, 189, 204; *O manifesto comunista* 182, 183, 187, 196, 197; fim do mundo e 184-5

marxismo 2, 182-5, 190, 191, 192

maskilim 55

Mateus, Evangelho de 62, 68, 92, 111

Meca 15, 79, 119-20, 121-2, 124, 147

Medina 79, 119, 120-1, 122

medos: sua mudança provoca a mudança dos conceitos religiosos 4, 5, 12, 19, 21-2, 23, 31, 35, 46, 49, 134, 147, 171, 176, 203, 214

Merodaque 21-2

Mesoamérica 34, 140-7; sacrifício ritual na 140-1, 142-5, 147; calendários / organização do tempo na 140-1, 146; vida após a morte na 141-2, 145-6; espíritos e jogos de bola na 142, 147; xamanismo caçador-coletor na 145-6; caminhos rituais na 144, 147; semelhanças com sistemas de crença do mundo exterior e 144-7; deuses na 145; arquitetura religiosa na 146-7

Mesopotâmia 115, 132, 145, 200; deuses 15-6, 17-8, 20, 21; escrita 15-6; ideia de vida após a morte na 16-7, 28; religião não baseada na moralidade 17; sociedade extremamente religiosa 17; economia e religião da 18; lugar de imensa preocupação 18-21, 22; apaziguamento dos deuses na 18-21; conceito de pecado na 20-1, 31, 50, 134-5; declínio da religião na 23; exilados judeus na 47, 51; Babilônia e 49; zigurates 147

Messias: origem do conceito 33; nascido de uma virgem 33; adoção da ideia pelos judeus 51, 59; Jesus e 63, 94, 98, 99; Simão Bar Kokhba como 74; Manuscritos do Mar Morto e o 93; zoroastrismo e o 111

milênio 77, 78

Miller, Russell 206, 208, 212

Miller, William 84, 85

Miqueias 41

misticismo 151

modéstia, culto da 103, 113

Moisés 43, 45, 48, 49, 50, 51, 54, 55, 56, 98, 100, 119

mongóis 46, 128-9, 138

monofisitas 115, 116, 123

monoteísmo: origem do 42-3, 45-52, 54; religião nacional 52; intolerância religiosa e 52; sentimento de superioridade no 52; Santíssima Trindade e 94; Islamismo e 118, 119, 120

Montano 79, 108

moralidade: papel na crença 4; religião mesopotâmica não baseada na 17, 21; avanço na religião 30-1, 34; no Egito antigo 30-2; taoismo e 134; islamismo radical e 189; mormonismo e 192

mormonismo 192-5, 198, 213

Moroni 192, 193, 194

232 | CRENÇA

mosteiro de Tashi Lhunpo, Shigatse, Tibete 196, 213
movimento da Quinta Monarquia 84
Movimento de Tradução 125
movimento dos Cinco Celamins de Arroz 134
movimento dos escavadores 59, 84, 166
movimentos / textos apocalípticos; *ver* fim do mundo
muçulmanos *ver* islamismo
Muggleton, Lodowicke 164
muggletonianos 164, 196
mulheres: como mais abertas às novas ideias religiosas 32-3; relegadas a segundo plano na Igreja paulina 105-6, 108, 109, 112; no centro da teologia cristã gnóstica 109; elevação de Maria ao *status* de Mãe de Deus e 112; primeiros convertidos cristãos e 115; vida após a morte na Mesoamérica e 146; pregadores batistas e 164-5; bruxas e 171, 177; Sociedade dos Adoradores de Deus 181; islamismo radical e 186; arianismo e 201
mundo subterrâneo 16, 29, 30, 34, 132, 133, 142, 143, 146
Münster 83-4, 163, 185
Mutasin, califa 128
mutazilitas 125
Muysalima 79, 119

Nabucodonosor 49
Nasser, general Gamal Abdel 186, 187
Nazaré 63, 120
nestorianos 116, 119, 123, 138
Nilo 27, 29, 35, 145
Nínive 22
Nippur 15, 16, 18, 19, 50
Noé 51
Novatiano 113
Novo Testamento 65, 110
Novus Dux [Novo Guia] 78

"o Egípcio" 60, 76, 93
O livro dos cem capítulos" 203
Olmecas 142
Omar, califa 122
oração 1, 17, 20, 21, 22, 33, 34, 96, 97, 105, 119, 121, 124, 181
Ordem dos Novos Templários 201, 205
Ordem Superior do Armanismo 199, 201, 205
orgulho, pecado do 105
Oriente Médio 2, 11, 12, 13, 22, 50, 79-80, 119, 129, 193, 214
Orígenes 97
Orleans, França 149-50, 172-3
Oseias 41-3, 44, 45, 46-9, 50, 51, 52, 56
Osíris 28, 29, 30, 31, 35, 111, 112
Ostara 201, 204
Otelo (Shakespeare) 8

Palestina 54, 60, 80, 186
papado: Cruzadas e 80; linha de sucessão papal 109-10; hábitos depravados 153; transferência de Roma para Avignon 158; Grande Cisma 158, 173
Paraíso 4; invenção 25-40; Egito antigo 25-31; como acessível a todos 17-20, 34-6; Zaratustra recria a ideia de 34-6; entrada dependente do comportamento em vida 34-6; por que ele foi inventado 36; atração do 36; budismo e 36-40, 136, 137, 138; trazido para a Índia pelos ancestrais de Zaratustra 36; cristão 79, 110; arrebatamento e 86; níveis de 96; islâmico 117, 119, 125, 188, 190; chinês 132-3, 136, 137, 138, 140; mesoamericano 146, 151; ansiedade com relação ao 153, 154; cátaro 156, 157, 158; protestante 160, 161, 162, 163, 164; mórmon 195
Páscoa 66, 67, 68, 70

ÍNDICE REMISSIVO | 233

Paulo do Santo Padre de Chartres 151
Paulo, São: primeira carta aos
coríntios 92, 183; conversão de
gentios ao cristianismo 98-102, 110;
conversão no caminho de Damasco
99; rigidez da Igreja 102-6;
mulheres excluídas na Igreja de
106, 108, 109, 112; antipaulinos
108-9; linha sucessória institucional
como proteção da Igreja de 109-10;
não parece acreditar que Jesus era
um deus 111; diluição da doutrina
rígida pós-morte 113-4; epístola aos
romanos 160, 183
pecado: conceito mesopotâmico de 20,
31, 58; judaísmo e 48, 50, 61, 64;
Jesus e 64, 93, 102, 103, 104;
Joaquim de Fiore e 82; cristianismo
paulino e 93, 102-6, 113; mártires e
96-7; indulgências e 113, 160;
islamismo e 118, 121; taoismo e 134;
Refinados de Espírito e 152; cátaros
e 157; protestantismo e 160
Pedro, o Eremita 81
Pedro, São 109-10
perdão 61, 63, 64, 82, 102, 113, 170
peregrinações 13, 29, 66, 67, 70, 124, 147
Perpétua 95-6, 113
persas 23, 32, 50, 54, 79, 117, 122, 146,
188
perseguição religiosa: de judeus 71-2,
81, 129, 161, 204; de cristãos 96, 97,
99, 112, 114-5, 123, 129; de cristãos
por cristãos 116, 158, 163, 167;
ineficaz para converter povos
dominados 123-4
peste 29, 82, 86, 176
Peste Negra 82, 176
Pilatos, Pôncio 67, 68, 72
pinturas rupestres, Sudoeste da França
/ Norte da Espanha 6-7
pirâmides 15, 25-8, 147
Platão 152

pobres e necessitados: ajuda 48; como
seguidores de movimentos
religiosos 56-7, 64-5, 103, 104
Poema do justo sofredor 21
Poligamia 84, 194
Politeísmo 47, 49, 51
Polo, Marco 139
Porfírio 57
povo manchu 44, 179, 180, 190
povos caçadores-coletores 5-7, 8, 10-1,
12, 17, 30, 145, 214
predestinação 162
pregação: profetas e 38, 41, 50, 60;
carreira de Jesus como 63-5, 69, 80,
87, 93-4, 161; fim do mundo 79-80;
de Paulo 98, 99, 100; de Maomé 118,
119, 120, 121, 122; mulheres 165; *ver
também sob nomes individuais*
previsão do futuro 41, 47, 50, 53, 57, 58,
59, 63, 76, 84, 86, 109, 147, 199
Primeira Cruzada 80, 81
Primeira Guerra Mundial 181, 182, 185,
202, 204
profetas: exílio de 32, 33, 38, 53, 54, 56,
75, 76, 101, 120; ex-monge /
sacerdote como 32-3, 159, 200;
momento de revelação 38; pregação
adaptada ao público 38, 64;
fundação de um movimento 38;
oriundos da elite 57, 63, 64;
oferecem a transformação do
mundo e seguidores oferecem
devoção 57, 63-4, 65, 80, 103, 185;
padrão de movimentos
apocalípticos e 56-7, 63, 64, 79-80,
86; dificuldade de pregar na cidade
natal 63, 120; americanos,
primeiros 192-5; profetisas,
primeiras 195, 196-9
Pseudometódio 78, 80

quakers 165
Quéops, faraó (Khufu, em egípcio
antigo) 26, 27, 28

234 | CRENÇA

Qumran 59-60, 61, 91, 102, 103
Qutb, Said 186-91, 192; *datas marcantes* 187-9, 190

Rá 26, 28
Races of Men: A Fragment, The (Knox) 197
rainha-mãe do Ocidente 134-5, 136
Ramadã 121, 124
Ramo Davidiano 86
ranters 165-6
reciprocidade, noção de 11
reencarnação 37, 38, 136, 137, 156
Reeve, John 164
Refinados de Espírito, os 152-3, 154, 159
Reforma Protestante 159-67; Lutero e a 83, 160-1, 163, 166, 167, 176, 183; fim do mundo e 83-7; anabatistas e 83-4, 163, 167; escavadores e 84; Testemunhas de Jeová e 85-6; na China 140, 179-81, 191; conceito de Céu e 162; calvinismo e 162; Igreja Reformada e 162; conceito de predestinação 162; ética do trabalho 162; enorme expansão das invenções e 163; Inquisição e 163; Inglaterra e 164; muggletonianos e 164; batistas e 164-5; *seekers* e 165; *quakers* e 165; *ranters* e 165-6; permite que heresias se transformem em religiões 166-7; tolerância religiosa e 167; caça às bruxas e 176-7; Sociedade dos Adoradores de Deus e 179-81; marxismo e 181-5
reformas gregorianas 153
Reino dos Céus 61-2, 103
relíquias 97-8, 137-8
Renascimento 76, 170-1, 173, 199
ressurreição 55, 77, 91-3, 109, 119, 193
Revelação, Livro da 77-8, 79, 80, 81, 164, 185
Revolta Camponesa 83, 166

Revolta de Bar Kokhba (132-135 d.C.) 74
Revolução Francesa 178, 182, 191
rio Eufrates 15, 19, 145
rio Tigre 19
Roberto, o Pio, rei 149
Roma 15, 18, 31, 63; flavianos e 71; catacumbas cristãs em 75; Livro de Daniel profetiza final sangrento para 76; conversão de Constantino para o cristianismo e 89-90, 115; sucumbe aos visigodos (410 d.C.) 90, 161; São Pedro em 109-10; transferência do papado para Avignon de 158
romantismo 152, 191
Roper, Lyndal 174, 176
Rota da Seda 135, 136, 185
Russell, Charles Taze 85, 86
Russell, Jeffrey B. 175
Rússia 182, 184, 185, 189, 191
Rutherford, Joseph Franklin 85-6

sacerdotes: reis-sacerdotes mesopotâmicos 18; do Egito antigo 26, 28, 29; profetas como 32; budismo e 37, 38; judaísmo e 51, 54, 58, 67, 68, 72; mulheres 108; sacerdotes cristãos que tiveram amantes 153; protestantismo e 160, 161; arianos 198, 199, 200, 202, 204, 206, 212
sacrifício: noção de 11-2, 14; humano / de sangue 14, 44, 142-7; animal 20; ritual, cometer um engano em um 20-1; judaísmo e 43, 48, 66, 67, 70; mesoamericano 140, 141, 142-7; de crianças 144-5
saduceus 106
Salamina, batalha de (480 a.C.) 146
salmos 69, 201
Salt Lake City, Utah 194
Sanders, E. P. 62, 63, 66, 68

ÍNDICE REMISSIVO | 235

Sargão II, rei 47
Satã 51, 77, 142, 156
Schiaparelli, Ernesto 30
Schmid, Konrad 82-3
Schmidt, Klaus 10, 15
Scientology: A History of Man / Cientologia: uma história do homem (Hubbard) 209-10
seekers 165
Segunda Epístola de Pedro 110
selêucidas 54, 55, 58
sexo: judaísmo e 48, 51, 65, 71; Jesus e 65, 103; Igreja paulina e 101, 104-6; islamismo e 118; Refinados de Espírito e; cátaros e 155-6; *ranters* e 165-6; bruxas e 171, 173, 175, 177; Sociedade dos Adoradores de Deus e 181; islamismo radical de Qutb e 187; arianos e 199, 201, 205; cientologia e 208
shabbat 55, 78, 98, 181
sikhs 147
simbolismo, nos textos religiosos 58-9
sinais enviados pelos deuses 20, 22-3, 145, 162
sistema *zeq* 145, 147
Smith, Joseph 192-5
Smyth, John 164
Sobre as ilusões dos demônios, sobre feitiços e venenos (Weyer) 177
socialismo 182
Sociedade dos Adoradores de Deus 179-81
Sociedade List 203-4
Sonhos, Livro dos 55, 59
Stonehenge 12, 205
suástica 199, 201
substâncias psicotrópicas 5
Suetônio 71-2

taboritas 83, 159, 166
Tácito 71, 198
tafurs 81, 128

Tanquelmo de Flandres 154, 196, 200
taoismo 133-5, 136, 137, 138, 139, 181
tempo: espíritos dos animais e 5, 6; deuses do 15-6, 17, 131-2, 137, 145; caça às bruxas e 176
Tenochtitlán 144
teoria científica, islamismo radical cauteloso diante da 190
teoria da mente 9-10
teosofia 195-6, 197-9, 202
Teotihuacán 140, 147
Testemunhas de Jeová (Movimento de Estudo Bíblico) 85-6
Tetzel, Johann 113, 161
Teudas 60
Theo-Zoology or the Lore of the Sodom-Apelings and the Electron of the Gods [*Teozoologia, ou a ciência dos simioides-sodomitas e do elétron divino*] (Lanz) 200
Tiago (irmão de Jesus) 100
Tibete 195, 197, 205, 213
Tiburtina 77-8, 80
Tikal 141, 147
Tito 70-1, 72, 73
transe, entrar em 5, 6, 7, 9, 106, 119, 151, 163, 164
três idades do mundo 33, 51, 56, 78, 82, 184
tribunal de deuses 34
Trindade, Santíssima 94, 112, 126, 161
turcos 80, 203
Turquia 12, 14, 78, 98, 99, 146
Twain, Mark ix, 193

umaiades 127
Urbano II, papa 80
Uruk 16

Vaishali, Índia 36
valdenses 155, 158, 159, 166, 173
Valdo, Pedro 155, 158, 166
Valeriano, imperador 114

236 | CRENÇA

vida após a morte 4; sombria 17, 27, 33, 34, 142; mesopotâmica 16-7, 28; origens na religião das cavernas dos caçadores-coletores 17; feliz, invenção egípcia da 25-32, 34; ao alcance de todos 28-30, 33-5; condicionada pelo comportamento em vida 33-5; apenas para a elite 33, 34-5, 37; zoroastrismo e 33-5; hindu 37; budista 37, 137-8; chinesa 132-3, 138; mesoamericana 142, 145-6; protestante 162; *ver também* Céu, Juízo *e* Paraíso

vida eterna 134, 135, 137

vikings 34, 44, 146

virgem/virgens: zoroastrismo e 33, 111; ideia de que o Messias nasceu de 33, 63, 111-2; como recompensa na vida após a morte 33; condição dos cristãos inferior apenas à dos mártires 96, 104, 107; Maria torna-se uma 112

Vishtaspa, rei 32

visionários 4, 53, 107-8, 200, 201, 204

Voltaire 178

von Werth, Max Ferdinand Sebaldt 199

Weber, Max 56, 63, 64, 80, 86

Weisthor, Karl Maria *ver* Wiligut, Karl Maria

Wiligut, Karl Maria 201-2, 203, 204-5, 213

Winstanley, Gerrard 59, 84

Wotan 198, 199, 202

Wu-Tsung 138

Wycliffe, João 158-9, 166

xamãs 5, 7, 18, 132, 133, 140, 145, 151, 171

Yathrib *ver* Medina

Yom Kippur 121

Zacarias 63, 66

Zaratustra 32-3, 37, 38, 51, 56, 63, 101, 111, 117, 118, 120, 184, 211

Zayd 127

zoroastrismo 32-5, 42, 50, 51, 109, 111, 122, 124, 138, 155

Zuínglio, Ulrico 167

Impressão e acabamento:

tel.: 25226368